초등
국어가
실력입니다

일러두기

민성원연구소에서 자체 개발한 『효자국어』 시리즈는 예보크 사이트를 통해서
구매할 수 있으며, 이를 *모양으로 별도 표기하였습니다.

흔들리지 않는 공부 습관을 지닌
아이들의 비밀

초등
국어가
실력입니다

민성원·심보라 지음

입시라는 긴 여정,
승부처는 '국어'에 있다

지난 25년간 입시의 최전선에서 수많은 학생과 학부모님을 만나왔습니다. 그 긴 시간 동안 반복해서 확인한 사실이 하나 있습니다. 바로 많은 분이 '입시의 핵심은 수학'이라고 믿으신다는 점입니다. 물론 일정 부분은 맞는 이야기입니다. 하지만 실제 입시 현장에서 합격과 불합격을 가르는 결정적인 순간을 들여다보면, 국어의 영향력이 상상 이상으로 큽니다. 때로는 국어가 입시 판도를 뒤흔드는 결정타가 되기도 하죠.

특히 최근 발표된 2028 대입 개편안은 입시의 큰 지형변화로 평가되고 있습니다. 수능에서 선택과목이 폐지되고 국어·수학·사회·과학이 공통 시험으로 통합되면서, 이제 문·이과를 막론하고 모두가 동일한 시험지 앞에 서게 되었습니다. 과목 선택에 따른 유불리는 사라졌고, 학생의 '기본 역량'이 가감 없이 드러나는 구조로 전환된 것입니다. 좀 더 자세히 보면 국어에서 화작(화법과 작문)으로 피할 수 있었던 문법이 모두에게 필수가 되었고, 이과 학생도 사회 시험을, 문과 학생도 과학 시험을 치르게 되었습니다. 수학은 확통(확률과 통계)이 필수과목으로 들어오며 미적분의 부담이 다소 완화된 효과가 있지요.

내신 또한 9등급제에서 5등급제로 개편되어 1등급 비율이 4%에서 10%로 대폭 확대되었습니다. 겉으로 보면 부담이 줄어든 것 같지만, 실상은 다릅니다. 등급 간 편차가 커진 만큼 상위권 경쟁은 더욱 치열해졌고, 과목 간 균형 잡힌 성취도가 무엇보다 중요해졌기 때문입니다.

이 변화가 가리키는 방향은 분명합니다. 특정 과목이나 선택 전략으로 유리함을 만드는 시대에서, 전 과목의 기본 실력을 바탕으로 경쟁하는 시대로 이동하고 있다는 점입니다. 그리고 그 중심에는 '텍스트를 이해하고 판단하는 힘', 즉 국어에서 요구하는 능력이 자리하고 있습니다. 국어는 이제 단순한 한 과목을 넘어, 전 과목을 관통하는 입시의 근간이 되었다고 해도 과언이 아니지요.

그럼에도 불구하고 국어의 중요성은 여전히 저평가되어 있습니다. 이유는 간단합니다. 주변에서 국어 공부의 길을 체계적으로 안내해주는 곳이 드물기 때문입니다. 학부모님 사이에서, 특히 초등

학부모 사이에서는 국어가 여전히 우선순위 밖인 경우가 많습니다. 하지만 모두가 가는 길에 정답이 있다면, 누구나 명문대에 진학하고 부자가 되었겠지요. 현실은 그렇지 않습니다. 정보가 넘쳐나는 시대일수록 '진짜 가치'를 알아보는 안목이 기회를 만듭니다. 저는 그 성공의 출발점이 바로 '국어를 바라보는 관점의 전환'에 있다고 확신합니다. 국어는 그 중요도에 비해 겉으로 잘 드러나지 않는 조용한 과목입니다. 그래서 많은 경우, 국어를 대하는 태도에서부터 이미 격차가 벌어지기 시작합니다.

저는 상담 때마다 늘 부모님께 강조합니다. 입시는 국어, 영어, 수학, 사회, 과학이라는 다섯 개의 톱니바퀴가 함께 맞물려 돌아가는 과정이라고요. 결코 어느 한 과목만 잘해서는 원하는 결과를 얻을 수 없습니다. 냉정하게 들리시겠지만, 대학은 '잘하는 과목'이 아니라 '못하는 과목' 때문에 결정됩니다. 최근의 2028 대입 개편안과 더불어 다양한 입시 제도를 경험해왔지만, 이 원칙만큼은 제가 컨설팅해온 25년 정도의 시간을 관통하는 변하지 않는 진리입니다.

그런데 왜 현실에서는 수학과 영어에만 온 힘을 쏟게 될까요? 아마 학부모님 본인의 경험이 판단의 기준이 되었기 때문일 것입니다. "내가 수학을 어려워했으니 우리 아이는 미리 시켜야 해.", "나는 영어가 늘 부족했으니 영어만큼은 확실히 잡아야 해."라고 생각하는 것이죠. 반면 국어는 다릅니다. 우리는 매일 읽고, 말하고, 쓰는 데 익숙합니다. 그래서 우리 아이도 국어 정도는 자연스럽게 잘할 것이라는 막연한 믿음을 갖기 쉽습니다.

문제는 바로 이 지점에서 시작됩니다. 부모님께는 익숙한 언어생활이 아이에게는 완전히 새로운 '학습의 영역'이기 때문입니다. 부모님은 40년 넘게 쌓아온 언어 직관으로 국어를 대하지만, 아이들은 이제 겨우 첫발을 뗐을 뿐입니다. 읽기에도 정교한 기준이 필요하고, 이해하는 데도 논리적인 구조가 필요하며, 표현하는 데도 훈련이 필요합니다. 이 근본적인 차이를 이해하지 못하면, 국어 학습은 시작부터 방향을 잃게 됩니다.

입시는 결국 내신과 수능이라는 두 기둥으로 지탱됩니다. 그리고 국어는 이 두 영역 모두에서 핵심적인 위치를 차지합니다. 객관적인 중요도만 따져봐도 수학이나 영어에 절대 뒤지지 않는 과목이죠. 하지만 현장에서 제가 느끼는 체감 온도는 사뭇 다릅니다. '어쩌면 이렇게까지 국어 공부를 등한시할 수 있을까?' 하는 안타까움이 들 때가 많습니다.

다행히 최근 들어 국어의 중요성을 깨닫고 일찍 학습을 시작하는 분들이 늘고 있습니다. 하지만 접근 방식은 여전히 아쉽습니다. 책을 많이 읽으면 된다고 생각하시고, 글을 쓰면 충분하다고 판단하시는 경우가 많거든요. 독서와 글쓰기가 훌륭한 밑거름인 것은 맞지만, 그것만으로 정해진 시간 안에 문제를 풀어내야 하는 '시험 국어'

를 정복할 수는 없습니다. 올바른 방법으로 국어 공부를 해야 시험에서 좋은 결과를 얻을 수 있습니다. 무엇을 근거로 읽고, 어떤 기준으로 해석하며, 그 답을 왜 선택해야 하는지를 훈련해야 하죠.

이 정도를 말씀드리면 학부모님은 이런 올바른 국어 공부법이 어딘가에 꽁꽁 숨겨진, 아무나 알 수 없는 비밀스러운 정보가 아닐까 생각합니다. 하지만 그렇지 않습니다. 올바른 국어 공부법의 길은 누구나 인터넷을 검색하면 얻을 수 있는 지도를 통해 충분히 찾을 수 있습니다. 중학교 내신 문제만 깊이 있게 분석해 봐도, 혹은 수능 기출 문제를 단 한 번이라도 제대로 풀어본다면 우리 아이가 앞으로 무엇을 준비해야 할지 명확하게 보입니다.

방향만 바로잡는다면 불필요한 시행착오와 비용을 획기적으로 줄일 수 있습니다. 그런데도 많은 분이 직접 이 지도를 확인하기보다, 유명 학원 설명회를 전전하며 타인의 해답을 구하곤 합니다. 아이를 위해 주체적으로 최선을 찾는 '맹모삼천지교'가 아니라, 남들이 가는 길을 맹목적으로 쫓는 '맹목盲目 삼천지교'가 되어가고 있는 것은 아닌지 되돌아봐야 할 때입니다.

학부모님께 자녀의 입시는 처음 겪는 낯선 길이지만, 저에게는 25년간 매일같이 반복되어온 익숙한 풍경입니다. 그래서 남들에게는 복잡해 보이는 입시 문제들이 제 눈에는 지극히 상식적이고 단순한 원리로 보일 때가 많습니다. 거창한 비법이 필요한 게 아닙니다. 아이의 일과 중에서 일주일에 단 몇 시간만이라도 올바른 방향을 잡고 꾸준히 실천하는 것, 그것으로 충분합니다. 그 작은 차이가 중학교, 고등학교에 올라갔을 때 아이가 느끼는 학습 부담을 완전히 바꿔놓을 것입니다.

이 책은 특별한 비밀이나 가려진 비법을 담은 책이 아닙니다. 오히려 이미 우리 앞에 놓여 있었지만, 그동안 제대로 읽어내지 못했던 '입시의 지도'를 누구나 이해하기 쉽게 정리한 책입니다.

저는 이 책을 통해 누구나 볼 수 있지만 아무나 제대로 활용하지 못했던 이 '보물지도'를 학부모님께 전해드리고자 합니다. 이 지도와 함께라면 우리 아이들이 입시라는 긴 여정 끝에 각자의 반짝이는 보물을 찾게 될 것이라 확신합니다. 부디 이 책에서 제시하는 방법들을 믿고 그대로 실천해 보십시오. 그 작은 선택이 아이의 학습 과정과 입시 결과에 분명한 변화를 만들어낼 것입니다.

민성원

2028 대입 개편, 국어는 여전히 중요하다

이 책은 2020년 『초등 국어 뿌리 공부법』이라는 제목으로 처음 출간되었습니다. 당시 저는 현장에서 확인해온 국어 학습의 원리를 정리해 학부모와 학생들에게 전하고 싶다는 마음으로 이 책을 썼지요. 책에는 여러 학생의 학습 사례가 등장하는데, 그때 중학생이었던 학생들은 이제 대학생이 되었습니다. 초등학교 때부터 함께 공부를 시작해 서울대학교 경제학과에 진학한 나윤이, 서울대학교 의과대학에 합격한 지은이를 비롯해 많은 학생이 전국의 의과대학과 SKY 대학에 진학하며 대입 과정을 성공적으로 마무리했습니다. 물론 중고등학교 내신에서도 대부분 안정적인 성적을 유지했습니다.

시간이 흐른 뒤 그 학생들의 학습 과정을 다시 돌아보며 한 가지 사실을 더욱 분명히 확인하게 되었습니다. 기본적인 국어 학습 원리는 결국 결과로 증명된다는 점입니다. 책에서 제시했던 방법들을 꾸준히 실천했던 아이들은 대부분 안정적인 학업 성취를 이어 갔고, 그 경험은 제가 오랫동안 강조해온 국어 학습의 기본 원칙에 대한 확신을 더욱 단단하게 만들어 주었습니다. 시간이 지나며 다양한 교육 방법과 학습 콘텐츠가 등장했지만, 결국 오래 남는 것은 기본에 충실한 학습법이라는 사실도 다시 확인하게 되었습니다.

이 책을 처음 쓸 당시 청담동에 있던 연구소는 현재 대치동으로 확장 진출했고, 이전과 같은 원칙에 따라 학생들을 지도하고 있습니다. 당시에는 저를 포함해 세 명이던 국어 교사가 지금은 저와 구다은, 김신영, 김준희, 서민아, 심보라, 이미현, 인지연, 정혜수 선생님까지 여러 명으로 늘어났습니다. 이 선생님들은 대치동 민성원연구소와 덕소 효자학원에서 같은 방식으로 국어를 가르치며 꾸준한 성과를 만들어 가고 있습니다.

이 책이 출간된 직후 우리 사회는 예상하지 못한 변화를 겪었습니다. 2020년 코로나19 팬데믹이 시작되면서 학교 교육 환경 역시 크게 달라졌습니다. 비대면 수업이 이어지고 학습 환경이 흔들리면서 '문해력'과 '독서력'이라는 단어가 사회적으로 자주 언급되기 시작했습니다. 학생들이 글을 깊이 읽고 이해하는 능력이 약해졌다는 문제 제기도 이어졌습니다. 그 원인을 하나로 단정할 수는 없지만, 충분한 독서 경험과 깊이 있는 읽기 훈련이 줄어든 환경 역시 그 배경

중 하나일 수 있습니다. 이러한 변화는 다시 한번 국어 학습의 기본이 무엇인지 돌아보게 만들었습니다.

그사이 입시 제도에도 큰 변화가 있었습니다. '2028 대입 개편안'이 발표되면서 많은 학부모님이 과목별 학습 전략에 대해 상담을 요청했습니다. 이번 개편으로 입시 구조는 오히려 더 단순해졌습니다. 내신은 1등급 비율이 10%로 확대되었고, 수능에서는 국어·수학·사회·과학 과목을 선택과목 없이 동일한 시험으로 치르게 됩니다. 이러한 변화에도, 수능에서 국어와 수학의 비중 자체는 크게 달라지지 않았고, 국어의 중요성은 여전히 강조되고 있습니다. 다만 한 가지 달라진 점이 있습니다. 국어 영역에서 문법이 공통과목 체계 안에 포함되면서 이전보다 학습 비중이 높아졌다는 점입니다. 따라서 과거보다 문법에 대한 체계적인 정리가 더욱 중요해졌습니다.

제도가 계속 바뀌지만 학생들에게 필요한 공부의 기본 원리는 크게 달라지지 않습니다. 오히려 초등학교 시기에 무엇을 해야 하는지는 더 분명해졌다고 말할 수 있습니다. 어휘를 정확히 이해하고 문장을 깊이 읽으며 생각을 정리하는 국어 학습의 원리는 여전히 모든 과목 학습의 토대가 됩니다.

다만 교육 정보가 넘쳐나는 시대가 되면서 학생과 학부모의 불안을 자극하는 교육 콘텐츠와 각종 정보도 함께 늘어났습니다. 새로운 방법이나 특별한 비법처럼 보이는 학습법들이 끊임없이 등장하지만, 결국 중요한 것은 아이의 현재 수준과 상황에 맞는 학습을 꾸준히 이어 가는 일입니다. 남들이 한다는 공부를 따라가기보다 기본적인 읽기와 사고 훈련을 차근차근 쌓아 가는 것이 어떤 입시 제도에서도 변하지 않는 공부의 중심입니다.

연구소 역시 지난 몇 년 동안 여러 변화를 겪었습니다. 더 많은 학생들에게 효율적으로 교육을 제공하기 위해 민성원연구소의 교육철학을 정리한 책들을 출간했고, 강의 영상을 체계적으로 모아 둔 온라인 강의 사이트도 열었습니다. 일정한 비용이 발생하는 서비스이지만, 경제적인 이유로 공부 기회를 놓치는 학생이 생기지 않도록 매년 약 1억 원 규모의 장학금을 마련해 온라인 강의 무료 수강권 형태로 제공하고 있습니다. 공부할 의지만 있다면 누구라도 교육의 기회를 얻을 수 있어야 한다는 생각 때문입니다.

이 책은 시험을 잘 보기 위한 실용적인 학습서입니다. 저는 방송과 강의를 마칠 때마다 한 가지 다짐을 이야기합니다. 돈이 없어서 공부하지 못하는 아이가 없도록, 정보가 없어서 공부하지 못하는 아이가 없도록 하겠다는 다짐이 그 첫째이고, 12년간의 장기 마라톤으로 이어 갈 공부의 뿌리를 초등 시기에 단단히 세우도록 돕겠다는 것이 두 번째 다짐입니다. 이러한 마음가짐은 적당한 때에 기회를 잃지 않고 공부 뿌리를 기를 수 있었던 제 어린 시절의 경험에서 비롯한 것이기도 합니다.

평범한 아이를
서울대로 보낸 것은 무엇이었나

어린 시절 저는 너무나 평범한 아이였습니다. 자라온 환경에서 특별한 어려움이 있던 것도, 남다른 능력을 지닌 개성 있는 아이도 아니었습니다. 대학 입시라는 거대한 관문을 뚫고 자신의 삶을 살아가야 하는 대한민국의 흔하디흔한 보통 학생이었습니다. 사실 제 성장 과정을 이야기할까 말까 여러 번 고민했습니다. 이 장은 과감히 건너뛰어도 전혀 문제없는, 사족 같은 부분입니다. 사람마다 처한 상황과 환경이 다르기 때문에 누군가의 경험이 그렇게 큰 도움이 되지 못할 수도 있습니다. 그런데도 부끄러움을 무릅쓰고 제 이야기를 먼저 하는 것은 혹시라도 세 경험이 다른 누군가에게 조금이라도 도움이 되었으면 좋겠다는 실낱같은 바람 때문입니다.

아이들은 옳고 그름을
헤아릴 안목이 부족하다

저는 회사원인 아버지와 간호사인 어머니 밑에서 자랐습니다. 전형적인 맞벌이 부모를 둔 터라 거의 할머니 손에서 컸습니다. 하지만 어머니는 퇴근 후에는 무조건 저와 시간을 함께 보내려고 노력하셨습니다. 아버지 역시 지극히 가정적인 분이라 특별한 일이 없는한 곧바로 귀가해 저와 놀아주셨지요.

그 시절 저는 천둥벌거숭이처럼 들로 산으로 온 동네를 돌아다니며 신나게 놀았습니다. 산에 가서 아카시아 꽃도 따먹고, 여름이면발가벗고 개울에서 멱을 감으며 가재를 잡고 놀았지요. 밤늦게까지친구들과 몰려다니며 놀아서 저녁 무렵이면 할머니가 저를 잡으러다닐 정도였습니다. 물론 한글을 배운다거나 덧셈, 뺄셈을 배운다거나 하는 일은 없었습니다. 그때가 70년대 초반이었으니 아마도 그게일반적인 모습이었을 겁니다. 그냥 자연 속에서 뒹굴며 신나게 놀았습니다. 너무나 즐거운 시간이었지요.

그러던 어느 날, 어머니의 벼락같은 결정이 떨어졌습니다. 이제부터 유치원에 다녀야 한다는 것이었죠. 당시에는 유치원에 다니는 아이가 별로 없을 때였습니다. 저와 함께 놀던 아이들도 유치원에 다니지 않았지요. 저는 친구들이 동네에 남아 있는데 저만 유치원에가는 게 너무 싫었습니다. 툭하면 유치원에 안 간다고 고집을 부렸고, 울기도 많이 울었지요. 하지만 어머니는 자신이 옳다고 생각하는 일만큼은 제게 조금도 양보하지 않으셨습니다.

"성원아, 네가 몰라서 그래. 다녀보면 정말 재미있고 좋을 거야."

이런 식으로 끝까지 저를 설득하셨습니다. 물론 가끔은 설득에 협박(?) 같은 게 끼어들기도 했습니다. 어머니의 결심이 워낙 단호했기에, 결국 저는 그 결정에 따를 수밖에 없었지요.

처음에는 너무 다니기 싫던 유치원이었는데 며칠 다니다 보니 '다른' 재미가 있었습니다. 유치원복을 입고 운동화를 신고 다니는 저를 보고 동네 친구들이 모두 부러워하는 것 같았습니다. 유치원에서 했던 놀이는 동네 친구들과의 놀이와 사뭇 달랐지요. 선생님들하고 놀면서 무언가를 조금씩 배워가는 게 참 재미있었습니다.

지금 생각해보면 유치원 친구들과 동네 친구들의 차이점은 자식에 대한 부모의 교육열이었던 것 같습니다. 유치원에 다니는 아이들의 부모님은 상대적으로 교육 문제에 관심이 많았고, 어린 나이였지만 유치원 친구들과 지내는 것은 동네 아이들과 놀 때와는 전혀 다른 느낌이 있습니다. 그렇다고 해서 유치원을 다니면시 아주 특별한 것을 배운 것은 아닙니다. 어떻게 보면 이전보다 노는 친구들 수만 많아졌을 뿐이지요. 유치원에서는 유치원 친구들과 신나게 놀았고, 집에 와서는 동네 친구들과 신나게 놀았기 때문입니다. 유치원을 졸업할 즈음 겨우겨우 이름 석 자를 한글로 그릴 수준 정도였습니다. 하지만 이상하게도 그때 함께 유치원에 다녔던 친구들과는 아직까지도 연락을 하며 지냅니다. 그리고 그 친구들 중에서 꽤 많은 친구가 소위 일류 대학에 진학했지요.

결과적으로 보면 어머니의 판단이 옳았습니다. 유치원은 제게 다른 교육의 기회를 주었던 것입니다. 아이들은 아직 미약한 존재입니다. 그러므로 부모가 아이의 뜻을 세심히 살펴보고 함께 판단하는 것은 중요한 일입니다. 물론 아이들이 원한다고 무조건 받아주는 것은 옳지 않습니다. 아이들은 무엇이 옳은지 그른지 판단할 능력이 아직 부족하기 때문에 결국 조력자인 부모의 현명한 선택이 중요한 역할을 하지요. 아이가 판단 능력이 없을 때 부모는 아이를 대신해서 올바른 판단을 해야 할 의무가 있습니다.

우등생의 꿈은
우연한 계기로 시작된다

세월이 흘러 초등학교 6학년 때 일입니다. 그해 봄, 제 인생의 일대 전환점이 될 만한 사건이 벌어졌습니다.

"성원아, 상준이 형이 졸업하면서 우등상을 받았단다."

어느 날 저녁식사 후에 들려온 어머니의 목소리에는 부러움이 잔뜩 배어 있었습니다.

김상준은 바로 저희 옆집에 사는, 저보다 한 살이 많은 선배였습니다. 다음 날, 저는 상준이 형을 찾아갔습니다. 상준이 형의 방에는 번쩍거리는 금메달이 걸려 있었습니다. 금메달에는 '우등상'이라는 글자가 선명하게 새겨져 있었지요. 그것은 몹시 충격이었습니다. 번쩍거리는 금메달은 어린 제게 큰 소망을 품게 했습니다. 왜 그랬는지 모르지만 그 금메달을 손에 넣고 싶다는 강렬한 충동이 가슴속을 파고들었습니다. 공부에 대한 제 꿈은 이렇게 시작되었습니다. 다음 날 저는 담임선생님을 찾아갔습니다.

"선생님, 우등상이 뭐예요?"

"음, 그건 졸업할 때 공부를 잘한 학생들에게 주는 상이야. 반에서 5명씩."

저는 또 물었습니다.

"선생님, 저도 그 상 받을 수 있어요?"

그러자 선생님께서 빙그레 웃으며 이렇게 대답하셨습니다.

"지금 성적으로는 조금 모자라지만 내가 조금만 노력하면 충분히 받을 수 있지."

그때 선생님이 이렇게 대답해주신 게 얼마나 다행인지 모릅니다. 만일 '너는 성적이 모자라니 꿈도 꾸지 마라'라고 했다면 저는 평생 공부와는 담을 쌓고 지냈을지도 모릅니다. 실제로 미국의 교육학자 로젠탈과 제이콥슨은 1968년 한 초등학교에서 지능검사를 실시했습니다. 그런 다음 무작위로 학생을 뽑아 '지적 능력이나 학업성취 가능성이 높은 학생들'이라고 거짓 정보를 주었습니다. 그랬더니 몇 달 뒤 실제 학업성적에서 이 학생들의 점수가 다른 학생들의 평균보다 높았고, 예전에 비해 크게 향상되었다고 합니다. 이처럼 어린 시절에는 선생님이나 부모, 형제들의 말 한마디가 그들의 인생에 중요한 역할을 합니다. 감수성이 예민한 어린아이들은 권위 있는 사람의 말을 그대로 믿는 경향이 있기 때문이지요.

저는 선생님 말씀을 그대로 믿었고 집으로 돌아오자마자 책상에 제 목표를 큼지막하게 적어서 붙여놓았습니다.

'나의 목표는 우등상이다. 천재는 99%의 땀과 1%의 영감으로 이루어진다.'

이런 표어를 붙여놓는 일이 처음이었는데 붙여놓고 보니 왠지 흐뭇한 생각이 들었습니다. 이 표어를 보고 아버지 친구분들께서는 저를 '민디슨'이라고 불렀지요. 이렇게 불리는 게 별로 기분 나쁘지 않았습니다. 저도 에디슨처럼 큰 사람이 될 수도 있다는 생각에 뿌듯하기까지 했습니다. 처음으로 공부한다고 달려드니 좀 어색하기도 했습니다. 다행히 워낙 책을 좋아하는 탓에 금세 교과서에 익숙해졌습니다. 초등학교 과정이라 생각보다 쉽게 따라잡을 수 있었고, 그렇게 하나씩 하나씩 배워가며 서서히 공부하는 재미에 빠졌습니다. 마침내 졸업식 날, 제 목에도 금메달이 걸렸습니다. 그때 저는 1등을 한 아이와 제가 별로 크게 다르지 않다는 사실을 비로소 깨달았습니다. 이제 와서 생각해보니 그 깨달음은 우등상 금메달보다도 값진 것이었습니다.

'할 수 있다'는 한마디가
아이의 미래를 바꾼다

저는 집 근처 중학교에 입학했습니다. 영어 수업 첫 시간, 얼마나 당황했는지 지금도 절대 잊히지 않지요. 알파벳을 모르는 사람은 저밖에 없었습니다. 남들은 더듬거리며 영어로 말하는데 저는 난생처음 알파벳을 접한 것입니다. 처음에는 당황했지만 알파벳을 하나하나 배우는 게 정말 재미있었습니다. 한편으로는 까짓것 공부하면 금방 따라잡을 수 있다는 자신도 있었지요.

중학교 첫 시험 결과가 발표되던 날, 집안에 경사가 났습니다. 제가 반에서 4등을 한 것이지요. 부모님은 정말 기뻐하셨습니다. 어머니와 저는 과일바구니를 사 들고 초등학교 때 담임선생님을 찾아갔습니다. 감사의 인사를 드리기 위해서였지요. 그런데 칭찬하실 줄 알았던 담임선생님이 어떤 영문인지 실로폰 채로 제 머리를 딱 하고 때리시더군요.

"우등상을 받은 놈이 1등을 해야지. 4등이 뭐야!"

저는 어리둥절했습니다.

'한 반에 70명인데 그중에서 4등이면 나보다 잘하는 애는 3명뿐이고 나머지 66명은 못하는 애들인데…. 왜 선생님은 내 머리를 때린 걸까?'

그런데 곰곰이 생각해보니 선생님 말씀이 맞는 것 같았습니다. 우등상도 받았으니 어쩌면 제가 1등을 할 수 있을지도 모른다는 희망이 생기기 시작했습니다. 선생님께서는 어떤 의도에서든 제게 '할 수 있다'라는 의식을 심어주시려 했던 것 같았고, 다행히 저는 그런 선생님의 말씀에 자극받아 더욱 열심히 공부했습니다. 그때부터 저는 정말 1등을 하기로 마음먹고 공부했습니다. 선생님의 말 한마디가 제게 1등이라는 구체적인 목표를 안긴 것이었죠. 물론 공부를 하는 동안 이렇게 해봤자 안 될지도 모른다는 생각을 한 적이 많았습니다. 하지만 그런 생각을 지우고 열심히 공부했고, 열심히 하다 보니 다른 선물이 기다리고 있었습니다. 공부가 재미있다는 사실을 깨닫게 된 것입니다.

아는 게 많아지면서 점차 자신감도 붙었고 선생님들의 질문에 가장 빨리 정확한 답을 말하는 아이가 되었습니다. 비록 아직 어린 나이였지만 저는 제가 발전하고 있다는 사실을 깨달았습니다. 그렇게 시간이 흘러 다시 시험을 치렀고 시험 결과가 발표되었습니다.

'전교 1등!'

어머니께서는 충격을 받으신 듯했습니다. 저 역시 꿈만 같았습니다. 열심히 목표를 향해 내달리다 어느 순간 골인 지점에 와버린 것이죠. 전교 1등을 하고 나니, 저를 대하는 주변 사람들의 태도에 커다란 변화가 생겼습니다. 가장 먼저 어머니의 태도가 확연히 달라졌습니다. 어머니뿐이 아니었습니다. 학교 선생님들과 친구들도 저를 공부 잘하는 아이로 인정해주었습니다. 다음 학기에 저는 반장이 되었고 졸업할 때까지 그 자리는 변함없는 제 자리였습니다. 모두가 저를 1등으로 대해주었습니다. 그 기분을 느껴보지 못한 사람은 아마 모르겠지요. 오로지 제 땀과 노력으로 얻은 결실이었기에 더 뜻깊었습니다.

흔들리지 않는 신념 뒤에는
올곧은 자녀교육 원칙이 있다

저희 어머니께서는 조금 지나치나 싶을 만큼 교육 문제에 극성스러웠지만, 흔들리지 않는 신념과 합리적인 교육관을 갖고 계셨습니다.

첫째, 용돈을 풍족하게 주지 않으셨습니다. 물론 용돈에 대해서는 긍정적 요소와 부정적 요소가 혼재하지만 그래도 그건 올바른 판단이었다고 생각합니다. 사실 지금 생각해보면 아이들에게 용돈을 주는 것은 돈을 쓸 시간을 주는 것과 다름없지요.

둘째, 누구를 만나도 저를 칭찬하고 자랑하셨습니다. 항상 겉으로는 창피해서 얼굴을 붉혔지만 마음속으로는 우쭐하는 느낌이 들었습니다. 심지어 택시를 타고 가다가도 기사분께 우리 아들이 1등이라고 자랑을 하시곤 했지요. 어떤 사람은 부모의 지나친 기대가 자식을 망친다고 합니다. 하지만 저는 그렇게 생각하지 않습니다. 부모의 올바른 기대는 자식을 더욱 발전하게 하는 원동력이며, 무관심이 자녀를 망치는 치명적인 원인입니다. 기대하지 않으면 발전도 없기 때문이지요.

셋째, 항상 공부 잘하는 아이들의 모임에 저를 넣어주려고 노력하셨습니다. 그러한 부모님의 노력이 제가 공부하는 데 적절한 자극이 되었고, 결과적으로 정말 많은 도움이 되었습니다. 즉, 부모님께서 제게 공부할 수 있는 환경을 만들어주기 위해 애쓰셨기에 지금의 제가 있다고 생각합니다. 저는 아이들이 공부를 잘하는 데는 부모님의 역할이 무척 중요하다고 생각합니다. 그 사실은 예나 지금이나 변함이 없지요.

대개 아이들은 겉으로 내색하진 않지만 부모님의 기대에 부응하려는 마음을 가지고 있습니다. 사실 저도 부모님의 기대를 저버리지 않기 위해 더 열심히 공부한 적도 많았습니다. 좋은 성적표를 들고 집에 왔을 때 부모님의 얼굴에 피어나는 환한 웃음을 보면 '내가 참 좋은 일을 했구나' 싶어 스스로 만족했던 적도 많았습니다.

다시 강조하지만 부모의 지나친 기대가 자식을 망치는 경우도 물론 있습니다. 하지만 부모의 기대가 없다면 아이는 성취욕구와 인정욕구를 가질 수 없다는 사실을 명심하기 바랍니다.

잘하려는 '마음가짐'이
공부의 원동력이 된다

성적이라는 놈은 참으로 묘한 구석이 있습니다. 못할 때는 못하는 것이 당연하게 여겨지는데 한번 잘하고 난 다음에는 계속 잘하는 것에 익숙해집니다. 마치 철새가 제 고향을 찾아가듯 저는 조금이라도 성적이 떨어지면 그곳이 제자리가 아니라는 생각이 들었습니다. 그래서 공부를 잘하는 저로 돌아가려는 귀소본능 같은 게 작용했습니다. 이처럼 성취 경험은 참 중요합니다. 공부를 잘했던 경험이 있는 아이는 조금만 정신을 차리면 언제든 제자리로 갈 수 있습니다.

제가 다녔던 대일 고등학교의 공부 방식은 스파르타식이었습니다. 그런데 한편으로는 제가 강조하는 동기 부여식 학습법을 채택하고 있는 측면도 있지요. 제가 졸업할 당시에 매년 약 60명 정도가 서울대에 합격했고, 우리 윗대 선배들은 70명 또는 80명씩 서울대에 입학했습니다. 특목고가 아닌 일반 배정으로 강북에서 그런 성적을 낸 것은 일간지 사회면을 장식하고도 남을 일이었지요. 그럼 대일 고등학교의 동기 부여식 학습법에 대해 간단히 살펴보겠습니다.

첫째, 선생님들은 늘 훌륭한 선배들의 이야기를 들려주며 우리에게 그 전통을 이어나갈 사명이 있음을 강조하셨습니다. 또 선배들의 성적표와 우리의 성적표를 복도에 나란히 붙여놓았습니다. 그래서 전교에서 약 100등까지는 누구나 서울대를 목표로 공부하는 분위기를 만들어주었지요. 선배들이 70명 정도 서울대에 입학했으니 현재 100등을 하는 학생들도 서울대에 들어갈 수 있다고 격려한 것입니다.

둘째, 학교 안에 '대일학사'라는 자습실이 있는데, 그곳에서 공부할 수 있는 자격을 제한했습니다. 그 이유는 대일학사를 이용하는 학생은 마치 예비 서울대 입학생이 된 느낌이 들 정도로 자신감을 심어주려는 것이었습니다. 즉 대일학사에 들어가서 공부할 정도 실력이라면 서울대에 진학하는 것을 당연하게 여기도록 했습니다.

셋째, 스파르타식 학습법을 쓰면서도 자발성을 강조했습니다. 아침부터 밤까지 원하는 학생들만 남아서 공부하도록 했고, 그것을 학생들의 권리로 느끼게 했습니다. 이와 같이 자율성을 살린 학습법은 가정환경이 어려운 학생들도 명문대에 진학할 수 있게 한 원동력이 되었던 것 같습니다. 공부에서 가장 중요한 것은 공부를 잘하려는 마음가짐이며, 다른 모든 것은 그다음입니다.

놀면서 서울대에 들어간 사람은
단 한 명도 없다

고3 때는 누구나 지독한 통과의례를 치릅니다. 입시를 코앞에 둔 이때가 정말 힘든 시기라는 점은 알고 계실 겁니다. 하지만 그럼에도 내 아이는 이 시기를 반드시 이겨낼 거라는 믿음을 갖는 것이 더욱 중요합니다.

저는 고3이 되자 노력하는 것에 비해 능률이 별로 오르지 않는다는 생각이 들었습니다. 그래도 참고 열심히 공부했습니다. 시간이 지날수록 공부하는 시간과 양은 더 늘어나는 반면 성적은 자꾸 정체되어 있는 느낌이 들고 점점 힘들어졌습니다. 나중에는 집중도 잘 되지 않았습니다. '도대체 왜 이렇게 공부를 해야 하는 거지? 꼭 서울대에 들어가야 할 이유가 있을까?'

문득 이런 회의감마저 들기 시작했지요. 일생일대의 위기를 맞은 것입니다. 슬럼프가 찾아왔습니다. 당시에는 아무에게도 내색하지 않았지만 신경성 소화 장애에 시달렸고, 의욕마저 상실한 상태였습니다. 아침부터 밤까지 책상에 앉아서 집중하려고 노력하는데도 아무 이유 없이 공부하기가 싫었습니다. 이러면 안 된다고 아무리 스스로 타일러도 어쩔 도리가 없었습니다. 그러자 불안이 저를 덮쳤습니다. 그렇습니다. 저도 '고3병'에 걸린 것이죠.

그러던 어느 토요일 하굣길. 짙은 안갯속을 헤매던 중에 저를 밝은 빛으로 인도해줄 한 등대를 발견했습니다. 제 마음의 병을 치료한 계기는 너무나 단순했습니다.

'꼭 서울대를 가야 할 이유는 없잖아.'

이렇게 저를 합리화하고 있던 바로 그때, 버스정류장에서 난생처음 서울대생을 보았습니다. 저는 눈이 번쩍 뜨였지요. 그 청년은 교련복 차림이었는데 명찰에 선명하게 '서울대학교'라는 글자가 박혀 있었습니다. 그동안 저는 진짜 서울대생을 본 적이 없었습니다. 직접 보니 순간 아득하게 현기증이 일면서, 저도 꼭 서울대에 가고 싶다는 강렬한 꿈이 다시 생기더군요. 그리고 어디서 힘이 났는지 다시 공부에 집중할 수 있었고, 결국 서울대 교련복을 입고야 말았습니다. 대학에 들어가서 처음 몇 달 동안은 일부러 교련복을 입고 다니기까지 했습니다.

저는 몸이 그렇게 튼튼한 편이 아니었습니다. 특히 소화 장애가 심했습니다. 체질상 매일 밤 12시면 잠자리에 들어야 했고, 대신 새벽 6시에 일어나 규칙적인 생활을 했습니다. 소화가 잘 되는 음식을 주로 먹되, 채소와 과일을 충분히 섭취해 부족한 비타민을 보충했습니다. 시험 볼 때까지 모든 과목을 공책 한 권으로 정리했고, 시험장에는 그 공책 한 권만 가져갔습니다. 지금 생각해도 참 성실하게 일 년을 보냈습니다. 무리하지도 않았지만 결코 게으름을 피우거나 중단하지도 않았습니다. 하루하루 목표를 세우고 완벽하게 실천한 일 년이었습니다. 그 보상은 참으로 달콤했지요.

합격자 발표 날, 부모님께서 행복해하시는 모습을 보니 그렇게 뿌듯할 수가 없었습니다. 누가 뭐라고 하든, 놀면서 서울대에 들어온 사람은 단 한 명도 없습니다. 이런저런 무용담을 늘어놓으며 놀면서도 충분히 서울대에 갈 수 있다는 식으로 말하는 사람들에게 절대 현혹되어서는 안 되지요. 세상은 불공평한 것 같지만 결국 노력한 만큼 거두게 되어 있습니다.

세상의 진리 중 진리가 바로 '공짜는 없다는 것'입니다. 저는 꿈을 가졌고, 꿈을 가졌기 때문에 슬럼프를 이기고 꿈을 이뤘습니다. 꿈은 결실의 첫 단추입니다. 이 사실을 이 땅의 모든 부모와 아이가 결코 잊지 않았으면 좋겠습니다. 또한 이 책에 담긴 내용이 아이들의 국어 학습을 조금 더 명확하게 만들어주고, 초등학교 시기부터 차근차근 쌓아온 노력이 결국 합격이라는 결과로 이어지기를 바랍니다.

차례

1부 국어는 여전히 초등 공부의 핵심과목이다

1부

국어는 여전히 초등 공부의 핵심과목이다

"국어는 초등 시기에 가장 먼저 다져야 할 공부의 출발점입니다.
이 시기의 국어 실력이 향후 학습의 방향을 결정합니다."

국어가 부족하면
모든 과목이 무너진다

모국어라는 방심이
성적의 발목을 잡는다

아이가 중학생이 되면 학부모님에게 충격의 순간이 찾아옵니다. '참 잘했어요' 도장만 받아 오던 우리 아이가 반에서 중간도 못 가는 성적임을 눈으로 확인하는 순간, 순탄하게 가리라 믿어 왔던 입시 성공의 꿈이 산산조각 납니다.

"국어 시험을 쳤는데 무슨 말인지 하나도 모르겠어요."

중학교 3학년 여름방학 무렵, 시윤이가 우리 연구소를 찾았습니다. 연습 삼아 6개월 뒤에 치르게 될 고등학교 1학년 3월 모의고사를 봤는데 다른 과목과 달리 국어 성적은 4등급이 나왔다는 것이지요. 시윤이 어머니도 이대로라면 국어가 수능에서 발목을 잡을 것 같다며 하소연했습니다. 초등학생 시절부터 회장을 도맡았고 글짓기 상도 턱턱 타오며, 학교 선생님이 입에 침이 마르도록 칭찬했던 우등생 시윤이가 왜 국어 성적만 안 나오는지 도무지 이해되지 않는다고 했습니다.

저는 일단 지금이라도 저를 찾아온 것이 다행이라며 어머니와 시윤이를 안심시켰습니다. 그리고 시윤이와 깊은 대화를 나누었습니다.

"시윤아, 왜 국어 성적만 잘 안 나오는 것 같니?"

"처음 보는 모의고사 지문이 평소 학교에서 배우던 것과는 딴판이었어요. 내용도 생소하고 어려워서 읽기도 전에 이걸 제한 시간 안에 다 읽을 수 있을지 걱정부터 앞서고 실제로도 이해를 잘 못하겠어요."

"그랬구나."

이 같은 현상은 실제로 많은 학생이 겪는 문제입니다. 국어 공부를 통해 독해력을 키우지 못한 결과입니다.

저는 이번엔 시윤이 어머니께 물었습니다.

"시윤이는 국어 공부를 따로 한 적이 없나요?"

"아뇨. 초등학교 4학년부터 6학년 때까지 논술학원에 다녔는걸요. 제가 시윤이 어릴 때 그림책도 많이 읽어줬고요."

초등 국어가 실력입니다

"다른 과목, 그러니까 수학이나 영어랑 비교해서 국어 공부의 양은 얼마나 되었는데요?"

"음… 저는 사교육을 엄청 시키는 편은 아니었어요. 수학은 중요하니까 전문학원을 다녔고, 영어는 근처 유명 어학원 커리큘럼을 쭉 따라갔죠. 국어는 말씀드린 논술학원이랑 제가 개인적으로 독서를 지도했고요. 물론 중학교에 가서는 논술을 끊었지만, 중학생이 되어서도 내내 학원에서 국어를 배웠어요."

시윤이 어머니는 본인이 국어 공부를 시키지 않은 건 아니라고 굳게 믿고 있었습니다. 저는 그 믿음부터 깨주었습니다.

"국어 공부는 나이마다 적기가 있어요. 특히 문학과 화법, 작문 영역은 초등학생 때 여러 책을 읽고 시를 외우거나 주변 사람들과 직접 대화를 하면서 기초 실력을 쌓아야 하쇼. 시윤이는 그런 경험이 부족해요. 어머니께서 말씀하신 논술학원에서는 논리적 글쓰기 기술을 배우긴 해도 글을 읽고 내용을 파악하여 핵심을 정리하는 법은 배우지 못한 것 같습니다. 내신을 대비하는 학원에서는 체계적인 독해력 수업보다는 학교 시험을 위한 문제 풀이 위주로 진행됐을 거고요."

"하지만 선생님, 주변을 보면 다들 국어 공부는 따로 안 해요. 어차피 우리말인데 따로 공부한다는 게 시간이 아깝기도 하잖아요."

"그게 오해입니다. 우리가 평소에 쓰는 일상 언어로서의 국어와 시험 국어는 결이 달라요. 또한 언어 두뇌가 자라는 초등학생 때 다양한 국어 활동이 함께 이루어져야 고등학교에 가서도 절대 성적이 떨어지지 않는 국어 실력을 갖출 수 있지요. 당연히 국어도 수학이나 영어처럼 별도의 공부가 필요합니다."

저는 그 길로 국어 기본기를 갖출 수 있도록 시윤이의 학습 계획을 지도해주었습니다. 사실 중3 때까지 국어 실력을 탄탄하게 만드는 것이 실용적이고 합리적입니다. 하지만 시윤이가 국어 공부를 다른 아이들에 비해 늦게 시작한 것은 아닙니다. 체계적인 국어 공부가 중요하기는 하지만 대부분의 아이가 그렇게 하고 있지 않은 것이 현실입니다. 고등학생이 되어서야 부족한 국어 실력의 심각성을 깨닫는 대부분의 아이보다는 문제를 빨리 발견한 것이기에 시윤이에게 가능성은 충분히 있다고 생각했지요.

시윤이는 중3 여름방학부터 일주일에 한 번씩 내신 국어가 아닌 수능 국어 형태에 익숙해지는 연습을 했습니다. 수능 국어는 크게 5개 영역, 화법, 작문, 문법, 문학, 비문학 독서로 이루어져 있기 때문에 영역별로 공부를 진행했고 더불어 취약한 어휘력도 늘려 나가기로 했지요.

먼저 문학과 화법은 통합 교과 교재로 시가, 산문, 비문학과 다양한 언어 영역을 균형 있게 학습했습니다. 주요 시가 작품은 반드시

    초등 국어가 실력입니다

암기를 했습니다. 이 과정을 통해 어휘력이 향상됐습니다.

시윤이는 적극적으로 수업에 참여했기에 짧은 시간이었지만 어휘력이 향상되었고 독해력도 점진적으로 높아졌습니다. 그때부터 인문, 사회, 법, 경제, 예술 등 다양한 분야의 책을 읽으며 배경지식을 쌓고 기출문제를 풀면서 국어 실력을 높여 나갔습니다.

저희 연구소에서 경제학 관련 비문학 독서를 공부할 때 함께 읽는『맨큐의 경제학』을 처음 접했을 때, 시윤이는 무척 힘겨워했습니다. 경제 지문은 글을 읽은 뒤 표나 그래프를 이용해서 표현하고 이를 해석하는 것이 주된 내용이라 훈련을 받지 않은 경우에는 몇 번을 읽어도 글의 내용을 파악하기가 쉽지 않기 때문입니다.

하지만 표나 그래프 해석도 반복적으로 읽고 해석하면서 익숙해지고 나면 오히려 징확한 독해가 가능해집니다. 그리고 경제 관련 지문을 대부분의 아이가 어려워하기 때문에 이 영역을 잘하게 되면 국어에 자신감이 생깁니다. 그렇게 자신감이 붙은 시윤이는 지난 10년간 수능에 출제된 비문학 독서 지문을 읽고 문제를 풀면서 점차 도표나 그래프 해석에 관한 글도 쉽게 풀었습니다.

학습을 진행하면서 정기적으로 고1 모의고사를 보았는데, 초반에는 점수가 좀체 상승하지 않던 시윤이지만 교재를 한 권씩 끝내고 책을 완독해갈 때마다 상승하기 시작했습니다.

그리고 해가 바뀐 뒤 치른 고등학교 1학년 첫 모의고사에서 시윤이는 당당히 국어 만점을 받았습니다. 시윤이보다 중학교 성적이 좋았던 친구들을 월등히 뛰어넘는 성적이었죠. 마냥 두려워했던 국어가 자신감을 주는 과목으로 변신한 것입니다. 만약 시윤이가 계속 제대로 된 국어 공부를 하지 않고 다른 과목에만 집중했다면 얻을 수 없는 결과였지요.

안타깝게도, 대부분의 학생이 시윤이와 비슷한 상황에 처해 있습니다. 심지어 아직 문제가 무엇인지도 모르고 있지요. 병으로 치면 잠복기인 셈입니다. 이 잠복기를 눈치채지 못하는 이유가 있습니다.

어릴 때부터 웬만큼 공부를 해왔고, 학습 태도가 좋은 아이라면 초등학교 때까지 국어 공부를 따로 하지 않아도 '아주 잘함'이라는 성적을 늘 받게 됩니다. 사실 초등학생 때는 아주 팡팡 노는 아이가 아니고서야 다 '잘함' 또는 '아주 잘함'을 턱턱 받아옵니다.

그런데 중학교부터는 조금씩 실력 차이가 드러납니다. 물론 마냥 놀던 아이는 성적이 뚝 떨어지는 반면, 국어 공부는 따로 안 했어도 수학과 영어 등을 꾸준히 하면서 독서라도 열심히 했던 아이는 웬만큼 성적을 유지합니다. 특히 이런 아이들은 수학과 영어에서 최상위권을 차지하며, 수업만 집중해서 잘 들어도 국어도 상위권을 유지합니다. 중학교까지의 국어 시험은 모두 배운 데서 출제되기 때문입니다. 그래서 중학교 3학년까지는 국어 때문에 힘들어하는 아이가 별로 없지요. 학교 수업을 열심히 듣고 예습과 복습을 착실히 하면 학교 국어 성적을 올리는 데는 큰 문제가 없습니다. 즉, 공부를 안 해서 성적이 안 나올 순 있어도 공부를 했는데 성적이 안 나오는 일은 거의 없다는 말입니다.

그러다가 고등학교에 진학하면 결국 첫 번째 모의고사에서 당연히 받을 거라 믿었던 1등급을 못 받는 경험을 하게 됩니다. 국어가 우리말이기 때문에, 나름대로 책을 많이 읽었으니까, 중학교 때 학원에 다녔거나 초등학교 때 논술학원에 다녔으니까 등의 이유로 국어 실력을 탄탄히 쌓아두지 않다가 걱정하지 않았던 국어가 걱정해야 하는 과목이 되는 것입니다.

이 같은 현상으로 알 수 있는 사실은, **초등학교 때 튼튼한 국어 뿌리를 내려야 고등학교 때 열매를 거둘 수 있다는 깃입니다.**

이러한 현실에도 아직 많은 학부모님이 국어 공부에 세심한 주의를 기울이지 않습니다. 그러다 결국 국어에 발목을 잡히고 말지요. 왜 많은 학부모님이 아이의 국어 공부를 방치하는 것일까요?

첫째, 국어가 모국어라며 방심하기 때문입니다. 국어는 학교에서 배우는 교과목이기 전에 모국어입니다. 매일 국어로 다른 사람과 대화하거나 문자메시지를 주고받고, 신문 기사나 책을 읽으며 방송을 보고 듣지요. 우리 아이들은 생활 속에서 어느 정도의 국어 수준을 갖추게 됩니다. 그래서 일찍부터 국어 공부를 체계적으로 할 필요성을 느끼지 못합니다.

반면 수학은 수 세기와 연산을 시작으로 미적분, 확률과 통계, 함수, 기하에 이르는 학습이 필요한 과목이라는 것을 부모님이 몸소 경험해봤기에 알고 있습니다. 부모님이 학창 시절 고생을 해봤기 때문에 몸과 마음의 경험으로 체득한 것이지요. 수학은 단계별 나선학습 구조이므로 내용의 기반이 다져져 있지 않으면 새로운 개념을 쌓아가기는커녕 오늘 배운 내용을 복습하기조차 어렵습니다. 이렇게 수학은 초등학교나 중학생 때부터 문제가 드러나니 다들 부랴부랴 공부합니다. 그러나 국어는 중학교 때까지 학교 수업을 따라가는 데 어려움이 없다고 여기며 시간을 보내다가 고등학교에 가서 드디어 문제가 발생하는데 이때 해결책을 찾으려면 많은 대가를 치러야 합니다. 마치 우산 없이 여름철 장마를 견뎌야 하는 것처럼 말입니다.

둘째, 어떻게 해야 국어 성적이 오르는지 모릅니다. 본격적으로 입시를 위해 달려야 하는 고등학생이 되어서도 국어 공부를 어려워하는 아이가 참 많습니다. 그런데 국어 성적이 왜 오르지 않는지를 아는 아이와 학부모님은 극히 드물지요. 아무리 공부해도 국어 성적이 오르지 않는 것이 독해력이나 어휘력, 문법 지식이 부족하기 때문인지, 문학의 감성을 파악하지 못하기 때문인지를 스스로 파악

 초등 국어가 실력입니다

하기 어렵습니다. 각 단원에서 배우는 내용이 분명히 구분되고 단계별 학습이 이루어져 어떤 단원이 부족한지 단박에 알 수 있는 수학 과목과 비교되지요. 이쯤 되면 시험 범위가 굉장히 넓은 모의고사나 수능 국어 영역의 특성상 1등급을 노리는 건 첩첩산중 험난한 길입니다. 결국 수포자(수학포기자)가 아니라 국포자(국어포기자)가 되어버리기까지 하지요. 국어 실력이 오르는 방법을 제대로 알면 그걸 따라 실행하면 되는데 모르니까 안 시키게 되는 겁니다. 무엇이 문제인지도 모르고 해결책도 모르니 우왕좌왕하며 이런저런 공부를 하게 됩니다.

고등학교에 진학한 뒤 국어 실력을 올리려면 많은 시간과 노력이 필요합니다. 국어 성적이 오르지 않아서 시간을 투입하면 다른 과목의 성적이 떨어지는 악순환이 생기기 때문입니다. 그리고 시간을 투입한다고 해서 사회나 과학처럼 쑥쑥 성적이 오르지도 않습니다. 당장 고등학교 학부모에게 전화해서 확인해보시면 정확한 답을 얻으실 수 있습니다. **그나마 시간이 있는 초등학교와 중학교 때 아주 조금만 투자해서 체계적인 국어 공부를 해두면 그 효과는 고등학교 때 확실히 알 수 있습니다.** 젊어서 열심히 저축한 종잣돈으로 월세가 나오는 작은 건물을 마련한 것처럼 말입니다.

교육 현장에 있다 보면, 공부를 필요에 의해서 하지 않고 유행에 맞춰 쇼핑하듯이 이 학원 저 학원을 옮겨다니며 공부하는 경우를 많이 봅니다. 하지만 많은 사람이 선택한 길이 반드시 옳은 길은 아닙니다. 들뜬 마음을 가라앉히고 우리 아이가 몇 년 뒤 치를 입시 요강과 시험문제를 찬찬히 살펴보세요. 그렇다면 이제라도 국어 공부를 제대로 해야겠다는 깨달음을 얻으실 겁니다.

읽기는 소리 내어 읽기가 먼저다

"교과서 읽기가 너무 어려워요. 몇 번을 읽어도 무슨 말인지 모르겠어요."

저와 처음 만난 날, 형우가 말했습니다. 초등학교 3학년이었던 형우는 동네에서 둘째가라면 서러울 정도의 장난꾸러기였습니다. 책을 읽는 것은 고사하고, 한자리에 앉아 50분의 수업을 듣는 것도 힘들어했습니다. 교과서에 나오는 말은 잘 이해되지 않고, 그저 놀고만 싶어서 집중을 하지 않으니 공부가 재미없었지요. 학교에 가지 않겠다고 엄마와 여러 번 실랑이도 벌였습니다.

그런데 학부모님들도 아시다시피, 교과서는 공부의 기본 중의 기본입니다. 학교에서 배우는 지식은 모두 교과서에 쓰여 있고, 이를 읽어야 지식이 쌓이고 공부가 무르익습니다. 교과서를 읽지 못한다

 초등 국어가 실력입니다

면? 당연히 학업 성취도가 떨어지겠지요. 장난꾸러기 형우의 학업 성취도가 염려될 수밖에 없습니다.

이렇게 교과서를 잘 못 읽는 현상은 소수의 아이들에게서만 나타나는 게 아닙니다. 교과서를 읽지 못하는 아이들, 즉 '문해력(文解力)'이 부족한 아이는 생각보다 많습니다. 문해력은 글을 읽은 후 내용을 정확히 이해하고 판단하는 능력입니다. 인문, 사회, 과학, 기술, 경제, 문화, 예술 등 다양한 분야의 글부터 데이터, 통계 등 숫자로 된 내용까지, 정보를 포함하는 모든 내용을 올바르게 읽고 의미를 파악하는 힘이지요.

그러나 문해력이 부족하여 학습에 어려움을 겪는 학생이 해를 거듭할수록 꾸준히 늘고 있습니다.

최근 보도된 자료를 보면 이러한 현상은 더욱 구체적인 수치로 확인됩니다. 서울시교육청에 따르면 난독증으로 교육청의 진단과 지원을 받은 학생 수는 2020년 112명에서 2023년 824명으로 증가했습니다. 3년 사이 일곱 배 이상 늘어난 수치입니다. 같은 기간 경계선 지능으로 지원을 받은 학생도 122명에서 663명으로 다섯 배 이상 증가했습니다. 단순한 체감이 아니라, 공식 통계로도 읽기와 이해에 어려움을 겪는 학생이 빠르게 늘고 있음을 보여줍니다. 단절되었던 코로나19 팬데믹 시기의 영향일 것이라는 분석도 나오기도 하고 있지요.

특히 주목해야 할 점은 지원 학생의 대부분이 초등학생이라는 사실입니다. 난독증으로 지원을 받은 학생의 약 94%가 초등학생으로 집계되었습니다. 이는 읽기 능력이 본격적으로 형성되는 시기에 이미 상당수의 아이가 기초 해독 단계에서 어려움을 겪고 있다는 의미입니다. 글자를 정확히 소리로 연결하고, 단어를 문장 속 의미로 통합하는 과정이 흔들리면 이후의 학습은 계속 부담으로 남습니다.

난독증은 지능이 낮아서 생기는 문제가 아닙니다. 시력이나 청력에 이상이 없음에도 불구하고 글자를 정확히 인식하고 배열하며 읽어 내는 과정에서 지속적인 어려움을 보이는 학습장애입니다. 글자 일부를 빠뜨리고 읽거나, 비슷한 글자를 혼동하고, 여러 번 읽어도 문장의 의미가 또렷하게 잡히지 않는 특성이 나타납니다. 이러한 해독의 불안정은 곧 이해의 불안정으로 이어집니다. 교과서를 몇 번이나 읽어도 무슨 말인지 모르겠다는 아이의 말은 과장이 아니라 실제 학습 현장에서 반복적으로 확인되는 모습입니다.

이 아이들은 학교 수업 시간에 보는 교과서조차 읽기가 힘들어 쩔쩔맨다고 합니다. 자연히 모든 수업 시간이 싫어지고, 책상에 앉아 있는 것도 싫어지고, 결국 학교 가는 일 자체를 싫어하게 되겠죠.

저는 형우의 학습 양상에 대해 어머니와 먼저 이야기를 나누었습니다.

 초등 국어가 실력입니다

"책을 읽고 나서 무슨 내용이냐고 물어도 대답을 잘 못해요. 책을 읽는 동안 집중도 잘 못하는 것 같고요."

형우와 어머니의 이야기를 들어보니 형우에게 가장 시급한 것은 앞서 이야기한 학습의 기초인 문해력을 다지는 일임을 알 수 있었습니다.

"어머니, 형우에게 지금 가장 필요한 것은 체계적인 국어 읽기와 내용 파악하기입니다. 초등 저학년인 지금 기틀을 잡지 않으면 앞으로 더 나은 학습 성취를 기대하기는 어렵습니다."

형우 어머니는 '문해력의 씨앗'부터 키워야 한다는 저의 의견을 충분히 이해하셨고 이에 따른 교육을 진행하기 시작했습니다. 먼저 형우는 교과서를 비롯한 이야기책을 소리 내어 읽기부터 시작했습니다. 예상했던 대로 형우는 끊어 읽어야 할 곳을 몰라 더듬대기 일쑤였죠. 그래도 형우를 독려하며 올바른 끊어 읽기 지점을 알려주었고 잘못된 발음을 정확하게 교정해 자연스럽게 읽을 수 있도록 지도했습니다.

"주인공 이름은 뭐고 누구와 살고 있지?"

"주인공은 하교길에 어떤 일이 있었지?"

한 편의 글을 읽은 뒤에는 이야기 속에 나오는 정보를 물어보며 형우가 직접 정보를 정리하도록 했습니다. 형우가 찾은 정보는 친구들과 서로 공유하면서 미처 파악하지 못한 내용을 함께 알아가게 했지요. 이와 함께 공부 집중력을 올리는 데 효과적인 시 암송도 병행했습니다. 3개월쯤 지나자 드디어 형우에게 조금씩 변화가 나타나기 시작했습니다. 국어를 바르게 읽게 되자, 한 줄도 제대로 읽지 못해 몸을 배배 꼬던 아이가 집중해서 몇 페이지를 넘기며 읽었지요. 또한 내용이 머릿속에 순서대로 정리되니 전후 문맥을 논리적으로 파악하는 힘이 올라가고, 이는 곧 비판적이고 추론적인 사고로 뻗어나갔습니다. 말 그대로 서서히 싹을 틔우던 국어력이 폭발적으로 성장하기 시작한 것이죠.

형우는 학교 수업에도 점차 적응해 나갔습니다. 늘 친구 옆구리를 찌르며 낄낄거리던 형우의 손에는 어느새 청소년을 위한 문학 전집이나 세계 위인전이 들려 있었습니다. 글 읽기에 익숙해지고 아는 어휘가 많아지니 읽고 이해할 수 있는 책의 수준 또한 올라간 겁니다.

그리고 더욱 놀라운 변화가 한 가지 더 있었는데요. 문해력이 안정되자 국어 과목뿐만 아니라 수학 성적도 향상된 것입니다. 수학 교과서 속 수식과 문제들도 엄밀히 말하면 활자로 적힌 정보입니다. 문해력이 떨어지면 수학 개념은커녕 문제도, 숫자들의 계산식도 이해하지 못하게 되지요. 늘 계산 중에 삐끗하던 형우였는데, 문해력이 높아지자 계산해야 할 것들을 놓치지 않게 되었습니다. 그저 장난꾸러기였던 형우는 초등 고학년을 대상으로 하는 매우 높은 수준의 수학 경시대회를 준비하여 개인 부문 색깔상을 수상하는 쾌거를 이루기도 했습니다.

국어 실력과 학업 성취도의 관계는 이미 오래전부터 강조되어 왔습니다. 많은 교육 관계자가 학업 성적을 올리기 위해서는 국어의 기본기부터 닦아야 한다고 입을 모으지요. 그 이유는 형우 사례에서 보았듯, 바로 '문해력' 때문입니다.

중학생이 되면 정말 많은 아이가 "교과서 읽기가 너무 힘들어요!" 하고 아우성을 칩니다. 교과서 속 글의 난도가 초등학교에서 중학교로 진학하는 순간 훅 올라가기 때문입니다. 한 페이지에 길어야 서너 줄의 글이 있는 초등학교 교과서와 달리 중학교 교과서에는 긴 설명 글이 등장하죠. 교과서에서 다루는 개념도 훨씬 더 심화되고 다양합니다. 여기에 사회·문화, 과학, 역사, 법, 윤리 등 다른 과목의 개념이 더해지면서 공부가 아주 고통스러운 일로 변합니다.

이렇게 갑자기 어려워진 교과서에 안 그래도 적응이 안 된 아이들은 당황할 수밖에 없는데, 어휘력과 문해력 등 기초적인 국어 실력마저 약하다면 어떻게 될까요? 초등학교 때까지 조금만 하면 되던 공부가 많이 해도 잘 안 되는 공부로 변하는 겁니다.

대치동에서 상담을 하다 보면 어린 시절 해외에서 생활한 학생들을 종종 만나게 됩니다. 서진이도 그런 사례였습니다.

"영국에서는 공부를 아주 잘했는데, 한국에 오니 뭔가 잘못된 것 같아요."

상담을 시작하며 서진이 어머니는 당황스러운 마음을 먼저 이야기하셨습니다.

서진이는 초등학교 1학년부터 3학년까지 영국에서 학교생활을 했습니다. 수준별 수업을 운영하던 학교에서 가장 높은 그룹에 속해 있었고, 학급의 리더 역할도 맡고 있었습니다. 어머니는 한국에 돌아와서도 큰 어려움 없이 잘 적응할 것이라 생각했습니다. 서진이의 지적 능력이 또래보다 높았고, 초등학교 교과과정 역시 중·고등학교에 비해 난도가 높지 않다고 판단했기 때문입니다. 그러나 실제 상황은 달랐습니다.

상담 전 진행한 지능검사에서 서진이는 해외에서 귀국한 학생들의 전형적인 패턴을 보였습니다. 전체 지능은 양호했지만, 언어이해 영역 중 특히 어휘 능력이 낮게 나타났습니다. 저는 어머니께 이렇게 설명했습니다.

"어머니, 지금 서진이에게 교과서 글은 거의 아랍어처럼 느껴질 거예요."

초등학교 4학년 교과서에서 등장하는 어휘를 보면 이해가 됩니다. '고장, 방위, 논, 해일, 조선업, 소포, 인력거, 나루터, 한옥, 얼레,

인두, 성묘, 촌락, 고령화'와 같은 단어들이 등장합니다. 초등학교 고학년이 되면 어휘의 수준이 오르고 범위가 빠르게 확장됩니다. 특히 한국 문화권에서 자연스럽게 접하며 익혀야 할 생활·문화 어휘가 많이 등장합니다. 해외에서 성장한 학생들에게는 이러한 어휘가 자연 습득의 영역이 아니라 별도의 학습 대상인 것이지요. 어휘 기반이 부족하면 국어 과목만 어려워지는 것이 아닙니다. 사회, 과학은 물론이고 문제 이해가 중요한 수학과 영어 학습에도 영향을 미칩니다. 서진이가 전반적인 학습에서 어려움을 겪었던 이유가 여기에 있었습니다.

해결 방법은 분명했습니다. 어휘를 체계적으로 다시 쌓는 것입니다. 저는 교과서만큼 잘 설계된 어휘 자료는 없다고 생각합니다. 그래서 교과서 어휘를 정리한 학습지를 활용해 초등학교 1학년 과정부터 차근차근 다시 시작하도록 했습니다. 동시에 연구소의 국어 수업을 꾸준히 듣게 했고, 이후에는 배경지식을 확장하기 위해 인문사회 수업도 병행하도록 했습니다.

처음에는 자신의 학년에 맞는 수업을 따라가는 것조차 쉽지 않았습니다. 그러나 서진이는 포기하지 않고 계속 연습했습니다. 국어에서 하나씩 실타래가 풀리며 전반적인 학습력의 향상이 일어났습니다. 그 결과 서진이는 중학교에 진학한 뒤 학교 내신에서 주요 과목 전 과목 만점을 받을 정도로 성적을 끌어올렸고, 자신감을 가지고 고등학교에 진학하게 되었습니다.

이 두 이야기로 초기 어휘력과 문해력이 아이의 읽기, 나아가 학습 전반을 어떻게 좌우하는지 아실 수 있을 겁니다. 첫 단추가 어긋나지 않도록 학습의 씨앗인 아이의 어휘력과 문해력을 먼저 길러주어야 하지요.

수학과 영어 실력도 국어로 달라진다

현장에서 아이들을 가르치는 선생님들에게서 '웃기고도 슬픈' 일화를 종종 듣습니다. 중학교에서 영어를 가르치는 모 선생님은 수업할 때 가장 어려운 것이 '국어'라고 합니다. 영어는 잘하는데 국어를 못하는 아이가 많아서 영어 선생님이 영어 때문이 아니라 국어 때문에 고생하는 경우가 많습니다.

한번은 교과서 지문에 'Consider'라는 단어가 나왔다고 합니다. 아이들에게 단어의 뜻을 물어보니 '고려하다'라고 잘 답했고, 다음 문장으로 넘어가려는데 몇몇 아이들이 웅성댔습니다.

"선생님, '고려하다'가 무슨 뜻이에요?"

선생님은 말문이 턱 막혔습니다. 중학교 2학년이나 되는 아이들이 '고려하다'라는 우리말의 뜻을 모른다니 충격이었던 거죠. 게다

초등 국어가 실력입니다

가 'Consider'의 뜻이 '고려하다'인 건 아는데 고려한다는 게 뭔지를 모르다니요. 이런 일이 생각보다 많이 일어납니다. 영어를 잘하기 위해서도 국어 공부를 해야 합니다.

영어와 국어 실력의 상관관계는 가벼이 넘길 일이 아닙니다. 영어 난도가 올라갈수록 국어 실력과의 상관관계는 커지고, 그만큼 국어 실력이 영어 공부에까지 영향을 미치기 때문입니다. 예를 들어 'Apple, Dog, Tiger'와 같은 비교적 쉬운 어휘 수준에서는 별문제가 없습니다. 하지만 중학교 때 나오는 'Alternative' 정도의 영단어 수준만 되어도 우리말 어휘력이 낮으면 이해도가 현저히 떨어집니다. 'Alternative'가 '대체의, 대안적인'이라는 뜻이라고 외울 수는 있지만, 이 단어를 문장에서 만났을 때도 글을 읽으며 그 뜻을 곧바로 바르게 떠올리고 분맥을 완벽히 이해할 수 있을까요?

예를 들어 'Alternative medicine'이란 단어가 문맥 속에 등장하면 어떨까요? 아마 그동안 쌓아온 영단어 암기 실력으로 대충 '대체 의학'으로 번역은 할 수 있을 겁니다. 그런데 문제는 그다음입니다. 그 대체 의학이라는 게 뭔지를 모르고 영어 지문 속에서 헤매는 것이지요. 나머지 아는 단어로 더듬더듬 문맥을 유추해보려고 하지만, 계속 반복되어 나오는 중심 단어의 뜻을 모르면 글의 내용이 완벽히 이해될 리가 없습니다.

그래서 간단한 영어 회화를 할 줄 알거나 자막 없는 영어 영상도 곧잘 보던 아이라도 조금만 수준 높은 어휘가 나오거나 철학, 과학, 정치, 경제를 다루는 교양 영문을 마주하면 읽지 못하는 경우가 많습니다. 다시 말해 생활 영어 수준의 영어를 넘어설 때부터는 국어를 잘해야 영어도 잘하게 된다는 겁니다.

수능 영어에서도 부족한 국어 실력은 큰 걸림돌로 작용할 수 있습니다. 57쪽은 수능에서 출제된 영어 지문과 이를 번역해놓은 글입니다.

학부모님들은 이 지문의 해석 부분을 잘 읽어나가실 수 있나요? 낯선 단어에 쉽게 읽히지 않는 문어체로, 많은 분이 작게 '에휴' 하고 한숨을 내쉬었을 겁니다.

아무리 성인이라도 문해력이 좋지 않으면 우리말 번역도 이해하기 어려운 게 당연합니다. 어른도 그런데, 하물며 아이들은 어떻겠나요. 가뜩이나 복잡한 철자로 이루어진 영단어에 심리적으로 위축되었는데, 열심히 뜻을 풀어봐도 문맥을 파악하거나 논점을 잡지 못해 혼란스러울 겁니다. 머릿속이 뒤죽박죽되어 결국 출제된 문제마저 오독할 가능성이 크고요. 한 문항으로 등급이 달라지기도 하는 수능에서 지문 하나에 딸려 나오는 2~3개의 문제를 모두 놓친다면 너무나 안타까운 일 아닐까요? 영어 실력 때문이 아니라 한글 뜻을 몰라 점수를 놓치는 것이 더 속상한 일일 겁니다.

Q. 다음 빈칸에 들어갈 말로 적절한 것을 고르시오.

Hobbes was a staunch advocate of the absolute sovereignty of law as the fundamental prerequisite, not only for social order and stability, but also for individual survival. He argued that human collectives could only transcend their primitive state through the establishment of a powerful and coercive central authority, because only such a mechanism could suppress the inherent inclination toward chaos. However, his insistence on a rigid legal structure was not derived from a faith in human potential or moral evolution. On the contrary, it was rooted in a deeply cynical view of human nature: man's competitive and distrustful essence makes it imperative to institute a formidable power to keep them all in awe. We cannot rely on natural altruism or communal affection, as even the most rational individuals would succumb to conflict in a state of nature without a common power to restrain them. Ideally, the law is the external manifestation of that strategic calculation that all self-interested beings would necessarily adopt to escape violent death. If such a legal system fails to impose a fear of consequence that outweighs the temptation of transgression, then the law cannot be _________________. [3점]

해석 홉스는 사회 질서와 안정뿐 아니라 개인의 생존을 위한 근본적인 전제 조건으로서 법의 절대적 주권에 대한 확고한 옹호자였습니다. 그는 인간 집단이 강력하고 강제적인 중앙 권력의 확립을 통해서만 원시적 상태를 초월할 수 있다고 주장했는데, 오직 그러한 기제만이 인간 내면에 내재된 혼란을 향한 성향을 억누를 수 있기 때문입니다.

하지만 엄격한 법적 구조에 대한 그의 강조는 인간의 잠재력이나 도덕적 진화에 대한 믿음에서 기인한 것이 아니었습니다. 반대로, 그것은 인간 본성에 대한 깊은 냉소적 견해에 뿌리를 두고 있었습니다. 즉, 경쟁적이고 불신하는 인간의 본질은 그들 모두를 경외심 속에 묶어줄 강력한 힘을 제도화하는 것을 필수불가결하게 만든다는 것입니다. 우리는 타고난 이타심이

나 공동체적 애착에 의존할 수 없습니다. 왜냐하면 아무리 이성적인 개인일지라도 그들을 억제할 공통의 힘이 없는 자연 상태에서는 결국 갈등에 굴복할 것이기 때문입니다.

이상적으로 볼 때, 법은 모든 이기적인 존재들이 참혹한 죽음에서 벗어나기 위해 필연적으로 채택할 전략적 계산의 외부적 발현입니다. 만약 그러한 법 체계가 위반의 유혹을 압도할 만큼의 결과에 대한 공포를 부과하는 데 실패한다면, 법은 더 이상 ________________. [3점]

정답 considered to be a functioning law in any meaningful sense.

비단 영어뿐만이 아닙니다. 국어 실력의 중요성은 수학에서도 드러납니다. 제가 EBS 〈60분 부모〉와 YTN사이언스 〈수다학〉에 출연했을 때, 학부모님께 많이 들었던 고민 중 하나는 아이가 문장제 수학 문제를 어려워한다는 것이었습니다. 저는 이 이야기를 들으면 예외 없이 이렇게 대답합니다.

"수학 공부와 함께 국어 공부도 지도해주세요."

학년이 올라갈수록 국어 실력, 정확히 말하면 독해력이 부족하면 수학 문제의 의미를 제대로 파악하기 힘들어집니다.

엄마와 함께 연구소를 방문한 혜성이는 똘망똘망한 눈에 호기심 많은 얼굴이었습니다.

"초등 1~2학년 때까진 수학이 어렵다는 말을 전혀 한 적이 없었어요. 근네 요즘 들어 수학을 힘들어하네요."

혜성이는 초등학교 입학 전부터 공부방에서 소그룹 놀이 수학 수업에 참여하는 등 수학과 친해지는 습관을 길러왔기에 부모님은 혜성이가 수학을 쭉 좋아하고 잘할 것이라고 생각했습니다. 그랬던 혜성이가 5학년에 올라가서는 수학을 힘들어하고 피하기 시작했습니다.

부모님은 저에게 혜성이가 중학교에 올라가기 전까지 수학 실력을 올리고 싶다고 말씀하셨습니다.

"혜성아, 이 문제 한번 풀어볼래?"

저는 혜성이에게 간단한 수학 문제를 풀어보게 했습니다. 문제를 본 혜성이는 문제 밑에 밑줄을 그으며 여러 번 고개를 갸우뚱거렸지요. 몇 번이나 읽기를 반복한 끝에야 혜성이는 간신히 기본 풀이식을 적었고 계산을 해냈습니다. 저는 그 모습을 보고 혜성이의 학습 문제점을 찾았습니다.

"혜성이가 수학 실력을 올리려면 국어를 함께 공부해야 합니다. 수학은 국어와 상관관계가 높은 과목입니다."

제 말에 혜성이 부모님은 의아해하셨습니다.

혜성이가 힘들어하던 문제는 다음과 같은 것입니다.

『초등 사고력 수학 1031 초급』 유형

현아는 매일 학교 앞 분식점에서 1,000원짜리 콜라를 한 병씩 사서 마십니다. 그런데 빈 병 5개를 가져오면 500원을 거슬러 준다고 합니다. 현아가 9월 한 달 동안 분식점에서 매일 콜라를 마신다면 적어도 얼마가 있어야 하는지 구하시오.

초등학생 수학 문제지에서 흔히 볼 수 있는 수학 문제입니다. 글밥이 엄청 많은 것도 아니지요. 하지만 독해력 수준이 낮으면 어떤 순서로 계산을 해야 할지 막막해집니다. 단순히 얼마와 얼마를 더해서 값을 구하라는 수준이 아니니까요. 일단 세 문장 안에 정보가 너무나 많습니다. 몇 단계의 복잡한 수학적 사고가 필요한 문제입니다.

만일 이 문제를 풀 아이가 신용카드 사용에 익숙하거나 현금 결제를 해서 거스름돈을 받아본 경험이 없다면 거슬러 준다는 말의 의미도 아리송할 수 있습니다. 9월이 30일이라는 배경지식이 없거나, '적어도'라는 말의 의미를 몰라 쩔쩔매게 될 수도 있지요.

이 문제의 풀이 방식은 다음과 같습니다.

풀이

9월 한 달은 30일이므로 현아는 30개의 콜라를 마셔야 함.
25병을 사면 25×1000=25000원
➜ 빈 병 25개가 생긴다. 25개의 빈 병을 가져가면 거스름돈
　　(25÷5)×500=2500원
➜ 2500원으로 3병을 사려면 필요한 금액 500원, 3병
➜ 2병을 사려면 필요한 금액 2000원, 2병
그러므로 적어도 27500원 필요함.

혜성이처럼 국어 실력이 부족한 아이들은 수학 문제를 읽는 데 시간이 걸립니다. 몇 번이나 처음으로 돌아가 문제를 다시 읽는 행동을 반복하고 나서야 머릿속에 문제가 요구하는 연산 식이 떠오르지요. 풀고 나서 답안지를 읽을 때도 다른 친구에 비해 시간이 몇 배더 걸리고요. 그런데 실제 수능 시험을 치러 가서도 이런다고 상상

해보세요. 특히 배점이 크고 긴 문제 하나를 가지고 씨름한다면 다른 문제를 풀 수 있는 기회까지 놓치게 됩니다.

초등 저학년의 사칙연산이나 분수 정도의 개념에서는 국어 실력과 수학 실력이 별 관계가 없어 보이긴 합니다. 하지만 아이의 학년이 오르면서 맞닥뜨리게 되는 수학 문제는 한 번에 빠르게 훑으며 풀 수 있는 문제가 아닙니다. 줄글로 된 문장제 문제를 읽고 이야기 속에서 변화하는 수의 흐름을 파악하여 답을 생각해야 하지요. 그리고 이런 걸 떠나서도 수학에서 논리력이 중요함을 생각하면 수학과 국어의 상관관계는 당연한 이야기지요.

결국 국어를 잘해야 수학과 영어도 잘할 수 있습니다. 그래서 국어 공부가 모든 과목의 뿌리가 되는 겁니다.

현명한 부모는
초등 국어부터 시작한다

한 번 쌓으면 흔들리지 않는
국어의 하방경직성

"수학이랑 영어 공부할 시간도 부족한데, 국어를 꼭 어릴 때부터 해야 하나요?

수학과 영어를 공부하기도 버거운데 어릴 때부터 국어 공부를 시작해야 한다는 제 말에, 많은 학부모님이 이렇게 생각하십니다. 국어는 어차피 늘 쓰는 한글이니 수능을 앞두고 바짝 하는 게 낫지 않냐고요.

아닙니다. 국어야말로 유초등 때부터 시작해야 할 이유가 있습니다. 국어의 '하방경직성' 때문입니다. 하방경직성이란 수요 공급의 법칙에 따라 당연히 내려가야 하는 가격이 어떠한 이유로 더 떨어지지 않는 성질을 뜻하는 경제학 용어입니다. 갑자기 웬 경제학 이야기인가 싶으시겠지만, 국어가 바로 이 하방경직성을 지니고 있습니다. 즉, 국어는 한번 실력을 쌓으면 아래로 잘 떨어지지 않는 성질을 지녔다는 말입니다.

교과목에서 실력의 하방경직성을 따지면 국어 ➜ 영어 ➜ 수학 ➜ 탐구 순으로 나타납니다. 다시 말해, 일정 정도 실력을 올려놓은 뒤 공부를 덜 해도 성적이 유지되는 성질이 국어가 가장 크고 탐구가 가장 적다는 뜻입니다. 65쪽의 그래프를 보면 교과목마다 성적과 공부 시간의 상관관계가 극명히 나타나지요.

국어와 영어는 독해력과 어휘력, 문법 실력이 중요한 과목인데, 일정 수준 이상의 실력을 갖춘다면 웬만해서는 줄어들지 않습니다. 그래서 여러 차례 시험을 봐도 일정한 점수대가 나오는 경향을 보이지요. 실력보다 더 잘 나오지도 덜 나오지도 않는 안정적인 과목인 겁니다.

반면 역사, 지리와 같은 사회 과목이나 물리, 화학과 같은 과학 과목은 시험을 치르고 나서 몇 달 또는 며칠만 지나도 기억나지 않는 것이 많습니다. 학창 시절에 암기 과목은 벼락치기로 공부해서 시험

초등 국어가 실력입니다

국어, 영어, 수학, 탐구 과목의 공부 시간과 성적의 관계 그래프

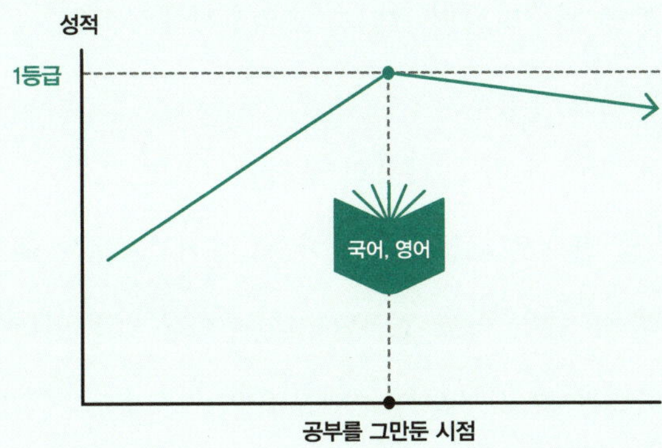

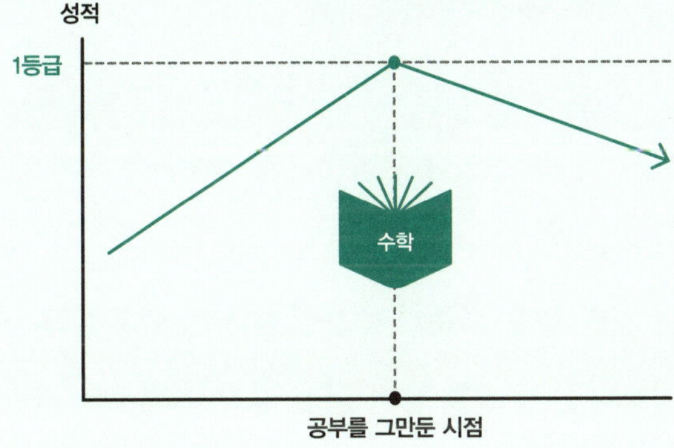

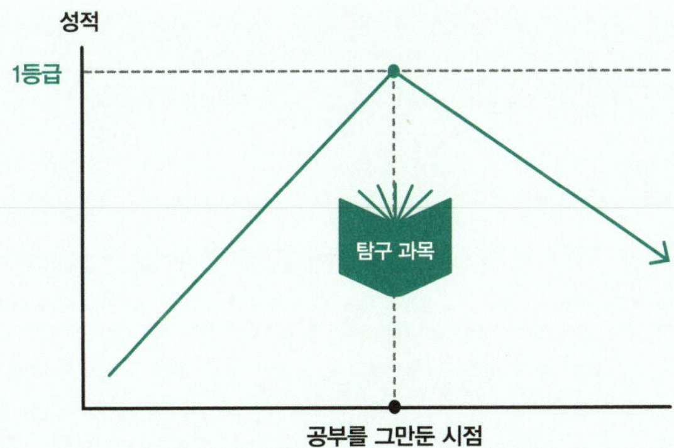

을 보고 나면, 시험 종이 치자마자 외운 게 모두 날아가 버렸던 경험은 다들 있으시죠? 탐구 과목이 그렇습니다. 그래서 모의고사 한번 잘 봤다고 공부를 게을리하면 그다음 모의고사에서 바로 훅 떨어진 성적을 마주하게 됩니다.

수학은 국어, 영어와 탐구 과목의 중간쯤이라고 보면 됩니다. 저는 농담 반, 진담 반으로 고등학교 남학생들에게 "축구는 해도 되는데 농구는 절대 하지 마."라고 조언합니다. 수학은 일정 실력에 도달한 다음에도 연필을 잡고 꾸준히 문제를 풀며 머릿속에 익혀야 하는 과목인데, 만약 농구를 하다가 손가락이라도 다치면 당분간은 연필을 쥐고 수학 문제를 풀 수가 없겠지요. 그러면 어느 순간부터 수학 실력이 하강 곡선을 그리기 시작합니다. 반면 축구를 하다 다리가 부러져도 연필은 쥘 수 있으니 수학 문제는 풀 수 있겠지요. 그래서 축구는 되고 농구는 안 된다는 겁니다.

국어 실력은 일단 높은 수준까지 도달한다면, 이후부터는 새로운 지식을 배우기보다는 문제를 풀며 실전 감각을 깨우는 것만으로도 성적을 유지하기에 충분합니다. 일주일에 한 번 정도 몇 시간 집중해서 공부하는 것으로도 충분히 실력을 유지할 수 있지요. 국어의 이러한 하방경직성을 생각한다면, 국어는 빨리 시작해서 기초를 다져놓아야 합니다.

이렇게 국어의 하방경직성을 파악하고 활용하면 어떤 좋은 결과가 생길까요? 나윤이의 사례를 보면 알 수 있습니다.

"나윤이는 어떻게 전 과목을 그렇게 다 잘해요?"

어린 시절부터 모든 과목에서 고르게 성적이 좋았던 나윤이 덕분에 부모님은 주변 사람들에게 이런 이야기를 종종 듣곤 했습니다. 국어책을 읽고 이해하는 속도도 유달리 빨랐고, 영어 역시 외국에서 연수 한번 받아본 적 없지만 레벨 테스트에서 늘 최고 레벨, 최고 등수를 기록했지요. 나윤이 엄마는 이것저것 거부감 없이 척척 받아들이는 나윤이를 신통해하며 다양한 형태의 학습을 시도했습니다.

특히 4학년이 되던 해부터는 영재원에 입학하면서 영재원 친구들과 마찬가지로 수학, 과학 과목 몰입 수업을 받았습니다. 이 선택은 늘 균형 있게 이어지던 나윤이의 학습을 한순간에 불안하게 만들고 맙니다.

이때부터 나윤이는 올림피아드 수상과 영재고 입학을 위해 잠과 사투를 벌이며 힘겹게 수학을 공부했습니다. 나윤이는 점점 예민해졌고 스트레스로 손톱은 다 뜯겨 있기 일쑤였습니다. 더군다나 반에서 제일 컸던 키도 1년이 넘도록 5센티미터 정도밖에 자라지 않았죠.

계속 이런 식으로 공부하는 것이 나윤이에게 좋지 않다는 것을 직감한 부모님은 제게 도움을 요청했습니다. 저는 나윤이와 진지한 대화를 나누어보았습니다.

"나윤아, 요즘 공부하는 데 뭐가 제일 힘드니?"

"…갑자기 영재고 입학을 목표로 하다 보니 공부량이 엄청 늘었어요. 수학이나 과학을 파고드는 게 너무 버거워요."

나윤이는 영재고 입학이나 올림피아드에 큰 뜻은 없지만 주위에서 다 하자고 하니 그냥 공부하는 것이라는 안타까운 속마음을 털어놓더군요.

저는 그 길로 나윤이 부모님과 논의하여, 장기적으로 나윤이의 목표를 의대로 정하고 균형 있는 학습 계획을 세웠습니다. 그간 영재원에서 수학과 과학에만 집중했던 공부 불균형을 깨고, 국어부터 튼튼히 뿌리를 내리도록 한 것이지요.

"그래도 수학을 먼저 해야 하지 않을까요? 의대도 결국 이과이고 수학 점수가 관건인데요."

나윤이 부모님은 제가 국어 공부를 학습 계획에 포함시키자 나중에 수학과 과학 등에서 다른 친구들보다 뒤처지는 것은 아닌지 걱정했습니다. 그래서 저는 국어의 하방경직성을 충실히 설명해드렸습니다. 지금 공부해두면 고등학교에 가서 공부 시간이 줄어들어도 성적이 가파르게 떨어질 일이 없고, 오히려 다른 과목에 집중할 수 있다고 말입니다.

"어머님, 아버님. 한번 생각해보세요. 다른 친구들이 국어 성적을 올리려 고군분투할 때 나윤이는 여유 있게 수학과 과학을 공부할 수 있습니다. 그만큼 나윤이가 유리한 고지에 설 수 있어요.”

제 말에 나윤이 부모님은 동의하셨고, 그 이후로 나윤이는 국영수과 네 과목이 균형을 이루는 공부를 시작했습니다. 나윤이의 성실한 학습 태도와 이해력을 고려해, 또래보다 조금 더 앞선 단계의 국어 공부인 배경지식을 확장하는 공부도 포함했지요. 나윤이는 단 하루도 제 지침을 어기지 않고 열심히 공부에 매진했습니다. 공부해야 할 과목은 늘었지만 전체적인 공부의 양은 조절했기 때문에 나윤이의 스트레스도 줄어들었죠. 그뿐만 아니라 수학과 과학 공부에 집중했던 학습 과정이 얼마나 힘들었는지 부모님이 알아주었다는 안도감까지 느낀 나윤이는 더욱 긍정적인 태도로 공부할 수 있었습니다.

그 결과 중학교 3학년 때 니윤이는 고3이 보는 수능 국어 영역에서 백전백승 1등급을 기록했습니다. 국어 실력이 상승한 덕분에 긴 비문학 지문도 웬만한 국어 강사보다 훨씬 매끄럽고 논리적으로 해석하는 수준으로 성장했습니다. 국어뿐만 아니라 다른 국어 연계 과목과 수학에서도 놀라운 성장을 거듭했습니다.

본격 수험생이 되었을 때 나윤이는 적성을 고려하여 서울대 상경계로 목표를 수정하였습니다. 목표를 수정할 때도 탄탄하게 쌓아온 국어 실력이 든든하게 버텨줄 수 있었고 수험생활 기간에도 안정적인 국어 성적 덕분에 수학 외 다른 과목을 공부할 수 있는 시간을 확보할 수 있었습니다. 결국 나윤이는 정시에서 우수한 성적을 거두어 서울대 경제학과에 당당하게 합격하였으며, 그 뒷받침에는 국어 수능점수 백분위 100%가 있었습니다.

나윤이의 사례를 보면, 국어의 하방경직성을 어떻게 활용하느냐가 자녀의 행복한 공부를 좌우할 수 있음을 알 수 있습니다.

간혹 입시 공부를 생각할 때 문과를 지원하는 학생은 국어 공부를, 이과에 지원하는 학생은 수학 공부를 더 빨리 시작하고 성적을 올려야 한다고 생각하는 분들이 있습니다. 하지만 이제 과목별 하방경직성의 순서를 제대로 이해하신 분이라면 이 주장에 문제가 있다는 걸 눈치채셨겠지요? 과목별 하방경직성이 다르니 과목마다 집중해서 실력을 쌓고 공부해야 하는 시기와 순서가 정해져 있습니다.

저라면 국어나 영어처럼 하방경직성이 높은 과목은 미리 공부해놓고 상대적으로 하방경직성이 낮은 수학과 사회, 과학 등의 과목은 시험일에 가까워질수록 더 많은 시간을 할애하라고 하겠습니다. 그게 훨씬 더 합리적이고 효율적인 전략이지요. 의대나 상위권 대학의 이공계열 지망생이라도 일찌감치 하방경직성이 큰 국어와 영어 실력을 올려놓고 고등학교의 중후반기에 수학과 사회, 과학에 집중하는 것이 최적의 전략이라고 봅니다. 라면을 끓일 때도 순서가 있듯이 공부에도 순서가 있으니까요.

국어는 미리 완성할 수 있다

'그럼 국어는 미리 공부해서 완성해야 되니까, 초등학생 때부터 수능 문제집을 풀어야 하나?'

혹시 제 말에 이런 생각을 하신 학부모님이 계실까요? 실제로 제가 강연이나 상담에서 "국어를 미리 공부해서 완성하세요."라고 하면 제 말을 조금 다르게 해석하는 분들이 계십니다. 이걸 마치 '선행학습'과 같은 말로 받아들이시는 것이지요. 그래서 어떤 부모님은 지금도 아이에게 중학교 수학을 선행학습시키는데, 중학교 국어 교과서에 나오는 문학작품과 문법까지도 초등학생 때 공부하라는 거냐고 묻기도 합니다.

그러니 제 말은 그 뜻이 이닙니다. 미리 공부하는 것과 선행학습은 완전히 다릅니다. 선행학습은 입시에 큰 도움이 되지 않는다고 생각하기에 오히려 저는 원칙적으로 선행학습을 반대하는 입장입니다. 선행학습을 할 수 있거나 해야 하는 학생은 100명 중에서 4명, 많이 봐야 10명 정도입니다. 본인에게 지금의 학교 진도가 너무 느리거나 쉬워서 자연스럽게 다음 내용을 먼저 공부해야 하는 학생들에게만 선행학습이 필요하지요. 실제로 이런 학생들에게는 선행학습의 효과가 좋은 편입니다.

그러나 남이 하면 나도 한다는 생각으로, 다른 집 아이가 하니까

교육부 2022 교육과정 중등수학 〈변화와 관계〉 학습 과정	교육부 2022 교육과정 중등국어 〈읽기〉 학습 과정
1. 식의 계산: 지수법칙, 다항식의 덧셈과 뺄셈의 원리, 단항식과 다항식의 곱셈과 나눗셈의 원리	1. 사회 문화적 맥락 과정임을 이해 및 사회적 독서 참여
2. 일차부등식: 부등식과 그 해의 뜻, 부등식의 성질, 일차부등식의 활용	2. 읽기의 목적과 글의 구조 고려하여 효과적으로 요약
3. 연립일차방정식: 미지수가 2개인 연립일차방정식 이해 및 풀이	3. 배경지식과 정보를 활용하여 글에 드러나지 않은 의도나 관점 추론
4. 일차함수와 그래프: 함수의 개념과 함숫값, 일차함수와 그 그래프, 일차함수의 그래프 성질의 이해와 문제풀이	4. 복합양식으로 구성된 글이나 자료의 내용 타당성과 신뢰성, 표현 방법의 적절성 평가
5. 일차함수와 일차방정식의 관계: 일차함수와 미지수 2개인 일차방정식 관계 이해	5. 글에 사용된 다양한 설명 방법과 논증 방법 파악, 그 타당성 평가
	6. 동일한 화제를 다룬 여러 글이나 자료를 주제 통합적으로 읽기
	7. 진로나 관심 분야에 대한 책이나 자료를 스스로 찾아 읽기
	8. 자신의 독서 상황과 수준에 맞는 글을 선정하고 읽기 과정을 점검, 조정하며 읽기

우리 아이도 해야 한다는 식으로 선행학습을 하면 오히려 독이 됩니다. 그런 아이들을 만나면 저는 부모님을 뜯어말립니다. 중학생의 경우 중간·기말고사에서 90점을 넘지 못하면 현행에 집중하는 것이 원칙입니다. 선행학습을 할 능력이 안 되는 학생이 선행학습을 하면 실력 향상에 전혀 도움이 되지 않을 뿐만 아니라 오히려 방해만 됩니다. 그래서 선행학습은 '해야 하는가, 하지 말아야 하는가'의 관점이 아니라 '우리 아이가 할 수 있는가, 할 수 없는가'의 관점에서 따져보아야 합니다.

하지만 이러한 선행학습의 부적절성에 대한 논의도 수학이나 과학에 해당하는 이야기입니다. 국어는 아예 상황이 다르지요. 수학이나 과학은 앞에서 배운 내용을 모르면 다음 단계로 넘어가기 어렵지만, 국어는 비슷한 개념을 여러 번 반복하며 차근차근 축적하고 심화해 나가기 때문입니다. 교과서만 보더라도 수학은 앞에서 배운 내용을 응용하는 구성이라면 국어는 교과서마다 수록된 문학작품이나 학년 과정이 다양하고 반복적으로 나타납니다. 중학교 수학과 국어의 학습 과정을 정리한 표를 보면 그 차이를 더욱 확연히 알 수 있습니다.

72쪽 표에서 알 수 있듯이 수학은 상대적으로 쉬운 다항식을 배운 뒤 일차방정식, 일차함수로 순차적으로 발전해 나갑니다. 반면, 국어는 어느 정도의 순차 학습은 필요하지만 그렇다고 맨 마지막 학습 과정을 가장 처음에 배운다고 해도 큰 무리는 없지요. 더 나아가 중학교 1학년 학생도 충분히 고등학교 1학년 국어 문제를 풀 수 있다는 말입니다. 이제는 국어를 미리 공부해서 완성할 수 있다는 말이 이해되시나요?

수능 시험에서도 이러한 국어의 특성이 드러납니다. 수학은 각 학습 단계가 있는 만큼 수능 시험을 위해 공부하고 준비해야 할 영역도 어느 정도 정해져 있습니다. 이와 달리 국어는 화법, 작문, 문법, 문학, 비문학 독서의 모든 영역이 시험 범위입니다. 다시 말하면 시험 범위가 무한정하다고 보는 것이 맞습니다. 즉, 공부해야 하는 범위가 방대하다는 말입니다. 공부해야 할 양이 많은 만큼 당연히 공부에 필요한 시간도 길겠지요. 그렇기 때문에 국어는 고등학교 이전에 미리 시작해서 안정적인 수준으로 끌어올리려는 노력이 더더욱 필요합니다.

중3까지 국어 공부를 충실히 했다면, 이때는 국어 실력이 완성됩니다. 어차피 범위가 무한정한 국어는 내가 읽어야 할 작품이 바뀔 수는 있어도 그 시를 해석하는 방식이나 대응할 시어 개념이 매번 달라지진 않습니다. 아이가 김소월 시를 읽고 파악하는 능력이 길러졌다면 그다음에 한용운 시나 이육사 시를 읽어도 충분히 이해할 수 있습니다.

비문학 독서도 마찬가지입니다. 중3까지 국어를 완성했다면, 생소한 경제, 법률 분야의 글도 독해하고 요약하기가 크게 어렵지는 않습니다. 고등학교에 가서도 새로운 문법이 나오는 게 아니라 그저 예문이 복잡해지는 정도입니다. 이렇게 국어를 미리 완성해두면, 공부하기가 막막해서, 글을 못 읽고 어휘를 몰라서 국어를 두려워하는 일이 없어지는 겁니다. 실제로 우리 연구소에서 체계적으로 국어 공부를 한 아이들은 입버릇처럼 "선생님, 국어가 정말 재미있어요."라고 이야기합니다.

셋

초등 국어 습관이
전 과목 등급을 바꾼다

국어 공부 습관에
아이의 선택지가 바뀐다

현식이의 부모님은 고학력자였고 공부에 관해서는 일가견이 있었습니다. 그래서 현식이가 태어나기 전부터 본인들만의 교육법을 설계해두셨지요. 그에 따르면, 현식이는 초등학교 1학년부터 본격적으로 수학과 영어 공부에 많은 시간을 쏟아야 했습니다.

초등학교에 입학하자 현식이는 학교 수업 외에 수학 학원과 영어 그룹 과외, 엄마와 함께하는 창의 수학 놀이를 하게 되었습니다. 현식이의 학습 계획은 나날이 촘촘해지더니 초등학교 3학년부터는 수학 선행학습도 시작했습니다. 그렇게 몇 년이 흐르고, 6학년이 된 현식이는 우리말보다 영단어를 더 잘 알게 되었고, 동화책 한 권을 겨우 읽을 동안 수학 문제지는 거뜬히 끝내게 되었습니다.

현식이와 동갑인 수정이도 처음 상황은 비슷했습니다. 자녀의 공부 계획을 잘 짜두었던 수정이 부모님도 수정이가 초등학생이 되자마자 수학과 영어에 집중적으로 학습 시간을 투자했습니다. 학원, 학습지, 동영상, 모두가 수학 선행학습이나 영어 기초와 관련된 것이었지요.

그러나 수정이 부모님은 수정이가 초등학교 3학년을 끝마칠 무렵, 이러한 공부 방식을 전면 중단합니다. 교과서를 좀체 읽지 못하고 할아버지에게 올바른 높임말도 못하는 아이를 보며, 공부의 뿌리, 나아가 인성의 뿌리는 결국 국어에 있음을 알게 된 것입니다.

이 두 아이는 곧 중학교에 진학합니다. 그리고 중1 첫 번째 중간고사에서 서로 다른 결과를 얻게 되었죠. 두 아이 모두 전반적으로 만족할 만한 성적을 얻었지만, 수정이는 모든 과목에서 우수한 성적을 얻은 반면, 현식이는 수학과 영어에서만 90점대 점수를 얻고 나머지 과목에서는 80점대를 받았습니다.

충격도 잠시, 현식이는 전보다 더 많은 시간을 투자해 이제는 모든 과목을 열심히 공부했습니다. 그러나 초등학교 때보다 훨씬 더 두껍고 어려워진 중학교 교과서는 현식이에게 부담이었습니다. 선행학습으로 미리 진도를 빼둔 수학도 금세 따라잡히자, 결국 현식이는 주말엔 과외까지 더 해가며 입시를 향한 걸음을 시작했습니다.

수정이는 어땠을까요? 중1 첫 중간고사로 공부에 자신감을 얻은 수정이는 학교 교과를 충실히 따라가며 중학교 내내 높은 성적을 유지했습니다. 그리고 누가 시키지 않아도 스스로 책을 읽고 요점을 정리하며 배경지식을 넓혀 나갔습니다.

여러분, 이 두 아이의 수능 결과는 과연 어땠을까요?

힘들어도 공부를 놓지 않았던 현식이는 가까스로 원하는 대학에 들어갔습니다. 그 과정은 매우 지치고 버거운 나날이었습니다. 반면, 수정이는 자신의 공부를 주도적으로 이끌면서 다시없을 학창 시절 12년을 의미 있게 보내고 자신이 목표로 했던 대학에 입학했습니다.

복잡한 입시 제도, 초등 국어는 최고의 안전장치다

두 아이의 이야기를 어떻게 읽으셨나요? 사실 저는 현장에서 아이들을 직접 지도하며 이 같은 사례를 흔히 보게 됩니다. 그리고 언제나 어릴 때부터 수학, 영어에만 집착하지 않고 국어도 체계적으로 공부한 아이가 그렇지 않은 아이보다 성적과 인성 면에서 더 긍정적

초등 국어가 실력입니다

인 결과를 얻었지요.

물론 여전히 입시의 왕은 수학입니다. 수능에서 변별력을 끌어올리는 데 가장 중요한 과목이며 입시에서도 내신 관리의 핵심이 되지요. 그러나 저는 확실한 입시 성공의 열쇠는 국어를 놓치지 않는 데 있다고 확신합니다. **국어의 위상은 예전과 완전히 달라졌습니다. 이젠 국어 과목에서 출제된 문제 하나가 대학의 간판을 바꾸고 있거든요.**

81쪽의 표는 2026학년도 수능의 과목별 등급 컷 표입니다. 하나씩 찬찬히 뜯어봅시다.

먼저, 원점수란 학생이 해당 시험에서 얻은 점수를 말합니다. 국영수 100섬 만섬, 밤구 과목은 50점 만점으로 되어있지요. 등급 깃이란 전체 수험생의 점수를 성적순으로 나열했을 때 각 등급을 구분 짓는 경계점의 점수를 의미합니다. 현행 체제에서는 상위 누적 4%까지를 1등급으로 분류하는데, 예를 들어 1등급 컷이 97점이라면 100점부터 97점 사이에 수험생의 4%가 밀집해 있다는 뜻입니다.

이러한 등급 컷의 높낮이는 시험의 난이도와 변별력을 파악하는 중요한 지표가 됩니다. 1등급 컷이 97점으로 높다면 단 한 문제만 틀려도 등급이 하락할 만큼 시험이 평이했다는 방증이지만, 반대로 1등급 컷이 85점으로 낮아지면 전체 수험생 중에서 4%의 학생들이

100점부터 85점까지 넓게 퍼져 있다는 것을 말하며, 이는 시험문제가 어렵게 출제되었고 상위권 변별력이 충분히 확보되었음을 알 수 있습니다. 표에서 확인할 수 있듯이, 2026학년도 수능 국어(언어와 매체)와 수학(미적분)의 1등급 컷은 모두 85점으로 동일했습니다. 이는 국어가 수학에 못지않은 강력한 변별력을 갖춘 핵심 과목이었음을 객관적으로 입증합니다.

국어가 입시의 핵심 변별 과목으로 부상한 배경에는 2018학년도부터 시행된 영어 영역의 절대평가 전환이 있습니다. 본래 영어 사교육 경감을 목적으로 도입된 이 제도는, 상위 4%를 가르던 상대평가 방식에서 탈피하여 90점 이상이면 누구나 1등급을 부여하는 체제로 바뀌었습니다. 도입 이후 영어 1등급 비율은 최고 12.66%(2021학년도)에서 최저 3.11%(2026학년도) 사이를 오가며 평균 7.06% 수준을 기록하고 있습니다. 이처럼 영어의 변별력이 약화되면서 최상위권을 변별해야 하는 수능의 역할이 자연스럽게 국어 영역으로 넘어간 것입니다.

이제 표준점수로 넘어가 보겠습니다.

표준점수는 수험생 전체의 평균을 기준으로 수험생의 상대적 위치와 성취 수준을 나타내는 지표입니다. 즉, 원점수가 평균으로부터 얼마나 떨어져 있는지를 수치화한 것이기에, 동일한 원점수라도 해당 과목의 평균에 따라 표준점수는 다르게 환산됩니다.

 초등 국어가 실력입니다

● 2026학년도 수능 국어 등급컷 ●

등급	국어(화작)			국어(언매)		
	원	표	백	원	표	백
만점	100	142	99	100	147	100
1등급	90	133	96	85	133	96
2등급	82	126	89	78	126	89
3등급	73	117	77	69	117	77
4등급	63	107	61	59	107	61
5등급	50	94	40	46	94	40
6등급	39	83	23	35	83	23
7등급	28	73	11	25	73	11
8등급	21	66	4	18	66	4

● 2026학년도 수능 수학 등급컷 ●

등급	수학(미적)			수학(확통)		
	원	표	백	원	표	백
만점	100	139	100	100	137	100
1등급	85	128	96	88	128	96
2등급	80	124	88	83	124	88
3등급	74	119	76	76	119	76
4등급	63	111	60	66	111	60
5등급	38	92	40	41	92	40
6등급	20	79	23	23	79	23
7등급	14	74	12	17	74	12
8등급	10	71	5	13	71	5

원 원점수 표 표준점수 백 백분위

가령 똑같은 100점이라 하더라도 시험이 평이하여 평균이 높게 형성된 과목보다는, 난이도가 높아 평균이 낮은 과목에서 만점을 받았을 때 훨씬 높은 표준점수를 획득하게 됩니다. 모두가 고득점을 기록하는 과목에서는 만점이라 할지라도 표준점수가 낮게 형성되는 반면, 고난도 문항으로 인해 평균이 낮은 과목에서 평균 이상의 성적을 거두면 표준점수가 대폭 상승하는 것은 바로 이 때문입니다.

1등급 컷이 낮게 형성된다는 것은 최상위권 내부에서도 수험생 간의 점수 차이가 크게 벌어짐을 의미합니다. 이처럼 평균점수가 낮아서 표준점수가 높고 1등급 컷이 낮은 과목이 대학의 합격을 결정하는 주요 과목이 되는 것입니다.

실제 2026년 최근 국어 사례를 보겠습니다. 1등급 구분 표준점수에서 국어는 133점, 수학은 128점을 기록하며 이미 국어가 우위를 점했습니다. 만점 기준으로 보면 그 차이는 더 극명합니다. 국어(언어와 매체)의 만점 표준점수는 147점이고, 수학(미적분)은 139점인데요, 결과적으로 최상위권일수록 국어가 합격을 결정하는 주요 과목이 되었다고 볼 수 있습니다.

이런 국어에서 가장 변별력을 지니는 영역은 어디일까요? 앞서 잠시 말씀드렸듯이 일단 수능에서 국어는 '화법·작문·문학·문법·비문학 독서'로 구성되어 있습니다. 그중에서도 우리 수험생들을 골탕 먹이는 것은 문법과 비문학 독서입니다. 수능 국어 영역 오답

    초등 국어가 실력입니다

률 분포를 보면 이 사실을 여실히 알 수 있죠. 참고로 84쪽의 표에서 2026학년도 자료와 2022학년도 자료를 함께 살펴보겠습니다. 수능 국어 영역에서 수험생이 가장 많이 틀린 문항을 들여다보면 다수가 비문학 영역인 것을 알 수 있습니다.

2026년 오답 유형 10위 안에는 비문학 7문제와 문법 3개 문항이 들어 있고, 2022년 오답 유형 10위에는 비문학 7문제가 있습니다.

상위권에서는 특히 수학보다도 국어의 비문학 지문을 틀리지 않는 것이 대학 당락을 더 좌우하고 있습니다. 그런데 비문학 독서는 단기간에 실력을 올릴 수가 없습니다. 어린 시절부터 체계적으로 국어를 공부하지 않았다면 말입니다.

여기까지 설명을 드리고 나면, "그럼 내신에서는 국어가 덜 중요하단 건가요?"라고 질문하시는 학부모님도 계실지 모르겠습니다. 물론 수시, 즉 내신 관리에서 국어가 덜 중요하다는 건 아닙니다.

제가 '정시에서는 국어가 중요하다'라고 말한 것은 조금 다른 의미입니다. 반대로 제가 질문드리겠습니다.

"어떤 과목이 내신 성적을 받기가 제일 어려울까요?"

사실 이 질문은 초중등학교 학부모님들을 모시고 설명회를 할 때 자주 드리는 질문입니다. 대부분의 학부모님은 수학이 내신 성적을 받기 가장 어려운 과목이라고 말합니다. 하지만 고등학교를 한 학

● 2026학년도 수능 국어 오답률 TOP10 ●

순위	번호	오답률	영역	주제
1위	12	77.7	독서	열팽창 현상
2위	39	73.2	언어	형태소의 이해
3위	6	69.7	독서	범조문의 이해/채권
4위	15	67.4	독서	인격의 동일성 관점
5위	36	66.2	언어	중세 국어
6위	17	62.8	독서	인격의 동일성 관점
7위	35	62.4	언어	중세 국어
8위	7	61.1	독서	법조문의 이해/채권
9위	16	57.3	독서	인격의 동일성 관점
10위	11	56.2	독서	열팽창 현상

● 2022학년도 수능 국어 오답률 TOP10 ●

순위	번호	오답률	영역	주제
1위	15	77.4	독서	차량에서의 카메라의 기술
2위	11	71.1	독서	브레턴우즈 체제
3위	13	70.9	독서	브레턴우즈 체제
4위	16	68.5	독서	차량에서의 카메라의 기술
5위	8	68.2	독서	헤겔의 변증법
6위	41	61.2	매체	매체 언어의 표현
7위	4	61	독서	헤겔의 변증법
8위	12	60.4	독서	브레턴우즈 체제
9위	23	58.5	문학	현대 시
10위	38	58.3	언어	서술어의 자릿수

기만이라도 다녀보신 분이라면 이 질문이 얼마나 우문인지 아실 겁니다.

결론부터 말하면 모든 과목이 내신 성적을 받기 어렵습니다. 왜냐하면 점수 구간을 등급으로 나누는 상대평가이기 때문입니다. 초중등학교 때까지도 상위권 성적이었던 자녀가 고등학교에 올라가자마자 받아 온 성적표를 보고 충격에 입을 못 다무는 학부모님이 그래서 많습니다. 맞힌 대로 점수가 나왔던 절대평가식 초등학교 성적표, 성취도라는 애매한 기준의 중학교 성적표를 거쳐 고등학교에 가니 이번에는 아이가 1등급이 하나도 없는 성적표를 가져왔으니까요.

현실을 가감 없이 말씀드릴게요. 전교생이 200명이라면 전교에서 10%, 20명만이 1등급을 받습니다. 1등급 커트라인은 97점일 수도, 90점일 수도 있습니다. 또 100점으로 1등급을 받았을 수도 있고, 92점으로 1등급을 받았을 수도 있습니다. 어찌 되었든 전교에서 10%만이 1등급을 받습니다. 국어뿐 아니라 영어, 수학, 사회, 과학 한국사 등 모두 상대평가로 등급을 정합니다. 2028학년도 대입부터 내신 9등급제가 5등급제로 바뀌어 상위 4% 1등급에서 상위 10% 1등급으로 변동되어 1등급이 다소 완화되었다는 생각이 들지만, 10% 안에 모든 과목이 골고루 들어오는 건 누구에게나 어렵기 때문에 모두 똑같이 고등학교 내신 등급을 따기가 어렵습니다. 게다가 학교 교과

과정에서 국영수는 각각 3~4단위로 같은 가중치를 가지고 있습니다. 각 과목의 가중치가 같으니 어떤 과목이 더 중요하다는 말은 의미가 없습니다. 앞서 수능에서 영어가 절대평가로 전환되면서, 수학과 국어의 중요도가 올라간 것과는 사뭇 대비되지요. 제가 '정시에서는 국어가 중요하다'라고 한 것은 이런 배경에서 드린 말입니다.

국어 1등급,
비문학 지문으로 선점하라

'입시 국어는 초등 시기부터 미리 공부해서 실력을 쌓아둬야 한다.' 이제 저의 이 논지를 잘 이해하셨겠지요? 한번 국어 실력을 쌓으면 다른 과목에 할애하는 시간을 늘려도 성적이 쉽게 떨어지지 않는 국어의 하방경직성 덕분인 거지요.

그런데 국어 과목이 지니는 독특한 성질이 또 하나 있습니다. 바로 국어의 시험 범위가 매우 방대하다는 점입니다. 특히 **고등학교 시기부터 맞닥트리는 비문학 지문은 교과서에서 배우지 않았던 다양한 자료를 바탕으로 하기에 뭘 어떻게 공부해야 할지 전혀 감이 잡히지 않지요.** 누군가 족집게로 작품을 하나하나 집어서 알려주면 초등학생 때부터 그것만 공부하면 될 텐데, 그게 가능하지 않으니

　　　　　　　　　　　　　　　초등 국어가 실력입니다

학부모님들과 학생들 모두 걱정이 이만저만이 아닙니다.

어떤 글과 문제가 나올 거라고 콕 집어 말하긴 어렵지만, 그래도 어떤 단계로 국어 과목을 공부해야 하는지는 분명하게 말씀드릴 수 있습니다. 수능 국어가 지니는 특성을 생각하면 어떻게 대비해야 할지 조금 갈피를 잡을 수 있지요.

앞서 말씀드린 바와 같이, 수능 국어는 화법, 작문, 문법, 문학(시·소설·희곡과 시나리오·수필), 비문학 독서(설명문·논설문)로 총 5가지 영역으로 이루어집니다. 이들 각 영역을 생활 국어와 밀접한 순서대로 정리하면 화법 → 작문 → 문학 → 문법 → 비문학 독서 순입니다.

먼저, 화법과 작문은 초등 국어의 핵심인 말하기, 듣기, 쓰기 영역이라 할 수 있습니다. 옛 국어 교과서의 명칭이 '말하기·듣기'와 '쓰기'였던 것을 떠올려만 봐도 화법과 작문이 얼마나 중요한 국어 영역인지 쉽게 이해되시겠지요. 그뿐만 아니라 우리의 일상 언어생활은 말하기·듣기·쓰기로 이루어진 만큼 화법과 작문을 어릴 때 잡아두어야 하는 것입니다.

다음으로 문학은 여기서 조금 더 나아가 기본적인 화법과 작문 실력을 채운 뒤 만나면 좋습니다. 문장 수준이나 표현이 고차원적인 문학작품은 어렵겠지만, 동시나 동화, 옛날이야기 정도로 초등학생 때 기초 실력을 쌓을 수 있습니다. 특히 어린 시절 자주 접하는 동화 문학작품은 보통 생활 국어와 흡사한 언어로 표현되기에 아이들은 거부감을 덜 느낄 수 있습니다. 또 일상에서 자주 접하지 않는 다양한 표현과 어휘를 볼 수 있는 시, 소설은 자연스럽게 어휘력까지 쌓아줍니다.

이처럼 화법, 작문, 문학은 학교 교과 공부만 착실히 따라가도 충분히 탄탄한 국어 체력을 쌓을 수 있습니다. 여기에 부모님께서 시 암송 놀이나 단어 뜻 맞히기 놀이 등을 함께해주신다면 더더욱 좋지요.

반면, 문법과 비문학 독서는 시험 국어로 접근해야 합니다. 학교에서 배우는 국어 수업만으로는 필요한 문법 지식을 쌓거나 방대한 주제의 글을 접하기는 어려운 일이니까요. 그런데 문법과 비문학 독서는 따로 시간을 내어 공부해야 하고 많은 학생이 공부하기를 어려워하다 보니, 수능에서 국어의 등급을 결정하는 중요한 역할을 합니다. 앞서 보았던 수능 국어 오답률 분포가 이를 말해주지요.

화법, 작문, 문학 등 남들도 다 맞히는 문항뿐 아니라 남들이 틀리는 문항을 맞힐 때 변별력을 지닐 수 있습니다. 이것이 곧 문법과 비문학 영역을 공부하는 데 화법, 작문, 문학보다 더 탄탄한 학습 계획이 필요한 이유입니다.

정리하자면, 우리 아이의 국어 공부 과정은 '학교 교과 국어로서 독해력을 높이는 동시에 화법, 작문, 문학 영역의 실력을 갈고닦는 초등학생 단계-시험 국어로서 문법과 비문학 독서 실력을 쌓고 국어 공부를 완성하는 단계'로 나아가야 합니다. 실제 국어 공부의 단계는 3부에서 구체적으로 설명하겠지만 크게 보았을 때 이렇게 국어 공부를 체계적으로 완성해야 초중고 국어 과목에서 수능 국어로 이어지는 각 단계마다 만족할 만한 성과를 거둘 수 있습니다.

넷

국어 공부에는 예의와 배려가 깃들어 있다

올바른 높임말로 예의와 배려를 익힌다

일전에, 지인의 아홉 살 딸이 저에게 사랑스런 일화를 하나 들려 줬습니다. 주머니에서 만 원짜리 한 장을 꺼내면서 "할아버지가 저 착하다고 용돈 주셨어요." 하는 것이었습니다. 기특해서 더 물어봤습니다.

"어떤 착한 일을 했기에 칭찬을 받았어?"

"할아버지께 '할아버지, 진지 잡수세요'라고 했거든요."

아홉 살 아이가 밥의 높임 표현인 '진지'와 먹다의 높임 표현인

초등 국어가 실력입니다

'잡수다'를 낭랑한 목소리로 예의 바르게 말하니 어떤 할아버지인들 용돈을 쥐여주지 않고 배길까요? 흐뭇한 마음에 저도 참 크게 웃었습니다.

지인의 딸을 보면서, 국어가 가진 힘을 다시금 생각하게 되었습니다. 우리나라는 높임말이 굉장히 발달해 있습니다. 국어학자 천소영 박사의 연구에 따르면, 우리말처럼 존대법이 발달하고 그 구조도 복잡한 언어는 거의 없다고 합니다. 말을 높이는 방법도 다양하여 주체 존대부터 객체 존대, 상대 존대에 이르기까지 제대로 갖춰 말하기가 여간 어려운 게 아닙니다. 간단한 인사말이나 요청의 말에도 다음의 예시처럼 상대의 격에 따른 적절한 존대를 해야 하지요.

안녕? - 안녕하세요? - 안녕하십니까?
앉아 - 앉아라 - 앉아요 - 앉으세요 - 앉으십시오 - 좌정하십시오

영어에서라면 모두 'How are you?'나 'Hi' 또는 'Sit down'과 같이 통일되게 말하거나 좀 더 공손하게 말하고자 하면 여기에 'Please'나 'Sir' 정도를 추가하면 될 겁니다. 그러나 우리말은 그것만으로는 충분하지 않습니다. 상대의 나이나 서열 등에 따라 위의 예 중에서 적절한 것 하나를 골라 말해야 합니다. 게다가 압존법(높이려는 대상보다 더 상위의 대상 앞에서 억지로 존대를 자제하는 어법)이란 게 있어서 존

대법을 더 복잡하게 만들기도 합니다. 예를 들면 손자가 할아버지 앞에서 아버지를 언급할 때 "할아버지, 아버지께서 오셨습니다."가 아니라, "할아버지, 아버지가 왔습니다."라고 해야 하는 것이지요. 이 정도로 우리말의 높임 표현이 참 다양합니다.

이 높임 표현을 우리 아이가 잘 알게 되면 어떤 좋은 점이 있을까요? 바로 '상대를 배려하는 마음'을 갖게 됩니다. 높임 표현을 사용하려면 상대방이 나보다 윗사람이라는 인식이 선행되어야 하지요. 그리고 어른에게는 짧은 말이 아니라 긴 말을 하여 존중을 표해야 한다는 것까지 어느새 체화하게 됩니다. 그러고 나면 나이가 많은 어른뿐 아니라 처음 만나는 사람이나 공적인 자리에서 써야 하는 높임 표현도 점차 알아갑니다. 그렇게 인간관계에서 배려와 예의가 중요하다는 것도 알게 되지요.

높임 표현이란 결국 '관계'에 초점을 두고 있습니다. 대화에 참여한 사람들의 관계가 어떻게 되는지에 따라 표현이 달라집니다. 그러니까 상대에게 어떻게 예의와 배려를 보여야 하는지를 고민할 수밖에 없습니다.

우리 아이가 어른을 무시하는 아이로 자라길 원하는 부모님은 없으실 겁니다. 생활 속에서 높임 표현을 올바르게 쓰도록 이끌어주신다면 아이는 인성도 바르고 행실이 성숙한 아이로 자라날 것입니다. 더 나아가 높임 표현은 내신과 수능에 자주 출제되는 영역입니다.

결국, 높임 표현을 정확히 사용할 줄 아는 아이가 예의 바르고 공부
도 잘하는 아이가 되는 것이지요.

제대로 읽는 아이가
타인의 마음을 가장 깊이 읽는다

다른 사람과 올바르게 소통하는 것은 세상을 조화롭게 살아가기
위해 갖춰야 하는 기본 중의 기본입니다. 그런데 간혹 무슨 이야기
를 하는지 이해되지 않는 말을 하는 사람들이 있습니다. "다시 한번
말씀해주시겠어요?" 하고 몇 번을 재차 물어봐야, 하고 싶은 이야기
가 뭔지 어림풋이 알게 되지요. 하지만 계속해서 소통이 안 되는 사
람도 분명 있습니다. 그런 사람을 만난다면 어떨까요? 당연히 그 사
람과는 점차 이야기하기를 꺼리게 됩니다.

요즘 우리 아이들도 대화를 할 때 의미 전달에 어려움을 느끼는
경우가 많습니다. 얼굴을 마주하고 대화를 나누기보다 SNS에서 짧
은 글로 내용을 주고받다 보니 소리 내어 말을 하는 걸 어색해하는
아이도 있지요. 이런 언어 습관을 계속하다 보면 또박또박 올바르게
말하기는커녕, 한 문장을 완전하게 발화하기도 어려워집니다. 그러
다 보면 다른 사람과의 의사소통에도 문제가 생기겠지요.

학부모님께서는 자녀가 앞으로 살아가면서 다른 사람과 잘 소통하길 바라실 겁니다. 그러려면 어릴 때부터 차근차근 단계를 밟으며 국어 실력을 쌓아야 합니다. 탄탄한 어휘력과 독해력, 문장력으로 남의 말을 잘 이해하고 자기 뜻을 잘 정리해 전달할 수 있도록요.

끝까지 듣는 힘이 신뢰를 만든다

제가 아이들을 오래 지도하면서 느낀 것이 하나 있습니다. 말을 잘하는 아이보다 더 강한 힘을 가진 아이가 있습니다. 바로, 끝까지 듣는 아이입니다.

초등학생들의 다툼을 가만히 들여다보면 원인은 단순합니다. 상대의 말을 끝까지 듣지 않습니다. 말이 끝나기도 전에 중간에 끊고, 자기 생각부터 말합니다. 선생님의 설명도 절반만 듣고 즉각 행동합니다. 그러니 오해가 생기고, 관계가 흔들립니다. 끝까지 듣지 못하면 그 속뜻을 이해할 수 없고, 이해하지 못하면 상대방을 존중할 수 없습니다.

학교 국어 시간에 우리는 대화하는 방법을 배웁니다. '화법'의 영역에 해당되지요. 교육과정에는 "상대의 말을 집중하여 듣고 말의 차례를 지키며 대화한다."라고 명기되어 있습니다. 대화문을 읽으

 초등 국어가 실력입니다

며 누가 무슨 말을 했는지 확인하는 데서 멈추지 않지요. 왜 그런 말을 했는지, 어떤 상황에서 그런 표현이 나왔는지 생각해 봅니다. 이것이 바로 '읽기'이면서 동시에 '듣기' 훈련입니다.

경청은 기술이 아니라 태도입니다. 차례를 지키는 것, 친구의 의견을 다시 정리해 말해보는 것, 반박하기 전에 이해하려고 노력하는 것. 이 모든 것이 국어 교육 안에 들어 있습니다. 아이에게 국어를 가르친다는 것은 문장을 해석하게 하는 것이 아니라, 사람을 이해하게 하는 일입니다. 끝까지 듣는 힘을 가진 아이는 함부로 말하지 않습니다. 먼저 이해하려 하고, 그다음에 표현합니다. 그래서 신뢰를 얻고 관계가 생성이 되겠지요. 결국 관계를 만드는 힘은 화려한 말솜씨가 아니라, 조용히 듣는 힘에서 나옵니다. 그리고 그 힘은 국어 수입 안에서 충분히 기를 수 있습니다.

감정을 말로 표현할 줄 아는 힘, 초등 국어로 키워라

아이를 지도하다 보면 "짜증 나요!", "그냥 싫어요!", "몰라요!"라는 표현을 자주 듣게 됩니다. 이 세 문장 안에는 사실 구체적인 정보가 거의 담겨 있지 않습니다. 왜 짜증이 났는지, 무엇이 싫은지, 무엇을 모르는지 드러나지 않습니다. 감정은 분명히 존재하지만, 그것을 담아낼 언어가 부족한 상태입니다.

국어 교육은 단순히 글을 읽고 문제를 푸는 과정이 아닙니다. 자신의 생각과 감정을 정확한 말로 표현하는 훈련입니다. "짜증 나!" 대신 "내 말을 끝까지 듣지 않아서 속상했어."라고 말할 수 있다면 상황은 달라집니다. "그냥 싫어!" 대신 "내가 애써 준비한 것을 무시당한 것 같아서 기분이 좋지 않았어."라고 말할 수 있다면 갈등의 방향이 바뀝니다. 공격이 아니라 설명이 되고, 감정 표출이 아니라 소통이 됩니다.

어휘력이 부족하면 감정도 거칠어집니다. 표현할 말이 없으니 행동이 먼저 나옵니다. 반대로 감정을 세밀하게 구분할 수 있는 아이는 자신을 스스로 조절할 수 있습니다. '화가 난다'와 '서운하다'는 다르고, '실망했다'와 '배신감을 느꼈다'도 다릅니다. 자신의 감정에 이름을 붙일 줄 알면 그 차이를 인식하게 되고, 그 순간 아이는 자기 마음을 한 걸음 떨어져 객관적으로 바라보기 시작합니다.

국어 문학 시간에 등장인물의 감정을 분석하는 활동은 그래서 중요합니다. 왜 그런 선택을 했는지, 어떤 상황에서 그런 말을 했는지, 그 속에 어떤 심리가 있었는지 정리해 보는 과정은 단순한 독해 연습이 아닙니다. 그것은 감정을 언어로 구조화하는 연습입니다. 이 훈련이 쌓이면 아이는 자신의 감정도 같은 방식으로 설명할 수 있게 됩니다.

감정을 말로 표현할 수 있는 아이는 쉽게 폭발하지 않습니다. 먼저 설명하고, 이해를 구하며, 해결을 시도합니다. 감정을 언어로 다룰 수 있다는 것은 곧 자신을 다룰 수 있다는 뜻입니다. 국어를 잘한다는 것은 단지 시험 점수가 높은 것이 아니라, 자기 마음을 정확한 언어로 표현할 수 있는 힘을 갖추는 일입니다. 그리고 그 힘은 아이를 더욱 단단하게 성장시킬 것입니다.

글을 제대로 읽는 아이가 타인의 입장을 헤아린다

초능 국어 교육과정을 보면 '분학 읽기' 영역에서 반복해서 등상하는 목표가 있습니다. 등장인물의 마음을 짐작해 보고, 인물의 처지를 이해하며, 자신의 생각을 말로 표현하는 활동입니다. 단순히 줄거리 내용을 아는 데서 그치지 않고, 인물의 관점에서 사건을 바라보도록 설계되어 있습니다.

인물의 말과 행동을 근거로 마음을 추론하는 활동에서는 "왜 이런 말을 했을까?", "이 장면에서 어떤 기분이었을까?"와 같은 질문이 제시됩니다. 초등 고학년 교육과정에서는 한 사건을 여러 인물의 시각에서 바라보거나, 다른 선택을 했을 때의 결과를 상상해 보는 활동으로까지 확장됩니다. 이 과정은 자연스럽게 타인의 입장을 고려하는 사고 훈련이 됩니다.

교실에서 이 활동을 제대로 하면 변화가 보입니다. 처음에는 "나 같으면 안 그랬어요."라고 말하던 아이가, "그 상황이라면 어쩔 수 없었을 것 같아요."라고 말하기 시작합니다. 판단에서 이해로 이동하는 순간입니다.

실천 방법은 어렵지 않습니다. 책을 읽은 뒤 줄거리만 묻지 말고, 인물의 마음을 한 문장으로 정리하게 합니다. 갈등 장면에서는 양쪽 입장을 모두 써 보게 합니다. 일기나 독서 감상문에도 "내가 그 인물이라면…"이라는 문장을 덧붙이게 합니다. 이 훈련이 쌓이면 아이는 현실의 갈등 상황에서도 자연스럽게 상대의 입장을 한 번 더 생각하게 되겠지요.

문학 읽기는 시험을 위한 지문 연습이 아닙니다. 다양한 삶을 간접 경험하고, 다른 시각을 이해하는 연습입니다. 초등 시기의 읽기 경험은 사고의 폭을 넓히는 토대가 됩니다. 글을 통해 타인의 마음을 이해하는 힘이 자라날 때, 아이는 더 성숙한 판단을 할 수 있게 됩니다.

결국 국어가
공부의 기본이 된다

어린 시절 국어 학습이
평생 사고력을 기른다

공부는 무엇으로 할까요? 두뇌로 하지요. 인간 활동의 모든 것은 뇌가 명령을 내리고, 자극을 해석하고 반응하며 이루어집니다. 그래서 많은 학부모님이 우리 아이의 두뇌 발달 과정을 발달 시기마다 점검하며 신경 쓰시지요.

이러한 두뇌 발달 과정과 아이의 지능 발달의 관계를 연관지은 이론이 바로 '인지발달이론'입니다. 스위스의 생물학자이자 발달 심리학자인 피아제가 아이들의 지능을 검사하면서 개발한 것으로,

새로운 환경에 적응할 수 있는 정신적 성숙(인지발달)이 한 번에 일어나는 것이 아니라 일정한 단계를 거쳐 순서대로 발생한다는 이론입니다.

피아제가 정리한 인지발달 단계는 크게 감각운동기, 전조작기, 구체적 조작기, 형식적 조작기의 총 4단계입니다. 이 중 언어능력과 사고 인지능력이 발달하는 시기가 바로 전조작기부터 구체적 조작기까지입니다. 그 이유는 이 시기에 언어능력을 담당하는 측두엽과 인간이 총체적 판단을 내리는 핵심 부위인 전두엽이 발달하기 때문입니다.

먼저 전조작기를 살펴볼까요? 전조작기는 만 2~7세의 아이에 해당하는 때로(단, 여기서 말하는 연령은 신체적 연령이 아닌 정신 연령을 가리킵니다), 뇌의 발달 측면에서 보면 측두엽과 후두엽이 가장 활발하게 발달하는 시기입니다. 측두엽은 청각 정보와 언어능력을 담당하는 부위입니다. 그래서 전조작기에 얼마나 풍부한 국어 활동을 했는지가 앞으로의 언어능력을 크게 좌우하게 됩니다.

유아동기 엄마의 동화책 읽어주기가 중요하다는 건 다 아실 겁니다. 이 국어 활동은 아이에게 부모와 감정을 나눔으로써 심리적 안정만 주는 게 아닙니다. 아직은 제대로 읽을 수 없더라도 글자의 모양을 보면서 문자에 익숙해질 수 있습니다. 또 엄마가 나비가 그려

 초등 국어가 실력입니다

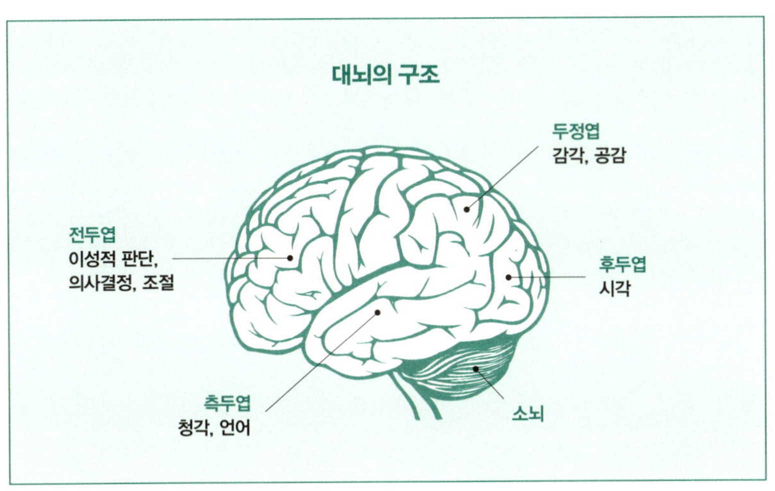

진 책을 손으로 짚으며 '나비'라고 소리 내어 읽어주면 아이는 그림과 엄마의 말을 연결지어 나비의 생김새와 단어를 기억해 어휘력을 쌓게 됩니다.

다음으로 구체적 조작기는 만 7~11세까지, 일반적으로 아이가 초등학교에 입학해 졸업하기까지의 시기입니다. 이때는 '생각하는 뇌'라고 불리는 전두엽과 전두엽 중에서도 가장 앞부분에 있는 전전두엽이 활발하게 발달합니다. 아이의 평생 지능 수준을 결정하다시피 하는 게 바로 이 전두엽과 전전두엽의 발달 정도입니다. 인지력, 사고력, 이해력, 논리력, 추론 등 공부를 하는 데 매우 중요한 기능을 담당하기 때문입니다.

구체적 조작기 단계의 아이들은 이제 조금씩 체계적인 사고가 가능합니다. 전조작기 유아는 시계를 보고 시간이라는 추상적 개념보다는 시곗바늘이라는 실체에 집중한다면, 구체적 조작기에 들어선 아이들은 '시곗바늘이 가리키는 게 6시이고 6시라면 지금은 오전(또는 오후)이다'를 생각해 말할 수 있는 것이죠. 그래서 구체적 조작기 시기에 국어 실력이 눈에 띄게 성장합니다.

따라서 전조작기에 국어 활동으로 언어능력이 발달한 아이는 구체적 조작기에 넘어와 단단한 뿌리를 내릴 수 있습니다. 나아가 구체적 조작기에 국어 활동을 활발히 경험해온 아이들은 형식적 조작기로 넘어가서는 정보가 없어도 단서를 조합해 결론을 이끌어내는 추리력을 발달시킬 수 있습니다.

제 책 『아이의 공부지능』에서 적기 교육의 중요성을 강조한 바 있습니다. 다른 아이들보다 빨리 시작하는 조기 교육보다는, 아이의 정신 연령과 그 나이대 인지발달에 맞춘 적기 교육을 실천할 때 아이들을 보다 행복하고 올바르게 교육할 수 있습니다. 그런 의미에서 **두뇌가 폭발적으로 성장하는 유아기, 초등기, 청소년기에 이루어지는 체계적인 국어 활동은 그 무엇보다 중요합니다.** 평생의 사고력을 키우는 시기를 놓치지 않도록 해야 합니다.

어휘력은 지식을 확장하는 통로다

국어는 언어입니다. 언어에 의해 우리 인간은 의사소통을 하면서 더불어 살아가지요. 그렇기에 우리는 국어를 과목으로 이해하기에 앞서 '언어'라는 관점에서 먼저 살펴볼 필요가 있습니다.

언어는 인간만이 가진 문화이자 고차원적인 표현 수단입니다. 사회를 이루고, 질서를 유지하며 문화를 향유하는 것도 인간에게 언어가 있기 때문이고 민족이나 국가도 언어에 의해서 정해지고 통솔되지요. 지금껏 인간이 이룬 문화적 업적은 언어의 강력한 힘 덕분에 가능했다고 해도 과언이 아닐 겁니다. 인류의 역사, 과학, 학문, 예술 역시 언어에 의해서 유지되고 발전할 수 있었습니다. 철학자 비트겐슈타인은 '말할 수 없는 것은 침묵해야 한다', '내 언어의 한계가 내 세계의 한계다'라고 말했습니다. 즉, 언어능력이 없으면 사고하고 표현하는 데 한계가 있다는 말입니다.

교육심리학에서 언어가 인지와 사고를 결정한다는 이론적 관점을 '언어결정론'이라고 합니다. 미국의 언어학자 에드워드 사피어에 의해 연구된 이론이지요. 이 이론에 따르면, 서로 다른 언어를 사용하는 사람은 현상을 이해하고 문제를 파악하는 방식이 다릅니다. 그리고 어떤 언어를 쓰느냐에 따라 세상을 바라보고 사유하고 지식을 정리하는 관점이 달라지지요.

스탠퍼드대학교의 리라 보로딧츠키 인지과학 교수의 강연 내용에 따르면, 세상의 여러 소수민족 가운데 어떤 부족은 수를 지칭하는 언어가 매우 적다고 합니다. 그들에게는 7까지 세는 말이 있지만 그다음부터는 셀 수 있는 수사가 없지요. 만일 그 부족의 사람이 10개의 사과가 담긴 바구니를 본다면 어떻게 인지할까요? 자신이 셀 수 있는 7개를 넘어간 순간부터 그 바구니는 그저 '많은 사과가 담긴' 바구니로 인식될 뿐입니다. 이 부족은 정확한 양을 셀 능력이 적고, 우리가 배우는 수학은 익히기 어려울 겁니다.

이 예를 우리 아이에게 접목해보면 아찔해집니다. 우리 아이의 국어 어휘력이 조금 부족하여 1000 다음의 수를 잘 세지 못한다면, 수학 시간에 연산을 하면서 얼마나 고달플까요. 수학뿐만이 아닙니다. 학교에서 동시를 배우다 '너울너울'이라는 시어가 나왔는데, '너울너울'이 무엇을 표현하는지 모른다면 머릿속에 그림을 그리기가 어려울 것입니다. 그 아름답고 예쁜 시를 온전히 즐기지도 못하고요.

이처럼 국어 어휘는 지식을 습득하는 데 주춧돌이 되며, 세상을 바라보는 시야의 폭을 결정합니다. 그리고 우리 아이들이 앞으로 살아갈 날들엔 또 얼마나 많은 어휘가 생겨나겠습니까. 영어만 해도 서기 1000년까지 대략 4만 단어였지만, 현재는 50만 개를 훌쩍 넘었다고 하지요. 세기가 바뀔 때마다 평균 4만 6000개의 단어가 늘어난 것입니다.

앞으로도 새로운 지식과 기술은 언어의 기반에서 생성되고 전해질 겁니다. 아이가 평생을 살아가며 접할 언어도 계속해서 바뀌어 갈 것이고요. 아이의 머리에 국어가 튼튼히 뿌리내리면 그 어떤 혁명적 지식 변화를 만난다 하더라도, 이해하고 항유할 수 있습니다.

국어 교과의 표현법으로 지적 호기심을 자극하라

공부를 잘한다는 것은 어떤 의미일까요? 모든 과목의 수업 내용을 잘 이해하며 학교 성적이 늘 상위권을 차지하고, 결국 원하는 대학에 입학하는 것이겠지요. 이것은 '풍부한 지적 호기심'이 있을 때 가능합니다.

과학자를 꿈꾸며 열심히 공부 중인 중학교 2학년 민경이는 어릴 때부터 가정에서 체계적으로 국어를 공부했습니다. 특히나 민경이 어머니는 민경이가 초등학교에 들어가기 전, 최대한 어휘가 풍부해지도록 많은 노력을 하셨죠. 예를 들어, 색을 표현하는 우리말도 단순히 '빨주노초파남보' 정도로만 알려주지 않고 '푸르다, 시퍼렇다, 새파랗다' 등 다양한 층위의 표현을 가르치셨습니다.

민경이가 초등학교 2학년이던 어느 날, 엄마와 길을 걷다가 하늘을 뚫어져라 쳐다보더니 이렇게 물었습니다.

"엄마, 하늘은 왜 옅은 파란색이야? 나는 빨간색이 좋은데 항상 파랗거나 검잖아."

문득 머리 위의 하늘이, 그 수많은 색깔들 중에서 왜 옅은 파란색과 까만색을 띠는지 궁금해진 거죠. 이때 민경이 어머니는 '나중에 중학교 가면 배워'라고 하는 대신, 민경이를 데리고 도서관에 갔습니다. 그리고 도서관에서 하늘에 대해 설명해놓은 학습만화와 과학책들을 여러 권 찾아 같이 읽었다고 합니다.

물론 민경이는 하늘이 파란 이유가 빛의 산란작용 때문이라는 설명을 전부 다 이해하지는 못했습니다. 모르는 단어가 많았거든요. 그러나 민경이는 포기하지 않고 이번엔 궁금한 단어들을 사전에서 찾아보기 시작합니다. 단어의 뜻을 알면 문장의 뜻이 이해되고, 문장의 뜻을 전부 알면 하늘이 파란 이유까지 알 수 있다는 지적 호기심 덕분에 계속 파고들 수 있던 거지요. 결국 민경이는 하늘이 파란 이유를 이해하게 되었을 뿐만 아니라 자신이 좋아하는 빨간색의 하늘(노을)도 있음을 깨닫고는 노을이 지는 현상을 관찰하기도 했습니다.

민경이처럼 무언가를 궁금해하고, 이 궁금증을 해소하는 과정은 공부의 원리와 같습니다. 공부란 모르던 것을 채워가는 과정이거든요. 선생님이 수업 시간에 영어로 '웃다'를 'laugh'라고 가르쳐주면,

'울다'는 뭐라고 하는지, '화내다'는 뭐라고 하는지 계속해서 궁금해 하겠지요.

지식은 바라만 본다고 머릿속에 들어오지 않습니다. 뜻과 원리가 뭔지 궁금해하고 적극적으로 다가가 흡수해야 합니다. 그리고 이런 지적 호기심을 늘리는 가장 좋은 방법은 바로 국어 활동입니다.

흔히 국어를 잘하면 사고력이 높아지고, 논리력이 발달하며, 추론 능력이 생긴다고 합니다. 왜 이런 이야기가 나오는지, 그 이유를 국어의 힘과 지적 호기심의 상관관계에서 찾을 수 있습니다. 국어 실력이 튼튼해질수록 호기심은 왕성해지고 이러한 호기심을 통해 여러 분야를 관찰하고 배우며 아이의 사고력, 논리력, 추론 능력은 당연히 발달하게 될 테니까요.

새로운 지식을 향한 호기심의 문이 손가락 한 마디만큼 열려있다면 문 너머의 지식을 살짝 엿볼 수밖에 없습니다. 하지만 호기심의 문이 활짝 열리면 아이는 더 많은 걸 보게 되고 결국 문을 넘어 지식의 세계로 걸어 나갈 수 있습니다. 지적 호기심의 문을 여는 열쇠, 그 열쇠를 국어가 쥐고 있습니다.

2부

국어를 제대로 배우는 8가지 습관

"국어 실력은 작은 습관으로 달라집니다.

'얼마나 하느냐가 아닌 어떻게 하느냐'가 결과를 좌우하지요.

이러한 노력이 차곡차곡 쌓일 때 비로소 국어 실력이 완성됩니다."

완전한 문장으로
올바르게 말한다

일상 대화가
국어의 첫걸음이 된다

저희 연구소에는 수업 시간에 발표를 아주 잘하는 학생이 있습니다. 초등학교 5학년 종현이인데요. 종현이는 발표할 때마다 정확한 발음으로 또박또박 말해서 유독 눈에 띄었습니다. 어쩜 저렇게 발음도 좋고, 문장도 완전하고, 자기 뜻도 정확하게 전달하는지 궁금해질 정도였죠.

하루는 종현이 어머니께서 연구소에 오셨습니다. 종현이가 잘 공부하고 있는지 간단한 상담을 하려고 오셨지요. 그런데 저는 종현이 어머니와 몇 마디 나누고 나니 왜 종현이가 그렇게 말을 잘하고 발표도 훌륭하게 하는지 이해할 수 있었습니다. 종현이 어머니의 말씀 수준이 매우 높았기 때문이지요. 발음도 정말 정확했고, 말하기 속도며 문장력 또한 나무랄 데가 없었습니다.

제가 연구소에서 종현이의 구술 실력이 얼마나 월등한지를 말씀드리자, 종현이 어머니는 이렇게 말씀하셨습니다.

"저는 가정에서의 언어교육이 매우 중요하다고 생각했어요. 종현이가 태어나 가장 먼저 대화하는 상대가 엄마 아빠잖아요. 우리와 어떻게 대화하느냐가 종현이의 언어 실력을 기른다고 보았죠. 그래서 종현이에게 이야기할 때는 물론이고 아이 아빠, 주변 사람들 심지어는 물건을 사러 가게에 가서도 옳은 말을 쓰려고 노력했어요. 책을 읽어줄 땐 발음이나 문장 간격에도 신경을 썼죠. 종현이가 말을 바르게 한다니 정말 기쁘네요."

실제로 종현이와 종현이 어머니가 대화하는 장면을 관찰해보았더니, 어머니께서 정확한 발음으로 종현이에게 말씀하셨고, 종현이는 그 발음을 듣고 따라 했습니다. 또한, 어머니께서 될 수 있는 대로 완전한 문장으로 아이에게 말했기에 종현이도 줄임 형태의 말이 아닌 완전한 문장으로 대화했지요.

매일 듣는 엄마의 말하기 습관이 정확하면, 아이도 올바르게 말하는 것이 당연합니다. 말을 올바르게 구사하니까 학교 수업 시간에도 자주 학급 대표로 책 읽기를 하고, 발표할 기회도 더 많이 생겼습니다. 그만큼 국어 실력이 자연스럽게 향상되었고, 리더십과 자신감도 상승하게 되었지요.

말하기의 3요소가 언어습관을 결정한다

올바르게 말하기를 완성하는 요소에는 세 가지가 있습니다. 완전한 문장으로 말하기, 경청한 뒤 말하기, 올바른 높임 표현 사용하기입니다. 평소 대화에서 이 세 가지 요소가 자연스러운 언어 습관으로 자리잡도록 해야 합니다.

첫째, 올바르게 말하기는 완전한 문장으로 말하는 것부터 시작합니다. 초등 저학년 아이들은 말할 때 완전한 문장으로 생각한 뒤 말하기보다 주어나 서술어를 생략하고 비언어적인 요소를 활용하여 의사를 전달합니다. 가까운 사이에서는 서로 잘 이해하는 상황이 많아서, 구태여 완전한 문장으로 표현하지 않아도 소통에 문제가 없습니다.

그러나 일상생활에서 불완전한 문장을 쓰는 습관은 국어 실력을 키우는 데는 안 좋은 영향을 미칩니다. 무엇보다 말하기는 다른 사람과의 상호작용에 필요한 기초적인 의사소통 도구입니다. 상대가 내 의견을 제대로 이해할 수 있도록 분명한 뜻을 전달하는 첫걸음은 완전한 문장으로 말하기입니다. 완전한 문장으로 말하지 않으면 대화 상대가 말뜻을 오해할 수 있습니다.

따라서 먼저 학부모님들께서 평소 아이에게 완전한 문장으로 말씀해주세요. 영어를 공부하고 익힐 때처럼 우리말도 완전한 문장으로 쓰는 습관을 기르도록 지도해주세요. 이는 곧 표준어와 맞춤법에 맞는 언어 습관을 만드는 데까지 이어져 학교의 말하기 수행평가에서도 좋은 결과를 가져옵니다.

둘째, 경청한 뒤 말하는 습관을 지녀야 합니다. 상대의 말을 적극적이고 능동적으로 듣고 의사를 파악한 뒤에 대답하는 일은 독해력을 키웁니다. 평소 경청하는 태도를 통해 자연스레 독해 연습을 하는 거지요. 이러한 청취 습관이 없으면 국어 시험에서 작가의 의도를 묻는 문제를 어렵다고 느끼게 됩니다. 그뿐만 아니라 수업 시간에 선생님이 하는 말을 완벽히 이해하지 못 하는 경우가 많아지고 전반적인 성적 부진으로 이어집니다.

경청하는 습관은 정서지능과도 연관이 깊습니다. 상대가 말하고 있는데 말허리를 자르며 "그거 아닌데요." 하는 사람을 우리는 인성이 좋다고 생각하지 않습니다. 경청은 단순히 말을 듣기만 하는 것이 아니라, 상대가 전달하고자 하는 말의 내용과 그 안에 담긴 의미를 이해하는 태도입니다. 이는 곧 상대를 배려하는 태도이지요. 그러니 아이를 배려심 많고 인격적으로 성숙한 아이로 자라게 하려면, 경청의 습관을 꼭 길러주어야 합니다.

셋째, 올바르게 말하기의 완성은 올바른 높임 표현의 사용입니다. 우리말에서 웃어른에 대한 높임 표현이 다양한 것은 예의 바른 언어생활을 하는 아름다운 전통이지만 그 방법이 까다로운 것도 현실입니다. 그래서 높임 표현만큼은 평소 언어생활에서 의식하며 사용하는 습관이 필요합니다. 또한 학습 태도에 생각보다 큰 영향을 끼치는 것이 평소 높임 표현을 잘하는가의 여부입니다. 부모님께 존댓말을 쓸 줄 아는 아이가 윗사람의 지도를 잘 이해하고 받아들입니다. 당연히 바른 성정을 갖게 될 가능성이 크지요.

게다가 높임 표현은 시험에 자주 출제되는 영역이니 더욱 잘 익혀두어야 합니다. 117쪽에 제시된 문항은 2025학년도 전국연합학력평가 기출 문제와 비슷한 유형의 지문입니다.

이 문제는 평소 접했을 법한 일상적인 대화 상황으로 구성되어 있습니다. 나와 대화하는 사람, 그리고 대화 속에 등장하는 사람까지 셋 사이의 관계에 따라 높임 표현이 달라지지요. 평상시 대화에서 주체와 객체의 의미를 이해하고 누구를 높여야 하는지 의식해서 말하는 아이는 쉽게 풀 수 있는 문제입니다.

아이의 인성과 성적을 동시에 잡기 위해서 평소 생활 속에서 높임 표현을 잘 사용해야 합니다.

아이의 국어 체력을 높이는 올바르게 읽기 수칙

❶ 일상에서 맞춤법에 따라 정확한 발음으로 대화한다.

❷ 말끝을 흐리지 말고 주어와 서술어 등 꼭 필요한 문장 구성 요소를 넣어 완전한 문장으로 이야기한다.

❸ 아이가 어른에게 틀린 높임 표현을 사용하면 정확하게 교정해준다.

❹ 뉴스나 교육 방송 등 올바르게 말하기의 표본이 되는 영상 콘텐츠를 꾸준히 보며 익힌다.

3. 우리말의 높임 표현과 관련해 [A]에 들어갈 학생의 말로 적절하지 <u>않은</u> 것은?

보기

우리말의 높임 표현은 주체 높임, 객체 높임, 상대 높임으로 구분할 수 있습니다. 이러한 높임 표현의 종류는 선어말 어미, 종결 어미, 조사, 특수 어휘 등으로 만들어집니다. 다음의 높임 표현 가운데 공손함이 드러나는 문장을 골라 보세요.

Ⓐ (오빠가 여동생에게) 아빠는 아직 안 오셨어?

Ⓑ (동생이 언니에게) 할아버지께서 곧 나오신대.

Ⓒ (직원이 고객에게) 성함을 다시 여쭤봐도 될까요?

Ⓓ (손자가 할머니에게) 내일 할아버지를 뵈러 가겠습니다.

Ⓔ (딸이 아버지에게) 선생님께서 이 책을 부모님께 드리라고 하셨어요.

선택지

① A는 선어말 어미를 사용해 주체인 아빠를 높여 공손성을 드러낸다.

② B는 선어말 어미와 주격 조사를 사용해 주체인 할아버지를 높여 공손성을 드러낸다.

③ C는 특수 어휘를 사용해 객체인 고객을 높여 공손성을 드러낸다.

④ D는 종결 어미를 사용해 청자인 할머니를 높여 공손성을 드러낸다.

⑤ E는 주격 조사와 특수 어휘를 사용해 주체인 선생님을 높여 공손성을 드러낸다.

정답 ⑤

스스로 생각하며
올바르게 읽는다

어떻게 읽느냐가
읽기 그릇을 결정한다

초등학교 3학년 민규의 어머니는 저를 붙잡고 아주 심각한 얼굴로 말씀하셨습니다.

"학원 선생님이 그러는데, 우리 민규가 글을 못 읽는대요. 어떻게 초등학교 3학년이 글을 못 읽을 수 있나요? 이러다 학업에 뒤처질까 봐 너무 걱정돼요."

읽기는 모든 학습의 가장 첫 번째 단계지요. 그런 읽기가 안 된다고 하니, 저 역시 놀랐습니다. 하지만 학원 선생님이 그렇게 말한 데는 분명 이유가 있을 테지요.

"민규야, 우리 이 글을 함께 읽어볼까?"

민규에게 초등 3학년용 국어 교과서의 한 페이지를 펼쳐주었습니다. 그 나이대 아이라면 무난히 읽을 수 있는 수준으로, 교재의 반 페이지 정도 되는 글이었지요. 민규는 교재를 받아 들고 천천히 글을 읽어 내려갔습니다. 저는 가만히 경청했습니다.

들어보니, 민규는 글자를 아예 모르지 않았습니다. 주어진 글을 다 읽는 데 시간이 엄청나게 걸린 것도 아니었고요. 오히려 조금 빠르다 싶을 정도로 글을 읽었습니다. 자리에 함께 있던 민규 어머니도 막상 민규가 글을 읽어내자, 학원 선생님이 괜히 겁을 준 건지 긴가민가한 얼굴이었지요.

하지만 분명 민규의 읽기에는 문제기 있었습니다. 민규는 글을 읽는 것이 아니고 글자를 읽고 있었습니다. 문장에서 끊어 읽어야 하는 곳을 끊어 읽지 못했고 발음을 정확하게 하지 못하는 경우도 몇 군데 있었습니다.

"어머니, 민규는 지금 올바른 읽기가 안 되고 있어요."

"올바른 읽기요? 그게 뭐죠? 민규가 글자를 못 읽어서 더듬대는 건 없는 것 같은데요…."

"글자는 읽지만 그 안에 담긴 내용은 이해하지 못하고 있어요. 그리고 소리 내어 읽을 때도 잘 끊어 읽지 못하고, 원래 문장과 다르게 읽습니다. 이렇게 잘못 읽으면 결국엔 올바른 독해까지도 못 할 가능성이 높아요."

제 말에 민규 어머니는 아! 하고 이해하셨습니다.

저는 민규에게 물었습니다.

"민규야, 방금 읽은 글의 내용을 한번 요약해보겠니? 틀려도 괜찮으니 네가 읽고 아는 대로만 말해봐."

하지만 민규는 몇 분을 뜸 들이며 제 질문에 답하지 못했습니다. 계속해서 "…어어" 하며 말머리를 끌다가 글에 나온 인물 몇 명을 언급할 뿐, 일목요연하게 설명하지 못했죠. 민규는 글자를 읽었기 때문에 글에 담긴 내용을 파악하지 못한 것입니다.

'읽기'는 몇 문장으로 이루어진 짧은 글을 읽든, 페이지를 넘어갈 정도의 긴 글을 읽든, 그 이야기 안에 어떤 의미가 담겨 있는지를 파악하는 것입니다. 이 읽기는 공부의 핵심입니다. 글을 읽고 이해하는 독해력이 국어를 비롯한 다른 과목 공부는 물론이고, 우리가 평생 만나는 모든 문항들에 대처하는 가장 강력한 무기가 되지요. 그러니까 독해력이 공부의 뿌리가 되는 셈입니다.

그런데 대부분의 부모님께서는 아이들이 책을 읽으며 내용을 잘 파악하고 있는지를 알아채기가 쉽지 않습니다. 일상적인 대화를 할

초등 국어가 실력입니다

때는 독해력 수준을 판가름하기 어렵기 때문이지요. 옆에 앉아 같은 책을 읽어보지 않는 한, 민규 어머니처럼 우리 아이가 책을 곧잘 읽는 것 같아 보여 방관하다가 뒤늦게야 독해 문제를 발견하게 됩니다.

따라서 아이와 책 읽는 시간을 하루 10분이라도 꾸준히 가지는 게 중요합니다. 정확한 발음으로 끊어 읽으며, 읽고 난 뒤에는 내용을 이해하며 읽었는지 질문을 던져 확인한다면 자녀의 독해력 수준이 어디쯤 와 있는지 가늠하실 수 있을 겁니다.

학생들에게 같은 책을 읽게 한 뒤 내용에 관해 물어보면 대답이 정말 다양하게 돌아옵니다. 한 학생은 '재미있었어요'라고 자기 감상만 단편적으로 말하는 반면, 어떤 학생은 '누가 이렇게 했어요'라고 간단하게 답하고, 또 어떤 학생은 '누가 언제 어디에서 이렇게 했는데 그게 어떻게 되고 그래서 무엇을…'과 같이 일목요연하게 정리해서 이야기하지요. 같은 책을 읽었더라도 이들이 모두 똑같은 책 읽기 활동을 했다고 말할 수 없습니다.

책 읽기를 강조했던 다산 정약용 선생은 배움의 가치를 되새기는 그의 저서 『다산문선』에서 자식들에게 보내는 편지를 통해 "책을 아무리 많이 읽어도 이해하지 못한다면 그것은 독서한 것이 아니다."라고 강조했습니다. 즉, 눈으로만 보고 끝나는 것은 진정한 책 읽기라고 할 수 없으며, 무조건 많이 읽는 게 중요한 것이 아니라 어떻게 읽을 것인가가 중요하다는 말입니다.

저는 함께 책을 읽지만 각자 얻어 간다고 말하고 싶습니다. 같은 책을 읽어도 누군가는 별 느낌이 없지만 또 누군가는 더 넓은 지식의 세계로 뻗어 나갑니다. 책을 올바르게 읽는 순간 아이의 읽기 그릇은 자라납니다.

읽기의 3요소가
독해를 좌우한다

올바르게 읽기에는 세 가지 요소가 있습니다. 정확한 발음으로 읽기, 끊어 읽기, 분석하며 읽기입니다.

첫째, 정확한 발음으로 글을 읽는 건 우리말 문법을 자연스럽게 터득하는 가장 좋은 방법입니다. 평소 TV 뉴스를 보면서 아나운서가 '권리權利'라는 단어를 유음화하여 [궐리]라고 발음하는 걸 잘 들은 아이는 나중에 학교에서 유음화 현상을 배울 때 자연스럽게 이해하게 됩니다. 그러나 올바른 발음은 모른 채 [권니], [궐니] 등으로 잘못 발음하던 아이라면 발음을 새로 외워야 하지요. 또 같은 ㅌ받침이지만 뒤에 오는 조사에 따라 '밭이[바치]'와 '밭에[바테]'로 발음이 달라지는 현상 역시 평소 엄마와 책을 읽을 때 올바로 발음

초등 국어가 실력입니다

했다면 굳이 공부하지 않아도 됩니다. 맞춤법에 맞는 올바르고 정확한 발음이 일상에서 체화되기 때문이지요. 이러한 이유로 부모님이 평소 생활 속에서 정확한 발음으로 읽기를 확인하고 고쳐주셔야 합니다.

둘째, 정확한 끊어 읽기란 글을 읽으며 흐름에 맞는 부분에서 끊어 읽는 것을 뜻합니다. 앞서 정확한 발음으로 읽기가 문법 실력을 쌓는 요소였다면, 정확한 끊어 읽기와 분석하며 읽기는 독해력을 기르는 요소입니다.

초등학생에게 소리 내어 책 읽기를 시키면 놀라운 일이 벌어집니다. 중구난방으로, 자기가 쉬어 읽고 싶을 때 읽기를 끊기 때문입니다. 우리가 우스갯소리로 말하는 '아버지/가방에/들어가신다'의 상황이 이따금 일어나는 겁니다. 이게 정말이냐고요? 네, 현실입니다.

책을 꼼꼼히 읽지 않고 눈으로만 훑다 보니 대충 몇 단어를 찾아서 읽는 것이 습관이 되어 나타난 현상입니다. 이렇게 읽으면 읽고 넘긴 쪽수가 많아져도 머릿속에 남는 것은 없지요. 그야말로 주마간산走馬看山입니다. 그런데도 엄마들은 아이가 수십 권, 수백 권을 읽었다며 흐뭇해합니다. 하지만 이렇게 책을 읽어온 아이는 끊어 읽기를 잘 못하다 보니 말하기에도 어려움을 겪습니다. 문장을 제대로 끊어 읽지 못하니 말할 때도 어느 부분에서 끊어 가며 말해야 할지를 모르겠지요. 이처럼 정확한 끊어 읽기는 자연스러운 말하기로도 이어집니다.

마지막으로, 올바른 읽기의 종착지는 독해입니다. 이때 앞서 터득했던 올바르게 읽기의 두 요소가 분석하며 읽기의 발판이 됩니다. 정확하게 발음하고 끊어 읽는 것도 해당 문장이 말하고자 하는 바를 명확히 알기 위함이니까요. 따라서 글을 읽으며 문단의 핵심 내용을 간추리고 전체 내용을 요약하는 연습을 해야 합니다. 이때 아이의 느낌보다는 논리 순서나 시간 순서대로 천천히 말해보게 하는 것이 핵심입니다. 이 과정이 반복되면 긴 글을 읽을 때 핵심 문장을 찾고 주제를 파악하는 능력, 즉 독해력이 발달합니다.

학부모님께서는 평소 아이와 대화할 때나 책을 함께 읽을 때 올바르게 읽기의 3요소를 기억하고 실천해주세요. 일상생활에서 올바르게 읽기가 체화되어야 아이의 국어 뿌리가 튼튼해집니다.

> **아이의 국어 체력을 높이는 어휘력 향상 수칙**
>
> ❶ 일상 대화에서도 정확한 발음으로 말한다.
> ❷ 발음이 정확한 아나운서가 진행하는 프로그램을 보여준다.
> ❸ 아이와 책을 읽을 때는 정확한 지점에서 끊어 읽는다.
> ❹ 아이가 끊어 읽기를 어려워할 때는 끊어야 하는 지점에 표시해준다.
> ❺ 국어 활동 후에는 질문을 던져 아이가 글의 내용을 분석적으로 파악하고 이해했는지 확인한다.

생각의 속도에 맞춰
올바르게 쓴다

손 글씨 쓰기가
두뇌를 발달시킨다

글씨를 잘 쓰면 지능이 좋아집니다. 지능은 언어성을 관장하는 좌뇌와 동작성을 관장하는 우뇌로 이루어져 있습니다. 글을 읽을 때는 좌뇌만 사용하지만 쓸 때는 좌뇌와 우뇌를 동시에 사용하지요. 눈으로 보고 머리로 생각하며 소근육을 이용하여 정확하고 빠르게 글을 적는 것을 시지각 협응 운동이라고 하는데, 이는 곧 두뇌가 균형 있게 발달하는 데 중요한 요소입니다. 읽는 활동만 하고 쓰는 활동을 게을리하거나, 글씨를 엉망으로 쓰거나 너무 느리게 쓰는 것은 우뇌의 발달에 좋지 않습니다. 우뇌와 좌뇌가 고루 발달하지 않으면 이해는 하는데 표현은 잘 못하거나 사고력은 좋은데 처리 속도가 느린 것처럼 여러 가지 문제가 발생할 수 있습니다. 또박또박 글자를 쓰는 과정에서 우리 아이들은 정말 많은 이득을 챙길 수 있습니다.

미국 인디애나대학교 카린 제임스 박사는 읽기, 쓰기와 뇌의 활동에 관한 연구를 진행했습니다. 제임스 박사는 읽기와 쓰기를 배우지 않은 어린이들을 세 그룹으로 나누어, 각 그룹에 글자와 도형을 보여주고 자신이 본 이미지를 점선을 따라가며 그리거나, 백지에 그리기 혹은 키보드를 이용해 컴퓨터에 입력하도록 했습니다. 그 결과, 손으로 그린 아이들은 읽기와 쓰기를 할 때 뇌의 세 영역이 모두 활발히 움직이는 것으로 나타난 반면, 나머지 두 그룹에서는 이런 효과가 나타나지 않았으며 뇌의 활동도 현저히 떨어졌습니다.

이 연구 외에도 아이의 학습, 두뇌 발달과 관련된 수많은 연구 결과가 있습니다. 2014년 미국의 대표 일간지인 〈뉴욕타임스〉는 프랑스의 국립 고등 교육 기관인 콜레주 드 프랑스의 스태니슬라스 디아인의 말을 인용하여, "글을 쓰면 자동적으로 작동하는 특별한 신경 회로가 있으며 이 덕분에 배움이 더 쉬워진다."라고 전했습니다.

또 워싱턴대학교의 버지니아 버닝거 박사는 9세 이상을 대상으로 프린트하기, 영어 필기체 쓰기, 자판 치기를 실시했습니다. 그리고 이들의 뇌 활동 패턴을 검사했는데, 손 글씨를 쓰는 아이들은 그렇지 않은 아이들보다 더 많은 단어를 더 빠른 속도로 생각했을 뿐 아니라 더 많은 생각을 표현하는 것으로 나타났습니다. 그만큼 아이가 직접 글씨를 쓰는 것 자체가 공부이고 두뇌 발달에 도움이 됩니다.

그리고 한 가지 더, 쓰기를 하면 정서지능도 올라갑니다. 생각해보세요. 아직 손 근육도 덜 발달하고 손가락 힘도 약한 아이가 연필을 쥐고 글씨를 한 자 한 자 쓴다는 것은, 어찌 보면 아이에겐 커다란 도전입니다. 손도 아프고, 몸을 움직이면 글씨가 흐트러지니 자세도 바르게 유지해야 합니다. 이런 귀찮고 고된 작업을 인내하면서 아이는 참을성을 배웁니다. 글씨가 칸 밖으로 삐져 나가지 않게 노력하면 집중력도 올라가지요. 행동이 산만하고 주의력이 부족한 ADHD를 지닌 아이들에게 글씨를 예쁘게 쓰도록 권장하는 이유도 바로 여기에 있습니다.

쓰기의 3단계로
문법의 힘을 길러라

초등학교 저학년 때까지는 글씨 쓰기를 싫어하거나 글씨를 잘 못 쓰더라도 화내며 다그치기보다는 곁에서 차근차근 방법을 알려주면서 지도하는 것이 효과적입니다.

초등학교 고학년부터는 또래와의 경쟁이나 인정, 성취감 등에 많은 영향을 받지만, 유아기나 초등학교 저학년 아이들에게는 역효과를 불러옵니다. 이 시기의 아이들은 엄마가 좋아하는 행동을 더 하려는 성향이 있기에 원하지 않는데도 과몰입하기 때문입니다. 반대로, 어떤 행동이나 결과를 보고 엄마가 화내거나 걱정한다면 그 행동을 더 하기보다 회피하려는 성향이 있습니다. 이러한 모습은 수학 연산이나 암기, 글쓰기 등을 지도할 때 자주 나타나지요. 그러니 유아기나 초등 저학년 아이들에게 올바른 쓰기 습관을 들이려고 억지로 책상 앞에 앉혀 연필을 쥐어주지 마세요. 아이가 방법을 몰라서 잘 못 쓰는 경우도 많기 때문에 방법을 알려주면서 격려하는 방식이 더 효과적입니다.

올바르게 쓰기의 1단계는 획순에 맞게 적당한 크기로 보기 좋게 쓰는 것입니다. 글씨는 획순에 따라 써야 빠르고 보기 좋게 쓸 수 있습니다. 글을 빠르고 정갈하게 쓰다 보면 쓰기가 재미있어지고 국어 공부에 대한 애정이 생기게 되지요. 쓰기는 스스로의 힘으로 무언가를 만들어내는 일입니다. 아이는 자기가 홀로 만들어낸 결과물에 힘을 얻어 더욱더 공부에 흥미를 느끼고 집중할 수 있습니다.

2단계는 어느 정도 글씨 쓰기에 익숙해진 다음 본격적으로 한글 맞춤법에 따라 쓰기를 하는 과정입니다. 국어는 초등학생 때부터 정교성 교육을 시작해야 합니다. 이 점이 영어와는 다른 부분이지요. 영어를 비롯한 외국어를 처음 배울 때, 정교성을 키우고자 처음부터 철자를 계속 지적하면 흥미를 잃게 됩니다. 어른들도 정확한 철자법이나 문법에 얽매이다가 결국 '영어 울렁증'이라는 신종 병에 걸리기도 하지요. 아직 익숙하지도 않은데 정교하게 구사하라는 건 그 자체로 공포감을 줍니다. 이처럼 외국어를 공부하는 초반에는 정교성보다 유창성이 중요합니다. 다소 틀리더라도 계속 외국어를 말하고 쓰게 하여 자신감을 지니도록 해야 합니다.

그러나 국어는 다릅니다. 태어나서 학교에 들어가기 전까지 가정이나 또래 집단에서 국어는 충분히 유창성 훈련을 하게 됩니다. 따라서 학교에 들어간 순간부터는 정확하게 사용하는 연습이 필요합니다. 정확한 문법에 맞게 받아쓰기를 공부하고 단 한 문장을 쓰더라도 띄어쓰기까지 철저히 지키도록 노력해야 합니다. 이렇게 초등학교 1학년 때부터 맞춤법에 맞게 써 나가면 중학교 이후의 국어 내신이나 수능 문법 실력을 자연스럽게 기르는 효과가 있습니다. 생활 속에서 국어가 완성되는 것이지요.

3단계는 한글맞춤법에 맞춰 정확한 띄어쓰기를 하는 과정입니다. 띄어쓰기는 맞춤법에 속합니다. 즉, 우리말 문법이지요. 그러나 우리말에서 띄어쓰기는 여간 까다로운 것이 아닙니다. 같은 단어도 그것이 조사인지 명사인지에 따라 띄어쓰기를 달리해야 하는 경우가 허다하지요. 그래서 초등학교 때부터 정확히 띄어 쓰는 연습을 해야 합니다. 왜 조사는 붙이고 명사는 띄는지 국어학적 원리를 알라는 게 아닙니다. 직접 글씨를 쓰고 손으로 익히면서 문장 안에서 단어의 올바른 띄어쓰기 방법을 체화하는 연습을 해야 합니다.

아이의 국어 체력을 높이는 올바르게 읽기 수칙

❶ 스마트폰이나 키보드로 쓰기보다는 연필로 직접 쓰게 한다.

❷ 글씨는 획순에 맞게, 알맞은 크기로 또박또박 쓰게 한다.

❸ 한글맞춤법에 어긋나는 쓰기는 교정해주어 정확하게 쓰게 한다.

독해의 밑거름이 되는 어휘를 늘린다

어휘력이 부족하면 국어가 무너진다

MBC 〈공부가 머니?〉에 남다른 언어 감각을 지닌 아홉 살 아이가 소개된 적 있습니다. 이 아이는 그 어린 나이에 영어, 중국어, 스페인어, 러시아어, 아랍어 등 무려 6개 국어를 구사하는 언어 수재였지요. 아이의 부모님 말에 따르면, 혼자서 틈만 나면 유튜브 영상을 보며 외국어를 듣고 따라 하더니 어느새 곧잘 하게 되었다고 합니다.

이렇게 여러 나라 말을 독학한 아이가 우리말은 얼마나 잘할까요? 그런데 놀랍게도, 이 아이에게 지능 검사를 해본 결과, 국어 어휘력이 또래에 비해 상대적으로 부족한 것으로 나왔다고 합니다. 검사한 전문가에 따르면 유튜브로 여러 언어를 배우는 동안, 엄마와 책 읽기, 다른 사람과 대화하기, 글짓기 등 다양한 국어 활동에 소홀했던 게 원인이라고 분석했습니다. 또한 모국어 어휘 부족이 앞으로 외국어 능력을 향상하는 데 걸림돌이 될 수도 있다고 덧붙였습니다. 즉, 아무리 다른 나라 말을 듣고 외워도 우리말 어휘가 풍부하지 않으면 나중에는 외국어 실력도 장담하기 어려워진다는 겁니다. 이 사례로 왜 국어 어휘력이 모든 공부의 처음이자 마지막인지 짐작할 수 있습니다.

어휘력은 독해력의 기본입니다. 국어 과목에서 어휘력은 공부의 절반 이상을 차지한다고도 할 수 있지요. 단어를 모르면 내용을 파악할 수도 없고 문학작품을 읽어도 당연히 재미를 느끼거나 감동을 받을 수도 없지요. **어휘력은 분석적, 논리적, 비판적, 창의적 사고의 시작이자 읽기와 쓰기의 기본입니다.** 어휘력이 낮은 수준이라면 독해력과 사고력 또한 높은 수준이 될 수 없지요.

그런데 외국어를 공부할 때는 열심히 어휘력을 올리려고 단어장까지 만들어 부단히 외우는데, 국어는 그렇게 공부하는 학생이 아주 드뭅니다. 단어장은커녕, 국어 단어 공부가 중요하다는 생각 자체를 하지 않는 것 같습니다. 그러다가 국어 단어가 중요하다는 사

          초등 국어가 실력입니다

실을 깨닫는 순간에는 이미 공부해야 할 게 너무 많이 쌓여서 고생하게 되지요.

국어 공부를 제대로 하려면 초중고 전 과정에서 반드시 어휘 공부하는 시간을 따로 확보해야 합니다. 어휘는 국어 공부의 기본이기 때문입니다. 특히 초등학생 때부터 체계적으로 공부한 어휘는 저축과 같습니다. 분명 나중에 이자까지 붙어서 큰돈으로 돌아옵니다.

어휘력을 높이는 5가지 요령을 익혀라

국어를 공부하는 네 사장 중요한 기초 체력인 어휘력을 기르려면 다섯 가지 요소를 명심해야 합니다. 바로 꾸준하게 공부하기, 넓게 공부하기, 깊게 공부하기, 한자어 공부하기, 순우리말과 관념어 공부하기입니다.

먼저, 어휘력은 매일 꾸준히 공부해야 오릅니다. 어휘력 향상은 반복과 암기를 통해 이룰 수 있습니다. 매일 어휘를 꾸준히 보고 외우지 않으면 잊힐 수 있지요. 영어 단어를 아무리 외워도 며칠만 지나면 헷갈리는 것처럼요. 국어를 포함한 모든 공부는 시기와 특성에 따라 공부하는 방식에 다소 차이가 있지만 매일 꾸준히 해야 한다는 점은 동일합니다. 삼시 세끼 때마다 밥을 챙겨 먹는 것처럼 꾸준히 어휘를 습득하게 해주세요.

둘째, 어휘는 넓게 공부해야 합니다. 문학, 과학, 역사 등 다양한 분야의 어휘를 공부하되 너무 심오하고 전문적인 차원으로 빠지지 말고 골고루 아는 것이 중요합니다. 학년이 올라가면 한자 성어까지 확장해도 좋습니다. 이를 위해 다양한 분야의 도서와 매체를 폭넓게 접하는 것이 바람직합니다. 또한 매 수업 시간에 충실히 임하는 것은 물론, 일상생활에서 생소한 어휘를 접하면 바로 뜻을 찾아보고 정리하는 습관을 지녀야 합니다. 이렇게 어휘를 넓혀두면 학년이 오를수록 사고력이 좋아지면서 깊게 공부할 수 있습니다.

셋째, 어휘에 담긴 의미까지 깊이 알아야 합니다. 어휘는 경우에 따라서 깊이 공부해야 합니다. 예를 들어, '비교하다/대조하다'는 쓰임에서 완전히 다릅니다. '비교하다'는 비슷한 점을 견주어 설명할 때 쓰이고, '대조하다'는 서로 다른 것을 견주어 설명할 때 쓰입니다. '숟가락과 젓가락은 식사 도구이다'는 비교이고, '숟가락은 떠먹을 때 사용하고 젓가락은 집어먹을 때 사용한다'는 대조입니다.

이와 같은 관념어들은 반드시 정확한 뜻과 용례를 봐야 합니다. 시험에도 자주 출제되지요. 문제로도 나오고 보기 문항에도 등장해 오답을 유도하기도 합니다.

전문용어의 뜻과 그 단어가 탄생한 배경지식을 배우는 것도 어휘를 깊이 공부하는 과정입니다. 경제학이나 법학, 과학 등에 쓰이는 어휘들은 겉으로 드러난 뜻만 이해하면 독해가 안 되는 경우가 많습니다. 예를 들어, 경제학에서 쓰이는 기회비용이라는 단어는 그냥 봐서는 기회를 얻는 데 드는 비용처럼 생각될 수 있습니다. 하지만 기회비용은 무언가를 선택하며 포기한 것 중 가장 가치가 높은 것을 말합니다. 경제학에서 매우 자주 나오지만 사람들이 쉽게 혼동하는 용어입니다. 이러한 전문용어는 평소 공부하면서 심화 학습을 하는 습관을 지녀야 깊은 수준의 어휘 공부가 가능합니다.

넷째, 한자어도 우리말 어휘임을 기억하세요. 학교, 학생, 점심 등 우리가 일상에서 접하는 단어 가운데 상당 부분은 한자어입니다. 우리말에서 일반적으로 사용하는 어휘 가운데 한자어가 차지하는 비중이 약 70%에 달합니다.

특히 초등 저학년에게 한자는 어휘력을 높이는 중요한 도구입니다. 학습에 사용되는 어휘는 대부분 개념어로, 개념어의 약 90%가 한자어지요. 예를 들면, '묘사描寫하다', '상통相通하다', '비교比較하다'와 같은 어휘들입니다. 이러한 개념어는 각 단어를 구성하는 한자가 무엇인지 알고 단어 뜻을 익히면 그 의미를 쉽게 이해하고 더 오래 기억할 수 있습니다.

초등 저학년 때는 『마법천자문』과 같은 만화 형식으로 한 글자씩 재미있게 배우면 좋습니다. 사실 초등 저학년 아이에게 한자는 꼭 그림 같아 보이기도 하지요. 그래서 문자로 다가가기보다 그림을 보듯 흥미를 느낄 수 있어야 자연스러운 습득이 가능합니다. 아이가 한자에 흥미를 느낀다면 동기부여를 위해 한자능력검정시험에 도전하는 것도 좋은 방법입니다.

초등학생이 한자를 체계적으로 익히기 위해 활용할 수 있는 시험은 크게 두 가지입니다. 하나는 한국어문회에서 시행하는 한자능력검정시험, 다른 하나는 대한검정회에서 시행하는 한자급수자격검정시험입니다. 두 시험 모두 교육용 기초한자를 중심으로 구성되어 있으며, 초등학생부터 성인까지 응시할 수 있는 국가공인 민간자격 시험입니다. 학교나 학원에서 한자 학습의 목표로 가장 많이 활용되는 시험은 한국어문회 시험이며, 대한검정회 시험은 읽기 중심 평가가 많아 비교적 부담이 적기 때문에 한자를 처음 접하는 학생들에게 입문 시험으로 활용되는 경우가 많습니다.

한국어문회 한자능력검정시험

한국어문회 시험은 국내에서 가장 널리 알려진 한자 시험입니다. 교육용 기초한자를 중심으로 읽기와 쓰기를 함께 평가하는 것이 특징이며 뜻, 음 쓰기부터 획순까지 다양한 요소에서 문제가 출제됩니다. 초등학생 한자 교육에서도 가장 많이 활용되는 이 시험은 8급부터 특급으로 나뉘어 있고, 초등학생의 경우 보통 8급부터 시작해 5급

또는 4급 정도까지 공부하는 경우가 많습니다. 급수별 배정 한자는 8급 50자, 7급 100자, 6급 150자, 5급 200자로, 5급까지 공부하면 누적 500자의 한자를 익히는 것을 일반적인 학습 목표로 삼고 있으며, 140쪽에 500자를 구체적으로 수록하였습니다.

대한검정회 한자급수자격검정시험

대한검정회 한자급수자격검정시험은 읽기 중심 평가가 특징인 한자 시험입니다. 쓰기 비중이 상대적으로 적어 상대적으로 쉽게 느껴져 초등학생이 한자를 처음 접할 때 비교적 부담 없이 시작할 수 있습니다. 시험문제 역시 한자 읽기와 한자어 이해를 중심으로 구성되어 있어 어휘 학습과 연계하기에 적합합니다. 또한 온라인으로 응시할 수 있는 시스템이 마련되어 있어, 간편하게 집에서 응시할 수 있다는 장점이 있습니다. 한자급수자격검정시험도 8급부터 사범까지의 급수로 나뉘어 있는데, 급수별 배정 한자는 8급 30자, 7급 50자, 6급 70자, 5급 150자, 4급 200자로, 4급까지 공부하면 약 500자의 한자를 익힐 수 있습니다.

초등학생이 한자 시험을 준비하는 목적은 시험 합격 자체가 아니라 어휘력과 독해력을 키우는 것입니다. 국어 교과서에 등장하는 어휘의 상당수는 한자어로 이루어져 있기 때문에 초등학생이라면 다음과 같은 목표를 세우고 꾸준히 한자능력시험에 도전하는 것이 국어 실력을 높이는 데 큰 도움이 됩니다.

초등 저학년은 8급, 초등 중학년은 6~7급, 초등 고학년은 5~6급에 응시하는 편이며, 초등 고학년 수준의 시험을 통과하고 나면 약 400~500자 정도의 한자를 익힐 수 있습니다. 이는 중학교 국어 공부의 기초 어휘를 이해하는 데 충분한 도움이 됩니다.

초등 저학년까지 한 글자씩 자세히 보며 한자와 친해졌다면, 고학년부터는 문장 속에서 한자어가 어떻게 쓰이는지 파악하며 배우는 것이 바람직합니다. 일단 쓰는 것은 뒤로 미루고 읽는 것만 잘하자는 목표로 시작하세요. 문자로 접근하는 것이 아니라 어휘로 다가가는 것입니다. 한자 성어는 5학년 무렵부터 스토리텔링 도서를 통해 익히면 좋습니다.

다섯째, 국어 어휘를 이해하려면 순우리말이나 관념어 같은 단어의 성격을 구분해야 합니다. 우리말에서 자주 등장하는 어휘는 크게 어원을 기준으로 한자어, 순우리말(고유어), 외래어로 나누고, 의미의 추상성을 기준으로 관념어와 구체어로 나눌 수 있습니다. 이 어휘들은 서로 다른 특징을 가지고 있습니다. 그중 순우리말과 관념어의 뜻과 이에 해당하는 단어를 살펴보겠습니다.

우선, 순우리말은 한자에서 온 말이 아니라 우리 고유의 언어에서 만들어진 단어를 이릅니다. 일상생활에서 오래 사용되었던 말이며,

자연이나 생활, 감정 등을 표현하는 경우가 많습니다. 예를 들어 하늘, 바람, 구름, 들판, 골짜기와 같은 자연을 나타내는 말이나 마음, 웃음, 눈물처럼 감정을 나타내는 말들이 여기에 해당합니다. 이러한 단어들은 사물이나 상황을 직접 떠올리기 쉽기 때문에 의미를 이해하기 어렵지 않은 경우가 많습니다.

관념어는 눈에 보이는 사물이 아니라 생각이나 가치, 상태와 같은 추상적인 개념을 나타내는 단어를 말합니다. 이러한 단어들은 구체적인 대상이 없기 때문에 의미를 이해하기 위해서는 문맥과 설명이 필요합니다.

예를 들어 자유, 정의, 책임, 권리, 평등과 같은 단어들이 대표적인 관념어입니다. 관념어는 특히 사회, 역사, 철학과 같은 학습 분야에서 많이 등장하는데, 이러한 단어의 의미를 제대로 이해하지 못하면 글의 내용을 정확하게 파악하기 어렵습니다. 따라서 관념어는 단어 자체를 외우기보다 문장 속에서 의미를 이해하는 연습이 중요합니다.

> **아이의 국어 체력을 높이는 어휘력 향상 수칙**
> ❶ 어휘 공부는 어릴 때부터 체계적으로 꾸준히 한다.
> ❷ 매일 10분씩 어휘를 외우고 시험 보면서 어휘력 수준을 확인한다.
> ❸ 학교, 학생 같은 한자어의 구성과 뜻을 유추하며 문장을 읽는다.
> ❹ 마음, 바람과 같은 순우리말부터 사랑, 자유와 같은 관념어까지 폭넓게 공부한다.

ㄱ	加 可 價 家 歌 各 角 間 感 強 江 改 開 客 去 擧 車 件 健 建 格 見 決 結 景 競 輕 敬 京 界 計 固 考 告 古 苦 高 曲 公 共 功 工 空 課 過 果 科 觀 關 廣 光 橋 交 敎 校 救 具 舊 區 球 口 九 局 國 郡 軍 貴 規 根 近 今 金 給 急 級 技 期 汽 基 己 旗 氣 記 吉
ㄴ	男 南 內 女 年 念 農 能
ㄷ	多 壇 團 短 談 答 當 堂 代 對 待 大 德 島 都 到 圖 度 道 獨 讀 童 冬 動 同 洞 東 頭 等 登
ㄹ	落 樂 朗 來 冷 量 良 旅 歷 力 練 令 領 例 禮 勞 路 老 綠 料 流 類 陸 六 利 李 理 里 林 立
ㅁ	馬 萬 末 亡 望 買 賣 每 面 明 名 命 母 目 木 無 聞 問 文 門 物 米 美 民
ㅂ	朴 半 反 班 發 放 方 倍 百 白 番 法 變 別 兵 病 福 服 本 奉 部 夫 父 北 分 不 比 費 鼻 氷
ㅅ	寫 思 査 仕 史 士 使 死 社 事 四 産 算 山 三 賞 商 相 上 色 生 序 書 西 席 石 夕 善 船 選 仙 鮮 線 先 說 雪 性 成 省 姓 歲 洗 世 消 少 所 小 束 速 孫 首 樹 手 數 水 宿 順 術 習 勝 示 始 市 時 識 式 植 食 臣 信 新 神 身 實 失 室 心 十
ㅇ	兒 惡 案 安 愛 夜 野 約 弱 藥 養 洋 陽 漁 魚 語 億 言 業 然 熱 葉 永 英 午 五 屋 溫 完 王 外 曜 要 浴 勇 用 牛 友 雨 右 雲 運 雄 原 院 願 元 園 遠 月 位 偉 油 由 有 育 銀 音 飮 邑 意 衣 醫 耳 以 二 因 人 一 日 任 入
ㅈ	者 子 字 自 作 昨 章 場 長 再 災 材 財 在 才 爭 貯 赤 的 傳 典 展 戰 全 前 電 切 節 店 停 情 定 庭 正 第 題 弟 操 調 朝 祖 族 足 卒 終 種 左 罪 州 週 晝 注 主 住 重 中 止 知 地 紙 直 質 集
ㅊ	着 參 唱 窓 責 千 天 川 鐵 淸 靑 體 初 草 村 寸 最 秋 祝 春 出 充 致 則 親 七
ㅌ	他 打 卓 炭 太 宅 土 通 特
ㅍ	板 八 敗 便 平 表 品 風 必 筆

다양한 분야의
배경지식을 쌓는다

배경지식은
독해의 기초체력이 된다

학창 시절, 저와 한 반이던 아이들은 음악과 미술 시간에 많이들 졸았습니다. 학력고사에 포함되지 않은 과목이었거든요. 다만 저는 반장이었기에 선생님 앞에서 조는 것을 쑥스럽게 생각하여 반쯤은 쉬는 마음으로 수업을 들었습니다. 그런데 이런 학습 태도가 나중에 선물로 돌아왔습니다. 바로 모의고사 영어 독해 지문으로 음악과 미술에 관련된 지문이 나온 겁니다. 미술 시간에 들었던 인상파 화가들 이름을 영어 지문에서 만나는 일이 낯설지 않았고, 덕분에 지문을 어렵지 않게 읽을 수 있었습니다. 이렇듯 다양하게 쌓은 배경지식은 공부의 든든한 밑천이 됩니다.

수능에 출제되는 비문학 지문의 경우 정치, 사회, 과학, 철학, 예술 등 다루는 분야가 굉장히 광범위합니다. 수험생 대부분이 그 글을 난생처음 보는 경우가 대다수일 정도지요.

2022학년도 수능 국어 영역 독서 지문으로 경제 영역의 글이 나왔는데요. 많은 수험생을 혼란에 빠뜨리며, 국어 만점 표준점수가 149점에 달하는 등 변별 과목으로서의 역할을 톡톡히 했습니다. 해당 지문은 '기축 통화는 세계 거래의 중심으로서 유동성 공급과 통화 신뢰도 사이의 트리핀 딜레마를 안고 있으며, 브레턴우즈 체제 붕괴 이후에도 규모의 경제 원리에 따라 여전히 경제적 효율성을 제공하며 그 지위를 유지하고 있다. 미국은 달러 공급 과잉으로 인한 금 태환 정지라는 위기를 겪었으나, 당시 환율 조정의 구조적 한계 속에서도 단일 통화 사용이 주는 거래 비용 절감과 정보 탐색의 이점 덕분에 달러 중심의 기축 통화 질서는 오늘날까지 이어지고 있다'는 내용을 담고 있습니다.

브레턴우즈 체제, 국제 유동성, 경상 수지와 같은 용어들은 대부분 학교 국어 교과서에서 직접 배우는 내용이 아니며, 경제학이나 국제 금융 분야에서 사용하는 전문 개념에 가깝습니다. 교과목 공부

초등 국어가 실력입니다

만으로도 시간이 부족해 신문이나 뉴스를 챙겨 보기 힘든 학생들이 이러한 지문을 보고 쉽게 이해하기란 쉽지 않은 일입니다. 도통 무슨 말인지 모르는 이야기만 가득하고, 분명 우리말인데 외국어보다 더 어려운 글처럼 느껴지지요. 반면, 그동안 틈틈이 경제 기사라도 접했던 학생이라면 고정 환율, 금환 본위제, 기축 통화 등의 전문 용어를 들어봤을 겁니다. 수능에는 어른도 읽기 힘든 글이 그대로 제시됩니다. 낯선 개념과 용어가 등장하는 글을 제한된 시간 안에 읽고 이해하고 문제를 풀어야 합니다. 수능 국어 독서 지문이 어렵게 느껴지는 이유가 바로 여기에 있습니다. 글의 길이나 문장이 어려워서가 아니라, 익숙하지 않은 지식 영역을 빠르게 정리해야 하기 때문입니다. 간혹 아무런 배경지식이 없고 각 용어의 뜻을 모른다 해도 문맥에 따른 흐름을 따라 독해하여 문제를 풀 수도 있습니다. 그러나 이왕이면 단어의 뜻을 알고 있어야 핵심을 더 빠르고 정확하게 잘 파악할 수 있겠지요.

입시 때문이 아니더라도 저는 배경지식을 늘리는 것이 아이 인생의 길을 더욱 넓히는 일이라고 생각합니다. 아이가 자유롭게 그림을 그리되, 액자 안에서만 그림을 그리는 게 아니라 액자 밖으로도 붓을 뻗을 수 있게 하자는 겁니다.

조기 진로 교육을 한다고 일찍이 아이의 특성을 파악하여 강점을 집중 개발하자고 주장하는 사람들이 있습니다. 심지어는 초등학교 때부터 과학자가 되고 싶은 아이들은 과학 책을 읽고, 과학 관련 캠프와 같은 체험 활동에 참여하며 이를 생활기록부에 적어놓는 것이 향후 대입에 유리한 것처럼 여기는 웃지 못할 일도 벌어집니다.

강점을 초기에 찾아 개발하는 게 잘못된 건 아닙니다. 지능이 상당 부분 개발되고 어느 정도 안정된 중고등학생이라면 합리적인 선택일 수도 있지요. 하지만 유아기와 초등기는 두뇌가 전 영역에 걸쳐 고르게 발달해야 하는 결정적 시기입니다. 이때 특정 분야에만 국한된 학습을 지속하면 지식의 편중이 발생하여, 훗날 다양한 분야의 글을 읽고 이해해야 하는 독해 과정에서 한계에 부딪힐 수 있습니다. 즉, 편식 없이 균형감 있게 습득한 배경지식이야말로 독해력의 가장 확실한 기초 체력이 됩니다.

예체능도 마찬가지입니다. 작곡가나 성악가가 되기 위해서 처음부터 작곡하거나 발성 연습을 하는 것보다 피아노와 같은 악기를 다루면서 음악의 기초를 이해하는 게 우선입니다.

독서로 배경지식의
그물망을 넓혀라

다양한 책을 읽는 것은 배경지식 확장의 첫걸음입니다. 책은 누군가의 생각을 들여다볼 수 있게 해주고, 타인의 인생을 간접 경험하게 해줍니다. 지금까지 켜켜이 쌓여온 지식을 가장 손쉽게 배울 수도 있지요.

배경지식 확장을 위한 독서는 먼저 넓게 그물망을 펼치듯 시작해야 합니다. 책의 형식을 동화나 학습만화 중 한 분야에만 한정해 편독해서는 안 됩니다. 내용도 사람에 관한 것, 자연에 관한 것, 과학적 상상이나 역사적 사실을 다룬 것 등으로 최대한 넓게 접하게 해주세요. 그래야 한쪽으로 치우치지 않고 균형 있게 지식을 쌓아갈 수 있습니다.

그물망을 넓게 펼쳐서 다양한 분야를 골고루 접한 다음에는 **학년이 올라갈수록 펼친 그물의 코를 촘촘하게 짜야 합니다.** 같은 역사책이어노 세계사, 동양사, 우리나라 고대, 중세, 근현대를 점진적으로 접하는 겁니다. 초등학교 고학년 때부터 깊게 파고드는 단계로 생각하고, 접하는 지식의 수준과 범위를 더욱 넓혀주세요. 이때부터 다양한 분야의 지식을 접하면서 아이가 스스로 재미있어하고 관심을 두는 분야가 윤곽을 드러낼 겁니다. 이 과정을 통해 어느 정도 배경지식을 쌓고 화제를 깊게 살펴볼 능력을 갖추었다면, 그다음에 지식의 깊이를 더 깊게, 지식의 양을 더 많이 늘려주세요.

배경지식을 늘리는 데 책이 유일한 방법은 아닙니다. 과거에는 지식을 얻는 거의 유일한 수단이 책이었지만 지금은 인터넷과 TV, 잡지 등 수많은 매체를 이용하여 배경지식을 넓힐 수 있습니다.

배경지식 확장의 핵심은 세상의 소식에 관심을 두는 습관에 있습니다. '왜 우리의 삶은 이렇게 돌아갈까?', '왜 저런 사건이 발생했을까?', '저 사람은 왜 그랬을까?'와 같이 아이가 세상사에 관심과 호기심을 지니고 다가갈 수 있도록 해주세요. 그 첫걸음은 당연히 최대한 넓게 보여주고 경험하게 하는 일입니다.

> **아이의 국어 체력을 높이는 배경지식 확장 수칙**
>
> ❶ 그물망을 넓게 펼쳐놓는 것이 우선이다. 한쪽 지식으로 치우치지 않고 다양하게 읽게 한다.
> ❷ 초등 저학년은 지식의 씨앗을 뿌리는 시기다. 당장 열매를 맺으라고 닦달하지 않는다.
> ❸ 책뿐 아니라 다양한 매체의 콘텐츠를 적절히 활용하여 세상의 지식을 흡수하게 한다.

초등 국어가 실력입니다

핵심을 간파하며 읽고 요약한다

요약하는 습관으로 지식을 흡수하라

저희 연구소에서는 국어 수업 때 정확하게 읽고 문단별로 주제를 찾아 요약하는 활동을 합니다. 이 과정이 아직 익숙하지 않은 아이들에게는 선생님이 주제를 불러주고 여백에 쓰게 하지요. 이 연습을 일 년 정도 하면 웬만한 지문의 핵심을 파악하는 건 아주 자연스러워집니다. 참고서에 적힌 주제문과 비교해도 손색이 없을 정도지요.

이같은 수업을 열심히 받고 있는 4학년 정진이도 처음엔 주제를 찾는 데 어려움을 겪었습니다. 심지어는 제가 주제 문장을 짚어주고 이를 토대로 중점 내용을 요약해보라고 해도 어려워했지요.

"정진아, 이 글에서 글쓴이는 엄마의 집안일을 도와드려야 한다고 말했어. 그 이유로 무엇 무엇을 들었니?"

"어… 집안일을… 잘 모르겠어요."

사실 정진이는 글을 읽는 데 시간이 오래 걸리기도 했습니다. 체계적인 국어 공부를 시작한 지 얼마 되지 않았을 때였거든요. 그래서 저는 정진이에게 연필을 쥐여주고, 글을 소리 내어 읽어보게 했습니다.

"자, 글을 다시 꼼꼼히 읽으면서 살펴보자. 글쓴이가 엄마의 집안일을 도와드려야 한다는 이유로 꼽은 것을 연필로 밑줄 그어봐."

이렇게 정진이는 올바른 읽기부터 다시 시작해 글의 주제를 찾고 전체 내용을 요약하는 연습을 꾸준히 했습니다. 그러자 점점 중요한 내용을 발견하는 능력이 향상됐고, 나중엔 스스로 주제문 작성과 내용 요약을 해냈습니다.

정진이의 요약 실력이 어느 정도 늘고부터는 문학이든 비문학이든 상관없이 시간순 또는 글의 전개 순서에 따라 정진이가 자신의 언어로 최대한 기억을 되살려 요약하게 했습니다. 대부분의 아이가 글을 보지 않고 요약하기를 하면 처음에는 군데군데 구멍이 뻥뻥 뚫린 요약문을 작성합니다. 정진이도 그랬지요. 그러나 이 또한 1년 정도가 지나면 요약본만으로도 완전한 글이 되게끔 작성하는 수준이

초등 국어가 실력입니다

됩니다. 이후 정진이는 어떤 글을 읽든, 주제를 중심으로 전체 글을 자기만의 언어로 요약하는 실력이 아주 우수해졌습니다.

더불어 저는 요약 연습을 한 아이들의 학습 전반 능력이 향상되는 것을 종종 확인합니다. 글을 요약하면 서론, 본론, 결론을 찾고 연결하는 사고력이 필연적으로 좋아지고, 핵심 정보를 놓치지 않기 위해 글에 집중하다 보니 집중력도 함께 상승합니다.

여러분은 단순 독서와 국어 공부의 가장 큰 차이를 아시나요? 독서는 감동이나 지혜를 얻는 게 목적이지만, 국어 공부는 독해를 한 뒤 문제를 맞힌다는 점이 다릅니다. 그래서 국어 공부를 위해 지문을 읽을 때는 단순히 감상하며 읽는 것이 아니라 머릿속에 중심 내용을 새기며 읽어야 합니다. 자신이 읽은 글이 정확히 무슨 내용인지 단 한 문장으로 요약할 줄 알아야 문제를 읽고 나서 바로 답을 찾을 수 있습니다.

3가지 요약법으로 정확도를 높여라

'배우고 익히고 시험 본다(요약한다).' 이것은 민성원연구소의 기본 공부 원리입니다. 이를 단계로 정리하면 다음과 같습니다.

입력 ➡ 단기기억 ➡ 사고 ➡ 장기기억 ➡ 출력

이 중 출력은 아이가 수업을 얼마나 이해했는지 확인하는 과정으로, 저는 '시험력'이라고도 말합니다. 공부하고 나서 학습 내용을 요약하거나 문제를 푸는 것은 공부의 기본 중 기본입니다.

학생들이 공부하는 모습을 보면 가끔 답답할 때가 있습니다. 책을 몇 번 읽는 것으로 그냥 공부를 마무리 짓곤 하더군요. 자신의 언어로 요약하거나 문제를 풀어보는 등 머릿속에 지식을 단단히 집어넣기 위한 별도의 과정이 생략되어 있는 겁니다. 읽은 내용 중에서 핵심을 파악해서 문제에 알맞은 답을 찾는 게 바로 시험인데, 이 과정을 생략한다면 국어 공부가 완벽히 이루어졌다고 말할 수 없습니다.

특히 **요약하기는 들어온 정보를 머릿속 서랍에 차곡차곡 정리해 넣는 굉장히 중요한 훈련입니다.** 이걸 빼먹고 진도만 쭉쭉 나가면 필요할 때 정보를 꺼내 쓸 수 없습니다. 공부는 했는데 아는 게 없는 상태가 되는 것이지요.

요약할 때는 정확성이 중요합니다. 그래서 저는 학생들이 글을 읽을 때 꼭 연필을 쥐고 글에 표시하면서 읽도록 합니다. 주제어나 핵심어에 동그라미를 치고 중심 문장에 밑줄을 그으면서 읽어야 머릿속에 내용이 각인되기 때문입니다. 앞서 올바른 쓰기를 설명할 때

시지각 협응을 이야기했지요? 눈으로 글을 읽으며 손에 든 연필로 표시하며 읽는 것, 그 과정 역시 눈으로 본 것을 손으로 한 번 더 체화함으로써 두뇌를 자극하는 행동입니다.

요약하며 읽는 활동을 처음 해보거나 아직 요약하기에 익숙하지 않은 아이는 글의 주요 내용을 잘 찾지 못하기도 합니다. 그래서 글에 제시된 내용의 중요도를 따지지 못한 채 많은 동그라미와 밑줄 표시를 남깁니다. 하지만 차츰 연습하다 보면 표시한 동그라미와 밑줄의 양이 줄어들면서 정확한 읽기가 가능해집니다. 상황에 따라서는 글에 직접 표시하지 않고 말로 중심 내용을 요약해도 됩니다. 이때는 내용을 암기까지 해야 하니 더욱 두뇌를 자극하게 됩니다.

한 가지 꼭 명심해야 하는 점은 요약은 글을 읽은 즉시 해야 한다는 겁니다. 서는 공부에서 '즉시 반복을 통한 복습 효율의 극대화'를 늘 강조합니다. 지금 읽은 내용은 단기기억으로 머릿속에 짧은 시간 동안 남습니다. 시간이 흐른 뒤 요약하려면 당연히 들어왔던 지식은 날아가고 머릿속에는 아무것도 남지 않습니다. 이때 즉시 요약하는 과정을 통해 학습 효과를 올릴 수 있는 것이지요.

요약하며 읽는 활동이 익숙하지 않은 어린아이의 경우에는 글을 읽은 뒤 문제를 풀어보는 것도 방법입니다. 문제를 풀기 위한 글 읽기라고 생각하면 읽기에 집중하게 됩니다. 또한 글을 다 읽은 뒤에는 연필로 표시한 부분을 다시 훑고 책을 덮은 다음, 기억나는 대로 요약 내용을 적거나 발표하게 할 수도 있습니다. 이런 연습이 암기력과 논리적 사고를 끌어올리는 기초가 됩니다.

아이의 국어 체력을 높이는 요약하기 수칙

❶ 글을 읽을 때는 연필로 주요 내용을 동그라미와 밑줄로 표시하며 읽는다.

❷ 글의 중심 내용을 글로 적지 않더라도 말로 요약해서 정리할 수 있도록 한다.

❸ 아이의 요약 과정을 지켜보며 요약 능력의 수준을 확인하고, 아이 수준에 맞춰 자습서 등의 문제를 푸는 학습도 효과적이다.

초등 국어가 실력입니다

다양한 암기법으로
기억력을 높인다

쉽고 재미있게 훈련하는
암기법을 익혀라

저희 연구소에는 암기력 훈련을 집중적으로 하는 '암기반'이 있습니다. 초등학생부터 중학생까지 구성된 반으로 시, 사자성어, 화학식, 원주율, 주기율표, 연대표와 같이 내신에 도움이 되는 개념을 미리 익히고 암기력을 높이는 데 중점을 둡니다. 암기반에서는 단어의 맨 앞 한 글자만 따서 외우는 두문자 암기법, 스토리텔링으로 맥락을 만들어 연상하며 외우는 이미지 암기법, 기억의 궁전 암기법 등 다양한 암기법을 체계적이고 조직적으로 시도하여 아이들을 지도

하고 있지요.

예를 한 번 들어볼까요?

암기반에서 통과의례처럼 외우는 원주율을 봅시다. 원주율 같은 숫자의 나열은 이미지 암기법으로 외우기 좋은데, 이렇게 훈련한 학생들은 100자리는 거뜬하게, 200자리 이상도 척척 외우게 됩니다.

3.1415926535 8979323846 2643383279 5028841971 6939937510 5820974944 5923078164 0628620899 8628034825 3421170679

여기에서 31~40번째 자릿수를 예를 들어볼까요? '5028/84/1971' 이라는 숫자는 "(손)오공이빨(5028) 부러지도록 싸워서 판사(84) 앞에 가게 됐는데, 그 판사는 1971년생이다."라는 문장으로 연상하는 방법입니다. 이 방법은 역사 연표를 외울 때에도 무척 유용해서 자주 활용하고 있는 암기법이지요.

추가로 원주율은 10자리씩 나눠서 암기해야 하는데 10자리 묶음의 순서를 헷갈리지 않도록 몸에 하나씩 태그를 하여 외우도록 하는 것도 팁입니다. 눈부터 시작해서 치아, 목, 어깨, 배 이런 순서로 짚어가며 인지하는 방법입니다. 5028841971은 치아(이빨)에 손을 짚으며 10자리씩 단위를 끊어 외우면 명확한 이미지로 연상하며 암기할 수 있습니다.

‘두문자 암기법’은 말 그대로 앞 글자를 따서 외우는 방법입니다. 예를 들어 핀란드, 아이슬란드, 노르웨이, 덴마크, 스웨덴 5개국을 외운다면? 첫 글자를 따서 ‘피아노댄스’라고 이름 짓고 각 단어를 매칭합니다. 그리고 수선화, 아카시아, 장미, 라일락을 외워야 한다면 ‘아수라장’이라는 이름을 붙여 각 단어를 연상하는 방법입니다.

‘기억의 궁전 암기법’은 가장 익숙한 장소인 집을 머릿속에 만들어 두고, 그 장소에 물건을 하나씩 넣는 순서대로 암기하는 방법입니다. 고대 로마 시대부터 연설 내용이나 시를 암기하기 위해서 사용된 암기법인데, 학교나 집처럼 가장 편안한 장소를 정하시면 됩니다. 집에 10개의 포인트를 만들고, 10개씩 묶어 암기를 훈련하면 쉽게 그 숫자를 늘려갈 수 있습니다. 한번 동선을 따라서 머릿속에 이미지를 그려보세요.

장소 10곳

현관 - 신발장 - 거실 소파 - TV - 주방 - 화장실 - 공부방 - 안방 - 베란다 - 세탁실

익숙한 10곳의 장소를 머릿속에 집어넣었다면, 이제 우리는 어떤 단어가 나와도 이곳에 배치할 수 있습니다. 이를 응용해 연습을 해볼까요? 다음 예문은 무작위로 선정한 초등학교 3학년 수준의 단어

인데요, 이를 활용해 연상해봅시다.

단어 10개

바나나 - 로봇 - 번개 - 우산 - 피아노 - 원숭이 - 아이스크림 - 등대 - 연필 - 열쇠

이 단어들은 "현관에 바나나가 있어서 밟아서 넘어질 뻔했고, 신발장을 열었더니 로봇이 신발 정리를 하고 있어요. 거실 소파가 번개 모양이고, TV 속 일기예보에는 우산이 펼쳐져 있어요. 주방에서 피아노 소리가 들리고, 화장실을 열었더니 원숭이 그림 칫솔이 있네요. 내 공부방에 들어가니 아이스크림이 준비되어 있고, 안방에는 등대 모양의 램프가 있어요. 안방과 연결된 베란다에는 연필로 그린 낙서가 있고, 엄마가 열쇠를 찾고 있어서 돌아보니 세탁기 안에 있었어요."라고 장소에 맞춰 연상할 수 있는데요. 이런 순서로 궁전을 따라 걷듯 머릿속에 장소별 단어 10개를 세팅한 다음, 외울 단어를 각 장소에 하나씩 넣어두면 언제든지 그 장소에서 꺼낼 수 있습니다.

암기력은 운동과 같은 성질을 지닙니다. 누구라도 3개월 동안 체계적으로 운동하면 운동을 좋아하기 시작하고, 1년을 꾸준히 반복하면 매일 운동하고 싶어지지요. 즉, 훈련하면 잘하게 되고 잘하게

되면 좋아지는 겁니다. 암기도 마찬가지입니다. 암기력 훈련을 시작하면 암기력이 좋아지고 그때부터는 암기가 재미있어집니다. 암기가 잘되니 공부가 쉬워지는 것은 당연한 일입니다. 누군가는 무작정 외우는 주입식 교육이 나쁘다고 합니다. 그러나 암기력은 공부지능에서도 가장 기본이 되는 능력입니다. 특히 초등학생 때 암기력을 개발해두어야, 향후 복합적이고 창의적으로 사고를 하는 데도 능합니다.

시 암송 훈련이
국어 만점을 이끈다

저희 연구소에서는 이러한 암기요령 중 하나로 '시 암송'을 지도하는데, 이때 재미있는 현상을 발견할 수 있습니다. 시를 잘 외우는 아이들이 수학도 잘한다는 사실입니다. 어떻게 암기력이 좋은 아이가 사고력이 필요한 수학이나 공간 지각력이 필요한 도형까지 잘 이해하는 것일까요?

이는 달리기를 잘하는 아이가 근력과 반사신경이 좋아서 축구, 농구, 자전거, 배구, 테니스 등 대부분의 운동을 잘할 가능성이 큰 것과 같은 이치입니다. 잘 외운다는 것은 기억력과 집중력이 좋다는 뜻이므로 단어도 빨리 외울 수 있고, 연산도 빠르고 정확하게 할 수 있으며, 선생님이 말씀하신 것들을 한 번에 알아들을 수 있습니다. 결국 모든 과목을 두루 잘할 수 있게 되지요. 그래서 저는 공부지능을 이루는 인지능력 중에서도 암기력을 첫 번째로 꼽습니다.

이렇게 중요한 암기력을 높이는 데 시 암송만 한 것이 없습니다. 말도 예쁘고 운율도 있으니 아이들이 심상을 즐기며 외울 수 있어 암기 거부감이 적습니다. 그리고 시 암송에 재미를 느낀 아이들은 결국 자기가 시를 지어보는 데까지 나아갑니다.

체계적이고 조직적인 암기법 훈련 같은 작은 도움만으로도 아이들은 공부 자신감을 얻고 긍정적으로 변합니다. 가끔 시를 암기하는 아이들은 이런 말을 합니다.

"공부에서 암기가 제일 재미있고 쉬워요."

여러분의 자녀가 이런 말을 한다면 얼마나 기쁘실까요?

저희 연구소에 다니는 민지는 다른 아이들에 비해 시 암기 시간이 조금 더 걸리는 학생이었습니다. 지능에 문제가 있어서가 아니라 우리 연구소에 오기 전까지 체계적인 국어 공부를 해본 적이 없기 때문이었지요.

저는 민지와 처음 만난 뒤부터 1년 반이 지날 때까지 시 암기를 꾸준히 할 것을 학습 계획에 넣었습니다. 민지는 초반에는 5~6행의

   초등 국어가 실력입니다

짧은 시조차 외우기 버거워했습니다. 시간도 오래 걸렸고요.

하지만 석 달 정도 꾸준히 시를 외우면서부터 민지는 암기 자체에 큰 부담을 느끼지 않기 시작했습니다. 시를 당연히 외워야 하는 것으로 받아들이고, 시에 나오는 모르는 단어나 구절에 대해서도 관심을 두고 배우는 자세를 지니게 되었지요. 그 결과, 지금은 18~20행의 긴 시도 겁내지 않고 꼼꼼하게 잘 외우게 되었습니다.

민지는 중학교 2학년 여름방학부터 고1 3월 모의고사 문제를 풀었는데, 본격적으로 시 암기를 진행한 6~7개월 동안 모의고사 점수가 놀라울 정도로 올랐습니다. 첫 시험에서는 6등급이었던 점수가 한 달 뒤에는 4등급으로 두 등급이나 껑충 뛰어올랐고, 또 한 달 뒤에는 3등급이 되었지요. 그 후로 더 진행된 4번의 시험에서 안정적인 3등급이 나오고 있습니다. 시 암기를 본격화한 중2 여름방학 이후 급격한 성적 향상을 보이는 것으로 보아 시 암기가 성적 향상에 큰 도움이 된 것은 자명해 보입니다.

이렇게 암기력 성장뿐 아니라 성적 향상, 공부 습관 개선까지 좋은 영향을 주는 시 암기의 효과를 극대화하기 위해 저희 연구소에서는 2019년 여름방학 때 시 암송 대회를 개최했습니다. 소정의 상금을 걸고, 중학교와 고등학교 국어 교과서에 나오는 시 50편을 외우는 것이 목표였지요. 연구소의 초중고 아이들이 도전했습니다.

아이들은 처음에는 50편이나 되는 시를 어떻게 외우냐며 걱정했습니다. 평소 국어 수업 시간에 시 암기를 많이 하지만, 50편이 넘는 시를 다 외우고 시험까지 보는 대회라고 하니 긴장감이 생길 만하지요.

하지만 전부 기우였습니다. 아이들은 암기하면 할수록 암기력이 더욱더 좋아졌습니다. 너도 나도 시를 외우면서 암기를 즐거운 것으로 인식하게 되었죠.

암송 대회의 우승자는 초등학생 두 명이었습니다. 시 50편을 완벽히 암송했지요. 그러나 우승한 아이뿐 아니라 그렇지 못한 아이들도 모두 '하면 되는구나'라는 자신감을 얻었고, 이후 계속해서 시 암송 수업을 할 때마다 즐겁게 시를 외웠습니다. 이처럼 시 암송은 암기에 대한 두려움을 극복하게 해줍니다. 그리고 향상된 암기력과 집중력 덕분에 성적도 오르지요.

그리고 한 가지 더, 아이들이 이미 외운 시들을 고등학교에 올라가서 만나게 된다면 어떨까요? 한번에 술술 읊을 수 있을 만큼 머릿속에 입력한 작품이니, 시를 처음 접하는 다른 아이보다 훨씬 더 쉽게 배울 수 있겠지요? 이해한 것은 틀릴 수 있지만 외운 것은 안 틀립니다. 국어 만점의 기본은 시 암송에 있습니다.

2026년 현재에도 학생들은 매주 서로 긍정적인 자극을 주고받으며 즐겁게 암기 훈련에 매진하고 있습니다. 과정을 훌륭히 마치고 일정 수준 이상의 성취를 증명한 수강생에게 '명예졸업'의 영광을 선사하는 전통 역시 계속 이어지고 있으며, 암기력 향상이 곧 성적의 상승으로 직결된다는 사실은 지난 시간 암기반에서 배출된 수많은 1등급 졸업생들의 성취를 통해 이미 증명되었습니다.

아이의 국어 체력을 높이는 시 암송 수칙

❶ 암기력이 부족하거나 암기를 싫어하더라도 포기하지 말고 차근차근 시를 외우게 한다.

❷ 일주일에 1편, 한 달에 2편 등 시의 작품 수를 정해서 외우게 한다.

❸ 외운 시는 가족들 앞에서 암송하게 한다. 암기는 반복이 중요함을 늘 명심한다.

시험으로
매듭짓는다

문제를 풀어 확인해야
진짜 공부가 된다

중학교 3학년 지호는 공부한 양에 비해 성적이 안 나온다며 상담을 청한 학생입니다. 지호 어머니는 좀 더 체계적인 학습 계획을 조언받고 싶다고 하셨죠.

저는 지호에게 하루 공부 일과가 어떤지 물었습니다.

"어… 보통 학교 수업을 마치고 집에 와서 간단히 간식을 먹고, 바로 수학 학원에 가요. 학원이 끝나고 다시 집에 오면 밤 10시쯤 되고요. 그럼 엄마가 차려주신 저녁을 먹고, 잠 좀 깨려고 씻고 와서 한

초등 국어가 실력입니다

11시부터 책상에 앉아요. 다음 날 내야 하는 영어 학원 과제도 하고, 학교 수행평가 숙제도 하고… 그러고 나면 새벽 1시가 넘는데요. 대부분 너무 졸려서 하는 수 없이 대충 마무리 지어 놓고 그냥 자요.”

“그래, 그럼 새벽 1시 30분쯤 자고 다음 날 학교는 8시까지 가야겠네. 그러고 나서 또 똑같이 간식 먹고, 학원에 가고, 숙제하고, 잠들고. 맞지?”

“네. 평일은 거의 매일 그래요. 주말에는 주말 학원 강의를 듣거나 인터넷 강의를 듣고요.”

지호의 하루는 듣는 제가 피곤해질 정도로 빡빡했습니다. 지호가 피곤해 보인 게 당연했지요. 하지만 이렇게 열심히 하루를 보내고도 지호의 성적은 몇 달째 정체 상태였습니다. 아주 만족 못 할 수준은 아니었지만 공부에 들인 시간에 비하면 확실히 오름세가 나타나지 않았습니다.

저는 그 원인을 단번에 알 수 있었습니다. 지호는 배우기만 했지, ‘배운 걸 내 것으로 만드는 시간’이 부족했는데 이것이 문제의 원인이었죠.

지호의 하루는 강의 듣기가 유독 많습니다. 학교와 학원에서 몇 시간째 수업을 듣기만 하고 학교 숙제나 학원 과제도 근근히 하는 정도이지 배운 걸 확인하고 점검할 수는 없었을 것입니다. 저는 지호 어머니에게 ‘자신이 아는지 모르는지를 아는’ 메타인지 학습 계획이 중요함을 강조했습니다.

"지금 지호 공부에는 지식을 입력하는 과정만 있지 출력하는 과정이 없어요. 본래 공부를 제대로 하려면 지식을 입력한 후, 사고하면서 출력하는 것까지 가야 해요. 그래야 오래 기억에 남아서 후에 시험을 볼 때 적절히 활용할 수 있어요. 그러려면 반드시 문제를 풀어봐야 합니다."

저는 지호 어머니에게 학원 강의를 대폭 줄이라고 조언해드렸습니다. 지금처럼 빡빡한 하루에 문제 푸는 학습 시간까지 추가하기가 어려웠기 때문이죠. 그리고 학원 강의를 뺀 시간만큼 정기적인 모의고사 풀기와 문제집 풀기 시간을 가지라고 했습니다.

물론 지호 어머니는 망설이셨습니다. 특히 영어, 수학 학원을 줄이려니 너무 불안해하셨죠. 하지만 다행히 학원 수강 시간을 줄이고, 정기적인 문제 풀기 시간을 가지기로 했습니다.

지호는 문제 풀기를 진행하며 자신이 뭘 알고 뭘 모르는지 인지하게 되었습니다. 단순히 틀린 것만 추려 오답노트를 만드는 데서 벗어나 자신이 부족한 부분을 전반적으로 이해하고 보완해 나갔지요. 그러자 잠잘 시간도 없어 피곤했던 몸이 점차 활력을 되찾으면서 수업에 집중하게 되었고 지호의 성적은 조금씩 상승 곡선을 그렸습니다.

제가 주창하는 공부 원리의 핵심은 '공부는 범위를 정해서 배우고

　　　초등 국어가 실력입니다

익히고 시험 보는 것'입니다. 배우고 익힌 후에 확인하는 과정으로 마무리하지 않으면 다음 진도로 넘어가선 안 됩니다. 그러나 국어 공부를 할 때면 그 이유가 무엇인지 다들 글만 읽고 맙니다. 또는 참고서가 분석한 내용을 쭉 한 번 훑고 넘어가지요.

국어 체력을 기르기 위해서는 국어도 수학이나 영어처럼 수시로 문제를 풀어 확인해야 합니다. 문제를 많이 풀다 보면 자기가 여러 번 틀리는 문제 유형을 발견할 수 있습니다. 만일 글의 저자가 주장하는 바가 무엇인지를 묻는 문제 유형을 자주 틀린다면, 그건 글의 핵심 내용이나 주장, 이를 뒷받침하는 근거가 담긴 문장을 잘 파악하지 못한다는 뜻입니다. 한편 문학작품에서 화자의 상황으로 적절한 것을 고르는 문제 유형을 잘 틀린다면 상징적이고 비유적으로 표현된 부분을 그냥 흘려 읽는다는 뜻이지요. 이렇게 문제를 자주 풀어야 자신의 독해력이나 국어 실력에서 어떤 부분이 모자란지 깨달을 수 있습니다.

저는 배우기만 하는 것은 공부가 아니라는 말을 자주 합니다. 왜냐하면 공부는 자신과의 대화이기 때문입니다. 스스로 공부한 내용을 잘 이해하고 있는지 끊임없이 확인해야만 하지요. 만일 여러분이 영화를 한 편 감상하고 나왔는데, 누군가 여러분에게 주인공의 옷이 몇 번 바뀌었는지 말해보라고 하면 정답을 말할 수 있을까요? 장면을 하나씩 떠올리면서 주인공의 의상 개수를 맞추는 사람이 있는 반면, 감동하여 눈물까지 흘리며 영화를 몰입해서 봤어도 옷을 몇 번 갈아입었는지 횟수를 맞추기는커녕, 어떤 옷을 입었는지조차 거의 기억하지 못하는 사람들이 있을 겁니다.

만약 영화를 보러 들어가기 전에 영화가 끝나고 나면 주인공의 의상이 몇 번 바뀌었는지 대답해야 한다는 걸 미리 안다면 어떨까요? 아마 그 말을 듣지 않고 영화를 봤을 때보다 훨씬 더 많은 사람이 정답을 이야기할 수 있을 겁니다.

문제를 풀 거라는 걸 염두에 두고 글을 읽는 것과 이를 염두에 두지 않고 글을 읽는 것도 이와 마찬가지입니다. 문제를 풀 거란 걸 알면 글을 읽을 때 좀 더 집중해서 읽게 되지요. 덕분에 학습 집중도가 올라가고 독해력도 높아집니다.

시험 문제 풀이의
3원칙을 지켜라

국어 공부를 할 때 문제 푸는 과정이 중요하다고 해서 무작정 문제를 많이 푸는 것만이 능사는 아닙니다. 적절한 시기에 효과적인 방법으로 이루어져야 합니다. 다음의 세 가지 요소를 염두하며 문제를 푸는 습관을 지니도록 지도해주세요.

먼저 가장 기본 바탕은 진도를 나간 부분은 곧바로 문제를 풀어봐야 한다는 점입니다. 앞서 '즉시 반복을 통한 복습 효율의 극대화'가 중요하다고 말씀드렸지요. 문제 풀이도 반복 복습의 일부분이라고 할 수 있습니다. 국어는 지식 쌓기와 독해력, 사고력 늘리기가 동시에 이루어져야 합니다. 새로운 지식을 공부하고 즉시 문제를 푸는 학습이 배운 것을 내 것으로 만드는 과정이자 사고력을 키우는 과정입니다. 일정 시간이 지난 뒤에 문제를 풀면 이 두 가지 효과가 모두 떨어집니다.

어휘는 따로 시간 내어 공부하고 수준을 확인해야 합니다. 앞서 어휘는 매일 꾸준히 공부하는 습관이 중요하다고 말씀드렸습니다. 즉, 매일 알아가야 할 어휘가 정해져 있기 때문에 따로 시간을 내어 외우고 바로 성취 수준을 확인해야 합니다. 어휘를 공부할 때는 관련 어휘 책이나 교재들을 이용하면 수월합니다. 참고로 저는 새로운 어휘를 접할 때마다 그 어휘를 이용해서 짧은 글을 지어보는 활동을 지도합니다. 그러면 어휘를 익히면서 동시에 스스로 활용하게 되어서 능동적인 공부가 이루어집니다.

중학교 2학년 때부터는 정기적으로 고등학교 모의고사 문제를 풀어보면서 실전 감각을 쌓아야 합니다. 수학은 숫자 세기부터 더하기, 빼기를 지나 미적분에 도달할 때까지 단계별 과정을 거칩니다. 벽돌을 쌓듯이 차근차근 해야 하지요. 그런데 국어는 수학과 접근 방식이 달라야 합니다. 국어도 처음 몇 년간은 수학처럼 단계별 학습이 이루어집니다. 자음과 모음을 배우고 기본 문법 개념을 익히며 어휘를 조금씩 심화해 나가지요. 문장도 점차 더 길고 어려워지고요.

하지만 일반적으로 국어는 중학교 과정을 마치는 정도가 되면 배워야 할 것은 거의 다 배우게 됩니다. 그래서 중학교 3학년 학생이 고등학교 1학년 모의고사를 풀어도 아예 못 푸는 일은 없습니다. 오히려 먼저 풀어보면서 실전 감각을 익히고, 시험 국어 공부의 감을 얻을 수 있습니다. 따라서 중학교 과정을 마쳤다면 정기적으로 시험을 쳐서 자신의 국어 실력이 전국에서 어느 정도인지 가늠해보고, 국어의 여러 영역 중 강점과 약점을 파악해 보완해가는 게 효과적입니다.

KBS한국어능력시험을 치르며 국어 실력을 확인하는 것도 국어 체력을 확인하는 좋은 방법입니다. KBS한국어능력시험은 올바른 한국어 사용의 능력을 갖추고 있는지를 측정하는 국가공인 시험입니다. 1년에 6회 정도 시행되며 국어 능력의 효과성과 유창성, 정확성, 창의성을 중심으로 출제되지요. 의사소통 능력이나 문법 지식뿐 아니라 우리 언어문화에 관한 교양까지 측정하기에 아이의 진정한 국어 실력을 평가할 수 있습니다. 또한 국어에서 어떤 영역이 강

 초등 국어가 실력입니다

하고 약한지도 파악할 수 있지요. 1년에 한두 번씩 주기적으로 이 시험을 보다 보면 평소 국어 공부를 하면서 자연스럽게 성적이 향상될 테니 국어에 대한 자신감도 생길 수 있습니다.

아이의 국어 체력을 높이는 문제 풀기 수칙

❶ 학교에서 배운 문제는 자습서로 매일, 바로바로 풀이하는 습관을 지닌다.

❷ 어휘도 암기한 뒤에는 따로 문제를 풀어 확인하게 한다.

❸ 고1 모의고사 문제를 정기적으로 풀어보면서 전국 단위에서 수준을 확인한다.

3부

실전 감각을 깨우는 5단계 국어 공부법

"국어는 적기에 맞춘 단계별 학습이 필요한 과목입니다. 초등부터 다져온 국어 공부 습관은 흔들리지 않는 시험 결과로 이어집니다."

단계별 학습 전략이
탄탄한 실력을 만든다

국어의 기본기는
초등 시기에 완성된다

효율적인 공부 전략이란 아이의 현재 능력을 파악한 뒤 목표를 설정하고, 이를 달성하기 위한 구체적인 계획을 정해 기간별로 나누어 실행하는 것입니다. 모든 공부에는 알맞은 때가 있기 때문입니다. 시기마다 해야 할 일이 다르고 중요한 일이 다르기에 단계를 정해서 적기를 놓치지 않고 공부하는 것이 중요하지요. **모든 교육은 적기에 이루어져야 그 효과를 극대화할 수 있습니다.** 적기를 고려하지 않고 무조건 빨리, 조기교육을 시키면 덜 성숙된 아이의 지능이 학습 내용을 받아들이지 못하기 때문입니다. 또한 적기를 놓치게 되면 적기에는 쉽게 할 수 있는 것들이 누적되어 나중에는 어렵게 공부해야 하는 문제가 발생합니다.

물론 공부에 필요한 체력을 기르는 일은 남들보다 일찍 시작하면 그만큼 유리합니다. 다만 적기의 범주 안에서 일찍 시작해야 합니다. 예를 들어 유아기부터 초등 저학년까지가 기본 국어 실력이 가장 크게 발달하는 시기라면 유아기 때부터 차근차근 시작하는 게 '조기, 적기 교육'입니다. 능력이 발달하는 적기를 놓치고 나서 나중에 공부시키면 습득하는 속도나 정도가 떨어지기 마련입니다.

한 가지 유의할 점은 공부는 머리로 하는 것이기에 신체 연령이 아닌 정신 연령을 기준으로 이루어져야 한다는 겁니다. 저희 연구소에서 맨 처음 학생을 만나면 지능 검사를 하는 것도 바로 이런 이유에서지요. 정신 연령에 따라 맞춤 교육을 진행하면 훨씬 정확하고 효과적으로 실력을 향상할 수 있습니다.

만약 신체 연령은 초등학교 2학년이지만 정신 연령이 초등학교 4학년이라면 4학년 공부를 하는 것이 맞습니다. 반대로 신체 연령은 초등학교 2학년이지만 정신 연령이 일곱 살 수준이라면 일곱 살에 맞는 교육을 해야 하지요. 같은 초등학교 2학년이라고 해서 모두에게 똑같은 교육을 한다는 건 맞지 않습니다. 정신 연령보다 너무 빨리 시작하면 아이가 학습에 어려움을 느껴 흥미를 갖지 못합니다. 반면에 정신 연령보다 낮은 수준의 학습을 시키면 너무 쉬워서 지루해하기 쉽습니다. 따라서 정신 연령에 맞는 효과적인 단계 학습으로 아이의 공부지능을 최대치로 끌어올리고 발산하도록 해야 합니다.

평생 공부지능을 만드는
5단계 학습 전략을 실천하라

이 책에서 제시하는 최종 목표는 국어 기본기를 탄탄히 뿌리내려, 이를 발판으로 아이가 평생 공부를 하는 데 흔들리지 않게 하는 것입니다. 더불어 내신과 수능 국어 영역에서 우수한 성적을 받게 하는 것이지요. 이를 위해 아이의 지능과 학년 교육과정 등을 고려하여 5단계 국어 학습법을 정리했습니다. 교육부에서 고시한 국어 과목의 성취 기준도 초등학교 1~2학년, 3~4학년, 5~6학년, 중학교 1~3학년, 고등학교 1학년으로 단계화하여 영역별로 제시하고 있으며, 각 단계 안에서는 어느 정도 유사성 있는 국어 교육이 이루어지는 겁니다. 이를 염두에 두고 국어 교육의 각 단계를 차근차근 밟아가면 훨씬 효과적으로 공부할 수 있겠지요.

1단계는 유아기부터 초등 저학년까지로, 기본 국어 활동인 듣기, 말하기, 읽기, 쓰기를 공부해야 합니다. 이때는 특히 일상생활에서

부모님과 함께하는 모든 언어 활동이 국어 실력을 올리는 기반이 됩니다. 따라서 부모님께서 아이와 대화하고 생활하는 과정에서 어떻게 말하고, 어떤 책을 읽어주며 어떤 국어 활동을 지원하는지가 이 시기 아이의 국어 실력을 키우는 데 중요한 요소입니다. 정확한 한글맞춤법과 표준발음법에 따라 읽고 쓰고 말하도록 지도해주세요.

2단계는 초등 중학년 시기로, 경험하는 글을 다양화하여 국어의 기본인 어휘력을 풍부하게 만들어야 합니다. 듣기와 말하기, 읽기, 쓰기 실력이 어느 정도 올라간 초등 중학년 아이들이 계속해서 새로운 국어 자료를 접할 수 있게 합니다. 마치 넓은 그물을 드넓은 바다에 펼치듯 국어의 세계를 넓혀주세요.

3단계 초등 고학년부터는 본격적으로 독해력을 올리는 학습에 들어가야 하는 시기입니다. 초등 중학년까지 넓게 펼친 그물망을 좀 더 촘촘히 꿴다는 생각으로 다양한 글을 접하게 하는 동시에, 보고 들은 내용을 요약, 정리하고 문제를 풀어 완벽히 이해했는지 확인합니다. 이 과정을 통해 자기주도 학습과 메타인지 학습까지 이루어질 수 있습니다.

4단계는 중학생 시기로, 언어로서의 국어를 넘어 시험으로서의 국어를 익혀야 합니다. 이전 학년보다 부쩍 높아진 학교 국어 수업의 난도와 교과서 수준을 따라가려면 이 시기 국어 공부에 더욱 집중해야 합니다. 또한 학교 수업에 나오는 문학작품을 충실히 살펴보면서, 문법과 비문학 독서 영역의 반복 학습을 통해 학년이 오르고 난도가 높아져도 흔들리지 않는 국어 실력을 키워야 합니다.

5단계는 고등학교 입학을 앞둔 시기로, 이전 단계에서 튼튼히 쌓은 국어 체력을 기반으로 고난도 비문학 독서 지문을 연습해야 합니다. 이제 본격적으로 수능을 향해 달릴 때입니다. 수능 국어 영역 중에서 본인이 가장 약한 영역을 파악하여 빈틈을 메우고, 교과서 외 읽을거리를 통해 배경지식을 더욱 탄탄히 다지며 비문학 독서 영역을 마무리하게 해주세요.

이 같은 총 5단계의 국어 공부법은 매일, 꾸준히, 적기에 맞추어 실행하는 것이 중요합니다. 각 단계에 따라 차근차근 공부하다 보면 훗날 입시는 물론 평생의 공부지능을 정립하게 됩니다.

올바른 국어 습관,
첫 단추가 격차를 만든다

179쪽 표는 교육부가 고시한 초등학교 1~2학년 학습 내용입니다. 이 시기는 취학 전의 국어 경험을 발전시켜 일상생활과 학습에 필요한 기초 읽기·쓰기 능력을 갖추고, 말과 글(또는 책)에 흥미를 가지도록 하는 것이 학습 목표입니다. 이에 따라 다양한 읽을거리를 정확한 발음으로 올바르게 읽고, 한글맞춤법에 따라 올바르게 쓰며, 하고 싶은 말을 다양하고 올바르게 표현하는 학습이 이루어져야 합니다.

시기 저학년(미취학, 초등학교 1~2학년)
핵심 학습 한글맞춤법에 맞게 올바르게 읽고 쓰고 말한다.

초등학교 1~2학년 학습 내용

듣기·말하기	● 중요한 내용이나 일이 일어난 순서를 고려하며 듣고 말한다 ● 바르고 고운 말로 서로의 감정을 나누며 듣고 말한다 ● 상대의 말을 집중하여 듣고 말의 차례를 지키며 대화한다 ● 자신의 경험이나 생각을 바른 자세로 발표한다 ● 듣기와 말하기에 관심과 흥미를 가진다
읽기	● 글자, 단어, 문장, 짧은 글을 정확하게 소리 내어 읽는다 ● 의미가 잘 드러나도록 문장과 짧은 글을 알맞게 띄어 읽는다 ● 글을 읽고 중심 내용을 확인한다 ● 인물의 마음이나 생각을 짐작하고 이를 자신과 비교하며 글을 읽는다 ● 읽기에 흥미를 가지고 즐겨 읽는 태도를 지닌다
쓰기	● 글자와 단어를 바르게 쓴다 ● 쓰기에 흥미를 가지며 자신의 생각이나 느낌을 문장으로 표현한다 ● 주변 소재에 대해 소개하는 글을 쓴다 ● 겪은 일을 표현하는 글을 자유롭게 쓰고, 쓴 글을 함께 읽고 생각이나 느낌을 나눈다
문법	● 한글 자모의 이름과 소릿값을 알고 정확하게 발음하고 쓴다 ● 소리와 표기가 다를 수 있음을 알고 단어를 바르게 읽고 쓴다 ● 문장과 문장 부호를 알맞게 쓰고 한글에 호기심을 가진다
문학	● 말놀이, 낭송 등을 통해 말의 재미와 즐거움을 느낀다 ● 작품을 듣거나 읽으면서 느끼거나 생각한 점을 말한다 ● 작품 속 인물의 모습, 행동, 마음을 상상하여 시, 노래, 이야기, 그림 등으로 표현한다 ● 시나 노래, 이야기에 흥미를 가진다
매체	● 일상의 다양한 매체와 매체 자료에 흥미와 관심을 가진다 ● 일상의 경험과 생각을 글과 그림으로 표현한다

정확한 발음으로 올바르게 읽기
- 읽기 습관은 부모의 목소리로 시작된다

엄마와 아이가 나란히 앉아 책을 읽는 풍경은 생각만으로도 마음이 따뜻해집니다. 우리 어머니들 중에 아이에게 책을 읽어줄 때, 귀찮고 짜증 난다는 마음으로 읽어주시는 분은 없을 겁니다. 책을 통해 아이가 더 큰 세상을 경험하기를 바라는 마음을 담아 읽어주시지요. 이러한 엄마의 따뜻한 사랑은 어린아이들에게 가장 좋은 학습 동기로 작용합니다. 엄마와 교감하면서 책을 읽다 보면 책을 좋아하는 아이가 되고, 언어에 노출되는 시간이 길어지면서 국어 체력이 형성됩니다.

그런 어머니들의 사랑에 저는 '올바른 읽기'를 하나 더하길 추천해드립니다. 이왕이면 정확한 발음으로, 알맞게 끊어 읽으며, 엄마도 아이와 함께 내용을 파악하며 분석하는 거지요. 아직 홀로 책 읽기가 서투른 미취학 아동과 초등 저학년 아이들에게는 엄마 목소리로 듣는 과정이 올바른 읽기 습관을 다지는 초석입니다.

첫째, 아이와 책을 읽을 때는 표준발음법에 맞는 정확한 발음으로 읽도록 노력해주세요. 아나운서 수준은 아니더라도 최대한 정확한 발음으로 읽어주어야 합니다. 시인 김소월의 「진달래꽃」에서 '가

시는 걸음걸음 놓인 그 꽃을 사뿐히 즈려밟고 가시옵소서’의 ‘밟고’
는 ‘밥꼬’라고 발음해야 할까요, ‘발꼬’라고 발음해야 할까요? 정답
은 ‘밥꼬’입니다. 많이들 ‘발꼬’라고 잘못 발음하지요. ‘닭이 울면 아
침이 온다’ 이 문장은 어떨까요? ‘다기 울면’이라고 발음하는 분이 대
부분일 텐데요, 올바른 발음은 ‘달기 울면’입니다. 이처럼 평소 올바르
게 발음하는 습관이 있으면 국어 문법을 익히기가 한결 쉬워집니다.

생각보다 우리말 발음이 어렵습니다. 일상생활을 할 때는 다소 발
음이 잘못되더라도 의사소통에 별 지장이 없지요. 그래서 발음에 신
경을 쓰지 않을 때가 많습니다. 또 어머니들이 개인적으로 독서할
때는 책을 소리 내서 읽는 일이 드뭅니다. 그래서 정확한 발음으로
책을 읽는 연습이 잘 안 되어 있어요.

부모가 부정확한 발음으로 읽어주면 아이들은 가랑비에 옷이 젖
듯 잘못된 발음에 익숙해집니다. 그렇게 오랜 시간 동안 들어온 잘
못된 발음은 학교에 다니면서 교정하려고 해도 잘 되지 않습니다.
당연히 교정하는 데 많은 시간과 노력이 들고요.

정확한 발음에 대한 확신이 없을 때는 국립국어원의 자료를 참고
하세요. 초등학교 저학년 시기 아이들의 읽을거리에는 어른도 헷갈
릴 만큼 발음이 어려운 어휘는 많지 않습니다. 그래도 가끔 헷갈리
는 단어를 만난다면 반드시 정확한 발음을 확인하고 읽어주세요.

특히 초등학교 저학년 시기에는 다음 예시처럼 연음법칙에 유의

해서 읽어주세요. 받아쓰기를 할 때 아이들이 자주 헷갈리는 부분입니다. '걸음'을 '거름'으로, '떨어진'을 '떠러진'으로 잘못 적는 것과 같은 실수를 하는 것이지요. 평소 엄마와 책을 읽으며 올바른 연음 법칙을 자연스레 익힌 아이는 받아쓰기에서도 틀리지 않고 올바른 발음과 단어의 형태를 체화할 수 있습니다.

> 나리는 파란 하늘에 떠 있는 구름을(구르믈) 보았어요.
>
> 그리고 집으로(지브로) 바삐 뛰어갔어요.
>
> 길 위에는 떨어진(떠러진) 나뭇잎들이 참 많았어요.

둘째, 주어와 서술어, 쉼표와 마침표 등 띄어 읽어야 할 곳은 충분히 띄어 읽어서 듣는 아이가 쉽게 의미를 파악하게 하세요. 그리고 이후에 아이도 비슷한 방식으로 문장을 끊어가며 읽을 수 있게 지도해주세요.

초등학교 2학년 때부터 저희 연구소에서 수업을 들었던 두진이는 또래의 다른 아이들에 비해 낱말의 뜻을 잘 이해하고 기억했지만, 조금이라도 긴 글을 읽을 때는 집중하지 못했지요. 책 한 권이라도 읽으려 하면 계속 딴짓을 해서 제가 바로 옆에 앉아 있지 않으면 수업을 따라오지 못하는 아이였습니다.

그러다 두진이의 꽤 열성적인 부분을 발견했습니다. 두진이는 가만히 앉아서 하는 문제풀이나 읽기 수업에는 크게 흥미를 보이지 않았지만, 다른 아이들에게 자기를 선보일 수 있는 발표 수업에서는 적극적으로 손을 들며 참여했습니다. 이 긍정적인 경쟁심을 읽기에 활용한다면 분명 학습 전반에 큰 변화를 줄 수 있겠다고 생각했지요.

그래서 두진이는 아이들이 다함께 참여하는 읽기 수업부터 시작했습니다. 끊어 읽기 수업은 아이들이 서로 읽는 모습을 볼 수 있게끔 한 사람씩 순서대로 글을 읽는 방식으로 진행됐습니다. 다른 아이들 앞에서 자기가 잘하는 모습을 보여주고 싶었던 두진이는 누구보다 열심히 끊어 읽기 수업에 참여했지요.

시 암송 수업도 효과가 있었습니다. 시 암송을 잘하는 아이에게는 조금 더 일찍 집으로 갈 수 있는 특별 보상을 주었습니다. 그러자 두진이의 집중력이 상승했습니다. 소리 내어 외우고 발음하는 동안에는 차분히 자리에 앉아 꼼짝도 하지 않았지요. 두진이의 청각 집중력이 크게 향상한 겁니다.

그렇게 6개월 동안 수업을 진행하고 3학년이 된 두진이는 점점 경쟁심을 넘어서 학습적인 성취에 욕심을 냈습니다. 시 암송이나 단어 암기 시험에서는 항상 상위권을 유지했지요. 4학년이 되면서는 집중력이 강화돼 수업 중에 돌아다니는 행동도 크게 줄었고, 국어뿐만 아니라 수학 같은 다른 과목 수업에서도 집중력을 유지하는 시간이 늘었습니다. 읽고 이해하기 어려워했던 긴 글도 주어부와 서술부를 구분해 읽어낼 만큼 독해력이 크게 향상했습니다.

이후 초등학교 6학년에 올라간 두진이는 중학교 국어를 미리 접했습니다. 스스로 중학생 수준의 비문학 지문을 문단별로 나누어 요약하면서 읽었지요. 두진이와의 첫 수업을 떠올리면, 약 4년 동안 두진이의 학습 태도가 얼마나 달라졌는지를 알 수 있습니다.

두진이의 사례에서 보듯이 띄어 읽기는 독해력의 기초가 되는 아주 중요한 작업입니다. 글을 읽으면서 발음하기 어려운 단어는 표시하고, 띄어 읽기를 잘못한 부분도 문장 사이에 / 또는 V로 표시하여 올바른 띄어 읽기를 눈으로 보게 해주세요. 185쪽 자료는 저희 연구소에서 실제 국어 수업에 활용하는 끊어 읽기의 예시 사진입니다.

셋째, 엄마와 함께 충분히 책을 읽은 다음에는 아이가 스스로 읽는 시간을 보내야 합니다. 말하기 속도가 느린 아이는 한 페이지를 읽는 데도 몇 분이 걸릴 수 있습니다. 그런 아이는 책 한 권을 다 읽는 데 체력적으로 많이 지치고 점차 책 읽기를 멀리하게 됩니다. 이럴 때는 하루에 10분만이라도 아이가 직접 소리 내며 책을 읽도록 시간을 정하세요. 이 정도로 충분하니 너무 욕심을 내지 않아도 됩니다.

아이의 발음이 틀렸거나 우물쭈물한다고 너무 걱정하며 꾸짖지

환경 문제를 해결하기 위한 노력

우리가 살고 있는 지구촌에서 발생하는 다양한 환경 문제에 대해서 관심이 있나요? 우리는 지속 가능한 미래를 살기 위해서 환경을 잘 지키고 보존해야 함에도 불구하고, 지구촌의 환경은 날이 갈수록 황폐해져 가고 있습니다. 그렇다면 지금 지구촌은 어떠한 환경 문제를 겪고 있을까요?

지구촌에서 발생하고 있는 환경 문제 중 첫 번째는 '플라스틱 쓰레기'와 관련한 문제입니다. 우리들은 일상에서 편의를 위해서 많은 종류의 플라스틱 물품들을 사용하고 있습니다. 이러한 플라스틱 쓰레기가 바다로 흘러들어가게 되면서, 해양 동물 및 생태계가 커다란 피해를 입고 있습니다.

또 다른 환경문제로는 '열대 우림 파괴'와 관련된 문제가 있습니다. 커다란 열대 우림 지역을 가지고 있는 브라질에서는 경제 개발을 위해서 아마존 지역을 개발하고 있습니다. 이로 인해서 많은 열대 우림이 파괴되었고, 열대 우림지역에 살고 있던 원주민들이 직사광선 과다로 인해 시력을 잃기도 하였습니다.

■ 다섯 줄 요약

앞에 읽은 내용을 다섯 줄로 요약하였어요. 내용을 읽어보고, 문장부호, 띄어쓰기에 주의해서 똑같이 원고지에 따라 쓰세요.

① 우리는 지속 가능한 미래를 살기 위해서 환경을 잘 지키고 보존해야 함에도 불구하고, 지구촌의 환경은 날이 갈수록 황폐해져 가고 있습니다.
② 지구촌에서 발생하고 있는 환경 문제 중 첫 번째는 '플라스틱 쓰레기'와 관련한 문제입니다.
③ 또 다른 환경문제로는 '열대 우림 파괴'와 관련된 문제가 있습니다.
④ '지구 온난화'도 심각한 환경 문제 중 하나입니다.
⑤ 환경 문제들은 지구촌 모든 사람들과 관련된 문제라고 할 수 있습니다.

①	우	리	는		지	속		가	능	한
미	래	를		살	기		위	해	서	환
경	을		잘		지	키	고		보	존	해
야		함	에	도		불	구	하	고	,	지
구	촌	의		환	경	은		날	이		갈
수	록		황	폐	해	져		가	고		있
습	니	다	.						
②	지	구	촌	에	서		발	생	하	고
있	는		환	경		문	제		중		첫
번	째	는		'	플	라	스	틱		쓰	레	기	'
와		관	련	한		문	제	입	니	다	.
③	또		다	른		환	경	문	제	로	는

마세요. 대신 아이가 틀리면 바로잡아주고 격려해주세요.

읽을거리는 어떤 걸 골라야 할까요? 가장 기본은 국어 교과서입니다. 저는 스스로를 국어 교과서 예찬론자라고 말합니다. 학부모님과 상담할 때마다 국어 교과서의 장점을 열심히 설명하지요. 국어 교과서는 국어학자들에 의해서 잘 설계된 최적의 국어 개발 교재입니다. 정확한 맞춤법과 띄어쓰기를 기반으로 듣기, 말하기, 읽기, 쓰기, 문법, 문학 등 언어와 관련된 모든 능력을 훈련할 수 있습니다. 특히 국어 교과서는 어휘 난도가 매우 체계적입니다. 학년이 올라갈 때마다, 단원을 넘어갈 때마다 어휘 난도도 높아지게끔 조정되어 있습니다. 그런 국어 교과서로 공부하면 바른 읽기 습관은 물론 정확한 어휘를 익히는 데 도움이 될 수밖에 없지요.

참고로 저희 연구소 수업에서는 교과서를 기반으로 자체 개발한 독해 교재인『효자국어:핑크』*와 비상교육의『한끝 초등 국어』시리즈, 그리고 교과와 연계된 배경지식 비문학 교재인『효자국어:옐로우』*를 사용하여 교과와 배경지식을 모두 다져 나갈 수 있도록 지도하고 있습니다.

맞춤법에 맞게 쓰기
- 손으로 직접 써야 머릿속에 새겨진다

듣기와 읽기가 상대에게 집중하는 다소 수동적인 학습이라면, 쓰기와 말하기는 스스로 몸을 사용한다는 점에서 능동적입니다. 몸을 움직인다는 것은 신체와 두뇌 사이의 연결을 강하게 만듭니다.

특히나 연필을 쥐고 글씨를 쓰는 활동은 자판을 두드리거나 스마트폰 화면을 누르는 것보다 훨씬 더 다양한 소근육을 사용하게 합니다. 우리 두뇌의 중추신경 중 30%가 손의 움직임에 반응해 활성화되기 때문에 단순히 자판이나 화면을 누르는 것보다 더 많은 근육을 쓰는 손 글씨가 두뇌를 더욱 자극하게 됩니다. 또한 컴퓨터 화면을 보며 자판을 칠 때넌 주변 환경에 따라 집중력에 많은 방해를 받습니다. 환한 화면과 인터넷을 켤 수 있는 각종 아이콘, 글을 적는 프로그램 창에 달린 기능 아이콘까지 시야에 굉장히 많은 것이 비치지요. 반면 공책에 글씨를 쓸 때는 오로지 하얀 종이만 볼 수 있습니다. 이것이 손으로 직접 글자를 쓸 때보다 자판을 쳤을 때 오탈자가 더 많이 발생하는 이유지요. 실제로 자판을 사용할 때와 손 글씨를 쓸 때의 뇌파를 비교해보면 전두엽의 활성화 정도가 두드러지게 차이 납니다. 손 글씨를 쓸 때는 전두엽을 비롯한 뇌의 다양한 부분이 활성화되지만 자판을 칠 때는 전두엽의 활성화 정도가 수면 상태와 유사할 정도로 현저히 낮게 나타난다고 합니다.

이 전두엽은 정서 통제와 계획, 의사 결정에 영향을 미치는 것으로 알려져 있습니다. 전두엽에 문제가 생기면 충동적이고 폭력적 성향이 나타난다는 연구 결과도 있지요. 그리고 전두엽의 발달은 청소년기를 지나 성인이 되어서야 완성됩니다. 즉, 아동기부터 청소년기 사이에 전두엽의 발달이 완성되는 겁니다. 그러므로 전두엽을 활성화하는 손 글씨 활동이 우리 아이들에게 반드시 필요합니다.

쓰기는 획순에 맞게, 적당한 크기로 또박또박 써야 합니다. 더불어 문장 부호를 정확하게 사용하고, 띄어쓰기 규칙을 익혀야 하죠. 저희 연구소에서는 교재에 별도의 쓰기 칸을 마련하여, 학생들이 직접 쓰는 훈련을 할 수 있도록 지도하고 있습니다. 디지털 문화가 확대됨에 따라 글씨를 예쁘게 쓰는 학생이 드물어졌습니다. 읽는 데는 문제가 없지만 쓰는 데는 문제가 많은 겁니다. 필체가 이런데 맞춤법이나 띄어쓰기를 틀리는 건 두말할 것도 없습니다. 결국 악필이 국어 성적에까지 영향을 미치는 겁니다.

한글을 배우기 시작하는 유아기나 초등 저학년 때부터 글씨를 똑바로, 맞춤법에 맞게 띄어썼는지를 반드시 학부모님이 점검해주세요. 첫 단추를 잘 끼우면 다음 단추를 끼우기가 훨씬 쉬워집니다. 하루하루 생활 속에서 국어 체력이 튼튼해지면 고등학교에 올라가 두 번 공부하는 수고를 줄일 수 있습니다.

완전한 문장으로 말하기
- 지식은 말로 표현해야 내 것이 된다

지식은 단지 아는 것으로 끝나지 않습니다. 글로 쓰거나 말로 표현해야 온전히 내 것이 됩니다. 말하기나 글쓰기는 일종의 확인 작업입니다. 공부를 많이 한 것 같지만 성적이 좋지 않은 아이들은 대부분 공부하고 나서 확인 작업 없이 다음 단계로 넘어간 경우입니다. 배운 내용이 머릿속에 남지 않고 날아간 것이지요. 배우고 익히고 확인하는 작업은 공부의 기본이라는 사실을 다시 한번 강조합니다. 실력은 조금 귀찮은 것을 꾸준히 하는 데서 올라갑니다.

무엇보다 말하기는 다른 사람과의 상호작용에 필요한 기초적인 의사소통 도구입니다. 상대가 내 의견을 제대로 이해할 수 있도록 분명한 뜻을 전달해야 하지요. 그 첫걸음은 완전한 문장으로 말하기입니다. 완전한 문장으로 말하지 않으면 대화 상대가 오해할 수 있습니다. 따라서 먼저 학부모님들께서 평소 아이에게 완전한 문장으로 말해주세요. 어른들에게도 저마다 말버릇이 있습니다. 사투리가 강하거나 특정 단어를 자주 쓰기도 하고, 이상한 추임새를 모든 문장 끝에 넣는 사람도 있습니다. 어른들끼리 대화할 때는 이런 습관을 굳이 의식할 필요는 없습니다. 물론 공적인 자리에서 다수를 상대하며 이야기할 때는 주의해야겠지요.

아이의 올바른 말 습관을 바로잡는 일은, 일상에서 부모님과 나누는 대화에서부터 시작해야 합니다. 부모님의 말버릇을 그대로 닮는 게 우리 아이들입니다. 함께 책을 읽을 때 정확한 발음으로 읽어주신 것처럼, 아이와 대화할 때도 정확하고 완전한 문장을 써주세요.

다양한 독서가
어휘력을 확장시킨다

192~193쪽 표는 교육부가 고시한 초능학교 3~4학년 학습 내용입니다. 이 시기는 생활 중심의 친숙한 국어 활동을 바탕으로 일상생활과 학습에 필요한 기본적인 국어 능력을 갖추고, 적극적이고 능동적인 의사소통 태도를 생활화하는 것이 학습 목표입니다. 이에 따라 단어와 문장 단위에서 벗어나 장단문을 접하며 시, 소설, 회의록, 주장문, 독후감 등 다양한 글을 경험하는 학습이 이루어져야 합니다. 또한 의성어와 의태어 등 초등 저학년이 배우는 어휘에서 벗어나 다양한 어휘를 폭넓게 익혀야 합니다.

초등학교 3~4학년 학습 내용

듣기·말하기	<ul><li>중요한 내용과 주제를 파악하며 듣고 그 내용을 요약한다</li><li>원인과 결과의 관계를 고려하여 내용을 예측하며 듣고 말한다</li><li>상황에 적절한 준언어·비언어적 표현을 활용하여 듣고 말한다</li><li>상황과 상대의 입장을 이해하고 예의를 지키며 대화한다</li><li>목적과 주제에 알맞게 자료를 정리하여 자신감 있게 발표한다</li><li>주제에 적절한 의견과 이유를 제시하고 서로의 생각을 교환하며 토의한다</li></ul>
읽기	<ul><li>글의 의미를 파악하며 유창하게 글을 읽는다</li><li>문단과 글에서 중심 생각을 파악하고 내용을 간추린다</li><li>질문을 활용하여 글을 예측하며 읽고 자신의 읽기 과정을 점검한다</li><li>글에 나타난 사실과 의견을 구분하고 필자와 자신의 의견을 비교한다</li><li>글이나 자료의 출처가 믿을 만한지 판단한다</li><li>바람직한 읽기 습관을 형성하고 읽기에 대한 자신감을 기른다</li></ul>
쓰기	<ul><li>중심 문장과 뒷받침 문장을 갖추어 문단을 쓰고, 문장과 문단을 중심으로 고쳐 쓴다</li><li>절차와 결과가 드러나게 정확한 표현으로 보고하는 글을 쓴다</li><li>대상에 대한 자신의 의견과 그렇게 생각한 이유가 드러나게 글을 쓴다</li><li>목적과 주제를 고려하여 독자에게 마음을 전하는 글을 쓴다</li><li>자신의 쓰기 과정을 점검하며 쓰기에 자신감을 갖는다</li></ul>
문법	<ul><li>단어와 단어 간의 의미 관계를 파악한다</li><li>단어를 분류하고 국어사전을 활용하여 능동적인 국어 활동을 한다</li><li>기본적인 문장의 짜임을 이해하고 적절하게 사용한다</li><li>글과 담화에 쓰인 높임 표현과 지시·접속 표현을 이해하고 상황에 맞게 표현한다</li><li>언어가 의사소통과 관계 형성의 수단임을 이해하고 국어를 소중히 여기는 태도를 지닌다</li></ul>

문학	● 인물과 이야기의 흐름을 중심으로 작품을 감상한다 ● 자신의 경험을 바탕으로 작품 속 세계와 현실 세계를 비교하여 작품을 감상한다 ● 작품을 듣거나 읽고 마음에 드는 작품을 소개한다 ● 감각적 표현에 유의하여 작품을 감상하고, 감각적 표현을 활용하여 자신의 생각이나 감정을 표현한다 ● 재미나 감동을 느끼며 작품을 즐겨 감상하는 태도를 지닌다
매체	● 인터넷에서 학습에 필요한 다양한 자료를 탐색하고 목적에 맞게 자료를 선택한다 ● 매체를 활용하여 간단한 발표 자료를 만든다 ● 매체 소통 윤리를 고려하여 매체 자료를 활용하고 공유한다

다양한 분야 읽기
- 배경지식이 쌓일 때 생각 그릇이 커진다

초등학교 저학년 때 양육자와 함께 읽는 것을 시작으로 책 읽기에 흥미를 갖게 되면, 아이들은 점차 독서의 양을 늘려 나갑니다. 특히 1단계 국어 학습이 잘 이루어진 아이들은 스스로 더 읽을거리를 찾아 나서지요. 이야기책을 좋아하는 아이는 이야기책을, 학습만화에 빠진 아이는 학습만화 시리즈를 스스로 용돈을 모아 사서 볼 정도입니다. 또한 성장이 빠른 요즘에는 초등학교 3학년이면 어느새 자신의 세계를 형성하기 시작합니다. 이런 시기에 더 큰 세상을 보여준다면 포용적인 자아 개념은 더욱 발달합니다.

이렇게 아이가 스스로 책을 읽기 시작하면 학부모님들은 뿌듯해하며 곁에서 지켜봐주십니다. 그러나 이때 지켜만 보시면 안 됩니다. **흥미를 갖는 영역 외의 책도 추천하면서 아이가 더 다양한 글을 접하게 해주어야 합니다.** 세상에는 이야기책만 있는 게 아니라는 사실을, 어떤 것에 대해서 깊이 성찰하고 정보를 정리한 교양도서도 있음을 알려주세요. 동물이 주인공인 책도 있지만 의인화된 사물의 시각에서 이야기하는 책도 있음을 알려주세요. 그렇게 다양하게 읽어야 여러 분야의 감수성과 지식이 생깁니다. 어느 한 분야에만 국한된 독서는 대학에 입학해서 전공 공부를 할 때까지 미루어두시는

　　　　　　　　　　　초등 국어가 실력입니다

게 좋습니다.

더불어 **아이의 읽을거리가 반드시 책일 필요는 없습니다.** 글밥으로만 이루어질 필요도 없습니다. 저는 지나치지만 않다면 TV나 인터넷과 같은 멀티미디어를 보는 것도 추천합니다. 제가 이렇게 말씀드리면 많은 학부모님께서 정말 그래도 되는지 반문합니다.

사실 배경지식을 늘릴 때에는 영상이 강력한 힘을 발휘합니다. 예를 들어 프랑스의 문화를 알려주려 할 때, 영상과 글 중에 어떤 게 더 생생하게 기억에 남을까요? 당연히 영상입니다. 올바른 문법을 배우고 문장력을 키우는 데는 책이 으뜸이지만 배경지식을 확장하는 데는 영상도 큰 몫을 합니다. 물론 무분별한 영상 노출이 아니라, 부모님께서 엄선한 영상만을 학습에 활용해야겠지요.

같은 맥락에서 학습만화도 마찬가지입니다. 종종 학부모님께서 학습만화가 학습에 도움이 되냐고 물어봅니다. 이 질문에 저는 학습 발달에 전혀 문제가 없으며 오히려 권장한다고 말씀드리지요.

특히 다산어린이에서 출간된 위인전 『Who?』 시리즈는 동시대를 살아가는 위대한 인물들의 삶을 조명하고 있습니다. 꼭 알아야 할 과거의 위인들 이야기는 그 자체로 세계 정세나 우리나라 역사를 알 수 있는 배경지식이 됩니다. 이 시리즈는 동시대를 살아가거나 최근 사망한 위인들을 다루기 때문에 아이가 친숙하게 느끼고 더욱 몰입하여 읽을 수 있습니다. 이밖에도 과학이나 천자문, 역사 관련 학습만화와 같이 너무 자극적이지 않은 내용으로 꾸려진 것들이라면 학습만화는 아이에게 좋은 읽을거리가 됩니다.

이처럼 **읽을거리를 고를 때는 누구나 아는 이야기부터 고르는 것이 좋습니다.** 너도 알고 나도 알고 부모님도 알고 할머니도 아는, 고전이나 지침이 될 만한 양서들입니다. 왜냐하면 이 같은 이야기는 대화할 때 '이 정도는 알아야 한다'는 상식의 기준이 되기 때문입니다. 대한민국 국민이라면 「심청전」, 「흥부전」, 「박씨전」과 같은 고전을 마땅히 알아야 하고, 세계적인 명작이라 인정받는 『대지』, 『데미안』, 『오만과 편견』 정도도 들어봤어야 합니다. 우리가 대화하다가 심보가 고약한 사람을 일컬어 '놀부' 또는 '놀부 심보'라고 표현하지요? 이는 우리 모두가 「흥부전」 정도는 다 읽고 알고 있다는 합의가 있기 때문에 가능한 겁니다. 따라서 모두가 아는 고전을 먼저 익힌 뒤 창작동화까지 나아갈 수 있도록 해주세요. 배경지식을 쌓을 때는 먼저 그물망을 넓게 펼친 뒤 촘촘하게 만들어가야 한다는 것을 항상 명심하세요.

문맥으로 어휘 확장하기
- 직접 찾고 고민해야 어휘가 쌓인다

앞서 책을 읽을 때는 연필을 손에 쥐고 표시하며 읽어야 한다고

초등 국어가 실력입니다

말씀드렸습니다. 저는 분석적 읽기의 시작이 연필이라고 봅니다. 쓰는 동작으로 머릿속에 내용이 더 잘 각인되기 때문에 글의 흐름을 파악하기 쉬워지지요.

어휘력 끌어올리기 역시 연필에서 출발합니다. **모르는 단어가 나오면 표시하게 하세요.** 초등 중학년 아이라면, 개인마다 차이는 있겠지만 책의 한 쪽당 5~10개 정도의 모르는 어휘가 있을 것입니다. 이때 바로 사전에서 찾아보면 좋겠지만 매번 사전에서 찾는 것이 사실 번거롭기도 합니다. 제가 자습서를 권하는 이유도 자습서에는 신출 어휘가 잘 정리되어 있기 때문입니다. 사전에서 찾아보는 습관이 잘 되어 있으면 금상첨화지만, 자습서에 정리된 어휘라도 잘 익히고 넘어가는 것이 최선입니다.

이보다 더 좋은 방법은 '국립국어원 표준국어대사전' 홈페이시에서 검색하는 겁니다. 우리말의 표준어 규정과 한글맞춤법 등 어문 규정을 준수하여 등록되는 것이어서 그 뜻과 용례가 가장 정확합니다.

단어를 검색할 때는 뜻만 보고 끝내지 말고 예문도 함께 보게 하세요. 어휘는 문맥에 따라, 함께 사용하는 다른 어휘에 따라 조금씩 뜻이 다를 때가 많습니다. 특히 한자어의 경우에는 더욱 그렇지요.

아이가 사전의 뜻풀이만 보고는 단어의 정확한 쓰임을 알기 어렵습니다. 그래서 부모님이 옆에서 함께 뜻풀이와 예문을 보며 충분히 설명해주셔야 합니다. 이처럼 뜻과 예문으로 어휘 감각을 익히면 초등 중학년 이후, 아이의 어휘력이 일취월장하게 됩니다. 조금 더 욕심이 있다면 어휘 뜻을 설명하는 영상이나 그림, 사진 등을 함께 보게 하세요. 어휘의 의미를 더욱 오래 기억할 수 있습니다.

"굳이 이렇게 어휘를 따로 공부해야만 하나요?"

간혹 학부모님 중에는 이런 의문을 갖는 분도 계십니다. 책을 많이 읽으면 어휘는 어느 정도 잡을 수 있다는 분도 많고요. 물론 책 읽기를 통해 어휘력을 높이는 일도 충분히 의미 있는 활동입니다. 그러나 이 경우에는 추상적인 개념어는 학습하기 어렵습니다.

주제, 제재, 해학, 풍자, 구분, 분류, 분석 등과 같은 형태의 표현을 개념어라고 하는데, 국어 교과서에도 종종 등장합니다. 그래서 추상적 개념어는 따로 어휘 책을 부교재로 두고 공부해야 합니다. 교과서와 자습서를 주교재로, 어휘 책을 부교재로 함께 보면 서로 더 효율적으로 국어 체력을 키울 수 있지요.

참고로 한자어는 문장 속에서 터득하면 됩니다. 그리고 쉬운 수준의 한자 숙어를 같이 익히게 하세요. 초등 중학년에는 한자를 그리 급하게 공부할 필요는 없습니다. 이야기 고사성어 등으로 재미있게 읽는 활동만으로도 충분합니다.

초등 4학년이 되면 언어 사고력이 급성장합니다. 이 시기에 습득한 어휘가 앞으로 이어지는 초등 고학년, 중학교, 고등학교 공부에서 강한 무기가 됩니다. 아이의 어휘 주머니를 좀 더 풍부하게 채워주세요.

정확히 읽고
핵심을 요약하라

201~202쪽 표는 교육부가 고시한 초등학교 5~6학년 학습 내용입니다. 이 시기는 공동체·문화 중심의 확장된 국어 활동을 바탕으로 하여 일상생활과 학습에 필요한 국어 교과의 기초적인 지식과 역량을 갖추고, 국어의 가치와 국어 능력의 중요성을 인식하는 것이 학습 목표입니다. 이에 따라 자신의 의견을 정확히 정리해 말하고 다양한 글거리를 요약하며 이를 토대로 한 추론능력과 의사표현능력을 갖추는 학습이 이루어져야 합니다.

시기 초등 고학년(5~6학년)
핵심 학습 깊게 읽고 요약하고 문제를 푼다.

초등학교 5~6학년 학습 내용

듣기·말하기	<ul><li>대화에서 생략된 내용을 추론하며 듣는다</li><li>주장을 파악하고 이유나 근거가 타당한지 평가하며 듣는다</li><li>주제와 관련하여 궁금한 내용을 질문하며 적극적으로 듣고 말한다</li><li>면담의 절차를 이해하고 상대와 매체를 고려하여 면담한다</li><li>자료를 선별하여 핵심 정보를 중심으로 내용을 구성하고 매체를 활용하여 발표한다</li><li>토의에 협력적으로 참여하며 서로의 의견을 비교하고 조정한다</li><li>절차와 규칙을 지키고 타당한 이유와 근거를 제시하며 토론한다</li></ul>
읽기	<ul><li>글의 구조를 고려하며 주제나 주장을 파악하고 글 내용을 요약한다</li><li>글에서 생략된 내용이나 함축된 표현을 문맥을 고려하여 추론한다</li><li>글이나 자료를 읽고 내용의 타당성과 표현의 적절성을 평가한다</li><li>문제 상황과 관련된 다양한 관점의 글을 읽고 이를 문제 해결에 활용한다</li><li>긍정적인 읽기 동기를 형성하고 적극적으로 읽기에 참여하는 태도를 기른다</li></ul>
쓰기	<ul><li>알맞은 내용을 선정하여 대상의 특성이 나타나게 설명하는 글을 쓴다</li><li>적절한 근거를 사용하고 인용의 출처를 밝히며 주장하는 글을 쓴다</li><li>체험한 일에 대한 감상을 나타내는 글을 쓴다</li><li>독자와 매체를 고려하여 내용을 생성하고 표현하며 글을 쓴다</li><li>쓰기 과정을 점검·조정하며 글을 쓰고, 글 전체를 대상으로 통일성 있게 고쳐 쓴다</li><li>쓰기에 적극적으로 참여하며 자신의 글을 독자와 공유하는 태도를 지닌다</li></ul>

문법	● 음성 언어 및 문자 언어의 특성을 이해하고 다양한 매체 자료에서 표현 효과를 평가한다 ● 표준어와 방언의 기능을 파악하고 언어 공동체와 국어생활과의 관계를 이해한다 ● 고유어와 관용 표현의 쓰임과 가치를 이해하고 상황에 맞게 표현한다 ● 문장 성분을 이해하고 호응 관계가 올바른 문장을 구성한다 ● 글과 담화에 쓰인 시간 표현을 이해하고 상황에 맞게 표현한다 ● 글과 담화에 쓰인 단어 및 문장, 띄어쓰기를 민감하게 살펴 바르게 고치는 태도를 지닌다
문학	● 작가의 의도를 생각하며 작품을 읽는다 ● 비유적 표현의 효과에 유의하여 작품을 감상한다 ● 소설이나 극을 읽고 인물, 사건, 배경을 파악한다 ● 인상적인 부분을 중심으로 작품에 대한 의견을 나눈다 ● 자신의 경험을 시, 소설, 극, 수필 등 적절한 갈래로 표현한다 ● 작품을 읽고 자신의 삶과 연관 지어 성찰하는 태도를 지닌다
매체	● 정보 검색 도구를 활용하여 자신의 목적에 맞는 매체 자료를 찾는다 ● 뉴스 및 각종 정보 매체 자료의 신뢰성을 평가한다 ● 적합한 양식과 수용자의 반응을 고려하여 복합양식 매체 자료를 제작하고 공유한다 ● 자신의 매체 이용 양상에 대해 성찰한다

깊게 파고들며 읽기
- 끙끙대는 독서가 사고력을 키운다

초등학교 6학년에 만난 시훈이는 공부에 욕심이 많고 이해력이 뛰어난 학생이었습니다. 시훈이는 지능 균형도 좋았고 전반적으로 이과형의 성향이 뚜렷하게 나타났습니다. 어머니 역시 자녀 교육에 적극적이었고, 어린 시절부터 체계적인 독서 습관을 형성해 다양한 분야의 책을, 충분히 읽을 수 있는 힘을 이미 가지고 있던 학생이었습니다. 하지만 시훈이는 글밥이 많아지는 초등 고학년이 되자 관심 분야인 과학 분야 독서에 점점 치우치던 상황이었습니다.

이 같은 학습 편중을 보완하기 위해 저는 시훈이에게 인문 사회 수업을 먼저 권했습니다. 세계사, 철학, 법, 경제로 이루어진 인문 분야의 지식을 시훈이가 직접 체화할 수 있도록 했고, 이 강의를 중학교 1학년까지 2회독한 이후로 인문학적 배경지식 수업도 거부감 없이 받아들이게 되었습니다. 이후 중학교 2학년 때는 '의대 가는 비문학'이라는 심화 비문학 수업을 진행했습니다. 『철학 VS 철학』, 『미시경제론』, 『민법총칙』 등 대학교 전공 서적 수준의 난도를 가진 지문을 단계적으로 접하면서 시훈이는 고난도 텍스트를 분석하고 이해하는 능력을 안정적으로 구축해 나갔습니다.

서울의 과학중점고등학교에 진학한 이후에도 과학과 수학 중심의 학습을 이어 갔지만, 전 과목의 성취도는 흔들리지 않았습니다. 이는 초등학교와 중학교 시절 축적한 비문학 독해력과 균형 잡힌 학습 기반이 작용한 결과로 볼 수 있습니다. 시훈이는 우수한 내신 성적과 수능 성적을 바탕으로 목표로 하던 서울대 공대에 합격하였습니다.

초등 5, 6학년이 되면 전 과목에서 비로소 보다 '깊은' 공부를 시작합니다. 그래서일까요? 이맘때부터는 국어 공부를 덜 해도 되겠거니 생각하고 국어 학습량을 줄이는 학부모님이 많습니다. 이젠 정말 수학과 영어에 집중해야 하는 시기가 아니냐고 말씀하시지요. 하지만 제가 말하는 '깊은' 공부는 초등 저학년부터 중학년까지 쌓아 올린 국어 기초 체력을 유지하면서 그 위에 다른 과목을 올려두고 하는 공부입니다.

초등 5~6학년의 독서도 깊이 파고드는 방향으로 바뀌어야 합니다. 아이가 읽을 때 술술 읽히고 문장과 문맥의 의미를 바로바로 파악할 수 있는 책보다는, 조금은 끙끙거리면서 봐야 하는 책을 읽는 겁니다. 전자는 동화책이나 학습만화, 가벼운 소설 등이며, 후자는 한국문학이나 세계문학 전집이 포함되겠지요. 처음에는 힘들어해도 미취학 아동기부터 초등 4학년까지 국어 체력을 잘 길러 국어의 뿌리가 잡힌 아이들은 새로운 즐거움을 찾아냅니다.

생각해보면 저 역시 초등학교 고학년이 되었을 즈음에 한국 단편 문학에 푹 빠졌던 기억이 납니다. 그리고 운이 좋게도 숙모께서 도서관에서 근무하신 덕에 『데미안』, 『죄와 벌』, 『레 미제라블』, 『젊은 베르테르의 슬픔』과 같은 해외 문학도 쉽게 접할 수 있었지요. 그 이후로 저는 어떤 글을 읽든 모르는 단어는 있을지언정 의미를 아예 파악하지 못한 내용은 없었습니다. 고전의 깊은 언어 사고력이 제 머릿속에 뿌리를 내렸기 때문입니다. 문학 문제는 교과서로 공부할 수 있지만, 문학적 감상은 독서를 통해서 이루어집니다.

수능 국어에서 가장 고생하는 영역이 비문학 독서라는 것은 앞서 여러 번 강조했습니다. 초등 6학년 때부터 이를 대비하면 생전 처음 보는 글도 무리 없이 읽고 이해할 수 있습니다.

부모님이 보시기에 국어 체력이 좋은 초등 고학년 학생은 경제나 법, 철학 분야를 읽을 것을 권합니다. 이 세 분야에 등장하는 어휘는 수준도 높고 어렵습니다. 게다가 수능 국어 비문학 독서 지문의 주제로 종종 출제됩니다. 쉽게 해석하기 힘들다는 것을 출제자들도 알고 있어서 이러한 영역에서 꾸준히 문제가 출제되고 있습니다.

따라서 초등 고학년이 되면 경제, 법, 철학 영역에서 쓰이는 용어를 조금씩 익히게 하세요. 물론 이들 분야는 배경지식 없이 바로 어휘만 익히기는 어렵습니다. 해당 분야와 관련된 도서를 읽으며 차근

차근 접하는 게 좋습니다. 청소년용으로 쉽게 푼 교양서나 학습만화로 시작해 점차 읽기 난도가 높은 책으로 옮겨주세요. 배경지식도 쌓고 어휘도 익히는 일석이조의 시간이 될 겁니다. 단, 대학 필독서는 추천하지 않습니다. 보통 초등학생이 읽기에는 난도가 너무 높아서 입시를 위한 배경지식 확장에는 큰 도움이 안 되고, 오히려 독서에 거부감을 느낄 수 있습니다.

참고로 저희 연구소에서는 학년을 구분하지 않고 서양사, 경제학, 법학, 철학을 인문사회라는 과목으로 묶어서 가르치고 있습니다. 각 학생의 사고력과 독해력에 따라 이해도가 천차만별이긴 하지만, 학생들 모두 인문사회를 배우면서 언어 사고력만큼은 월등히 향상되는 결과를 보였습니다.

경상도의 한 공립 초등학교에 재학 중인 상희는 연구소의 인문사회 수업을 듣고 있는 학생입니다. 상희는 초등학교 4학년부터 5학년까지 서양사, 철학, 경제학 과정을 두 차례에 걸쳐 반복 학습했으며, 6학년이 된 이후에는 통합사회 수업까지 이어서 수강했습니다. 일반적으로 인문사회 수업은 초등학교 6학년 이후부터 듣기를 권장하지만, 상희의 경우는 예외였습니다. 4학년 때부터 연구소에서 국어 수업을 꾸준히 들으며 독해력이 이미 상당히 올라와 있었고, 무엇보다 인문사회를 포함한 다양한 분야에 대한 지적 호기심이 매우 강했

초등 국어가 실력입니다

기 때문입니다.

거주 지역이 멀어 상희는 모든 수업을 줌Zoom을 통해 참여했습니다. 그럼에도 수업 참여도는 매우 높았습니다. 발표 시간이 되면 늘 가장 먼저 손을 들었고, 적극적으로 질문하고 의견을 말하는 학생이었습니다. 수업에 대한 몰입도가 높다 보니 연구소의 다른 수강생들도 대부분 상희의 이름과 목소리를 알 정도였습니다.

상희는 인문사회 수업을 통해 배경지식을 폭넓게 확장했고, 동시에 고난도 비문학 어휘를 자연스럽게 익혀 나갔습니다. 그 결과 중학교 1학년인 현재, 고등학교 1학년 수준의 국어 모의고사에서 1~2등급에 해당하는 점수를 받았습니다.

배우고 익히고 문제 풀기
- 내 실력을 객관적으로 인지하라

앞서 이야기했던 '모든 공부는 배우고 익히고 시험 보는 것으로 이루어진다'라는 저희 연구소 철학을 기억하시나요? '입력 ➜ 단기기억 ➜ 사고 ➜ 장기기억 ➜ 출력'으로 구성되는 공부의 5단계도 말씀드렸지요. 이 과정에서 출력은 배운 것을 내 것으로 만드는 과정으로, 요약하고 문제를 풀며 내가 정말 아는지를 확인하는 일입니다.

요약하기와 문제 풀기는 자기주도 학습과 메타인지 학습을 동시에 충족할 수 있는 아주 좋은 방법입니다. 자기주도 학습은 스스로의 목표와 능력에 맞는 학습이라고 정의할 수 있습니다. 내가 목표하는 대학에 가기 위해 무엇을 해야 하는지를 알고, 현재 내 위치가 어디쯤인지도 함께 파악하는 것입니다. 이를 바탕으로 목표 대학에 가기 위한 자신만의 학습 계획을 세우게 되지요. 단순히 사교육을 안 한다고 자기주도 학습인 것이 아니라, 사교육을 받더라도 나의 목표와 능력에 맞는 사교육을 선택한다면 그건 자기주도 학습이 맞습니다.

메타인지 학습은 나의 강점과 약점을 알고 공부하는 것입니다. 자기 스스로를 객관적으로 볼 수 있는 능력을 지녀서 '내가 무엇을 알고 무엇을 모르는지'를 안다는 개념이지요. 메타인지가 잘 안 되어 있으면 잘하는 것만 계속합니다. 부족한 부분까지 골고루 개발해야 할 텐데, 당연히 비효율적이죠. 그러나 메타인지가 잘되면 내게 부족한 부분을 끌어올리고 잘하는 부분은 유지할 수 있게 됩니다. 이 과정이 바로 스스로 배운 내용을 요약하고 문제를 풀면서 이루어지는 것이지요.

지식을 배운 뒤 혼자 자습서를 펼쳐 문제를 푸는 과정이 복습으로서 의미가 있다면, 공인 시험을 보는 것은 자신의 위치를 파악하는

초등 국어가 실력입니다

데 의미가 있습니다. 고등학교 1학년이 되어 전국 단위의 모의고사를 보기 전까지 아이들은 자기 수준을 완벽히 파악하기 어렵습니다. 그래서 **공인 시험을 치르며 자신의 객관적 위치를 가늠해보는 것도 앞으로의 학습 계획을 세우는 데 도움이 됩니다.** 올바른 한국어 사용 능력 여부를 측정하는 한국어능력시험, 청소년의 경제 이해력을 검증하는 주니어 테샛TESAT 등 공신력 있는 시험을 적극적으로 활용하세요.

반복 학습 플랜으로
언어 감각을 깨워라

211~213쪽 표는 교육부가 고시한 중학교 1~3학년의 학습 내용입니다. 이 시기는 목적, 맥락, 주제, 유형 등을 고려한 다양한 국어 활동을 바탕으로 국어 교과의 기본 지식과 교과 역량을 갖추고, 자신의 국어 활동과 공동체의 국어 문화를 비판적으로 성찰하고 개선하는 태도를 기르는 것이 학습 목표입니다. 이에 따라 다양한 국어 활동을 반복 연습함으로써 자신의 수준을 확인합니다. 부족한 부분은 보완하며 시험으로서의 국어에 적응하는 학습이 이루어져야 합니다.

중학교 1~3학년 학습 내용

듣기·말하기	<ul><li>화자의 의도와 관점을 추론하며 듣는다</li><li>설득 전략을 비판적으로 분석하며 듣는다</li><li>담화 공동체에 따른 듣기·말하기 방식의 다양성을 고려하여 듣고 말한다</li><li>상대의 말을 경청하고 상대의 감정과 입장에 공감하는 반응을 보이며 대화한다</li><li>면담의 다양한 목적과 상대를 고려하여 질문을 점검하고 효과적으로 면담한다</li><li>다양한 자료를 재구성하여 내용을 체계적으로 조직하고 청중이 이해하기 쉽게 발표한다</li><li>토의에서 다양한 의견을 교환하여 대안을 마련하고 문제를 해결한다</li><li>토론에서 반론을 고려하여 타당한 논증을 구성하고 논리적으로 반박한다</li><li>서로의 감정이나 바라는 바를 진솔하게 표현하면서 갈등을 조정한다</li><li>언어폭력의 문제점을 성찰하고, 서로를 존중하는 표현을 사용하여 말한다</li><li>듣기·말하기 과정을 점검하고 듣기·말하기의 어려움을 효과적으로 조정한다</li></ul>
읽기	<ul><li>읽기는 사회·문화적 맥락에서 의미를 구성하는 과정임을 이해하며 사회적 독서에 참여하고 사회적 독서 문화 형성에 기여한다</li><li>읽기 목적과 글의 구조를 고려하며 글을 효과적으로 요약한다</li><li>독자의 배경지식과 글에 나타난 정보 등을 활용하여 글에 드러나지 않은 의도나 관점을 추론하며 읽는다</li><li>복합양식으로 구성된 글이나 자료의 내용 타당성과 신뢰성, 표현 방법의 적절성을 평가하며 읽는다</li><li>글에 사용된 다양한 설명 방법과 논증 방법을 파악하고, 그 타당성을 평가하며 읽는다</li></ul>

읽기	● 동일한 화제를 다룬 여러 글이나 자료를 주제 통합적으로 읽는다 ● 진로나 관심 분야에 대한 다양한 책이나 자료를 스스로 찾아 읽는다 ● 자신의 독서 상황과 수준에 맞는 글을 선정하고 읽기 과정을 점검·조정하며 읽는다
쓰기	● 대상의 특성에 적합한 설명 방법을 활용하여 글을 쓴다 ● 복수의 자료를 활용하여 다양한 형식으로 정보를 전달하는 글을 쓴다 ● 주장을 뒷받침할 수 있는 타당한 근거를 들고 적절한 표현을 사용하여 주장하는 글을 쓴다 ● 의견 차이가 있는 사안에 대해 자료를 수집하고 사회·문화적 맥락을 고려하며 주장하는 글을 쓴다 ● 자신의 삶과 경험을 바탕으로 정서를 진솔하게 표현하는 글을 쓴다 ● 다양한 표현을 활용하여 자신의 생각과 느낌이 드러나는 글을 쓰고 독자와 공유한다 ● 복합양식 자료를 활용하여 내용을 생성하고 글의 유형을 고려하여 내용을 조직하며 글을 쓴다 ● 쓰기 과정과 전략을 점검·조정하며 글을 쓰고, 독자를 고려하여 글을 고쳐 쓴다 ● 언어 공동체의 구성원인 필자로서 자신에 대해 성찰하며, 윤리적 소통 문화를 형성하는 데에 기여한다
문법	● 국어의 음운 체계와 문자 체계를 이해하고 국어 생활에 활용한다 ● 단어의 짜임을 분석하여 새말 형성의 원리를 이해한다 ● 품사의 종류와 특성을 이해하고 국어 자료를 분석한다 ● 문장의 짜임을 이해하고 표현 효과를 고려하여 문장을 구성한다 ● 피동 표현과 인용 표현의 의도와 효과를 분석하고 상황에 맞게 활용한다 ● 한글맞춤법의 기본 원리와 내용을 이해하고 국어 생활에 적용한다 ● 세대·분야·매체에 따른 어휘의 양상과 쓰임을 분석하고 다양한 집단과 사회의 언어에 관용적 태도를 지닌다 ● 자신과 주변의 다양한 국어 실천 양상을 비판적으로 분석하여 언어와 자아 및 세계 사이의 관계를 인식한다

문학	● 운율, 비유, 상징의 특성과 효과에 유의하며 작품을 감상하고 창작한다 ● 갈등의 진행과 해결 과정을 파악하며 작품을 감상한다 ● 인간의 성장을 다룬 작품을 읽으며 문학의 가치를 내면화한다 ● 보는 이나 말하는 이의 특성과 효과를 파악하며 작품을 감상한다 ● 작품에 반영된 사회·문화적 상황을 이해하며 작품을 감상한다 ● 자신의 경험을 개성적인 발상과 표현으로 형상화한다 ● 연관성이 있는 다른 작품들과의 관계를 파악하며 작품을 감상한다 ● 근거를 바탕으로 작품을 해석하고, 다른 해석들과 비교하여 자신의 해석을 평가한다 ● 문학을 통해 타자를 이해하고 공동체의 문제에 참여하는 태도를 지닌다
매체	● 대중매체와 개인 인터넷 방송의 특성과 영향력을 비교한다 ● 소통 맥락과 수용자 참여 양상을 고려하여 상호 작용적 매체를 분석한다 ● 복합양식성을 고려하여 영상 매체 자료를 제작하고 공유한다 ● 매체 소통에서의 권리와 책임을 이해하고, 수용자의 반응을 고려하며 매체 자료의 제작 과정을 성찰한다 ● 매체 자료의 재현 방식을 이해하고 광고나 홍보물을 분석한다 ● 사회·문화적 맥락을 고려하여 매체 자료의 공정성을 평가한다

중1 국어 학습
- 첫 성적으로 실력이 판가름 난다

인생을 살면서 삶의 방향을 전환하는 중요한 순간들이 있습니다. 수능을 볼 때, 첫 회사 면접을 볼 때와 같은 순간이지요. 앞으로의 삶을 결정하는 순간이 되면 그 전에 내가 얼마큼 단단히 준비했는지에 따라 자신감의 수준이 달라집니다. 스스로 생각했을 때 부족함 없이 준비했다면 당당하게 제 실력을 펼칠 것이고, 그렇지 않다면 불안한 마음에 초조해지겠지요.

수능에 초점을 맞춰 생각하면, 우리 아이가 앞으로 순탄하게 공부해서 수능에서 만족할 만한 결과를 얻을 수 있을지 없을지를 결정하는 중요한 순간은 초등 6학년에서 중1이 되는 때입니다. 초등학생 시절에 국어의 기본기를 다져놓은 아이는 확 바뀌는 중학교 수업 체제와 학습 난도에 금방 적응하고 잘 대처합니다. 하지만 그렇지 않은 아이는 확 늘어난 지식의 양과 높아진 난도에 덜컥 겁부터 먹고 공부에서 한발 물러나게 되지요.

만일 자녀의 국어 체력이 그리 단단하지 않더라도 아직은 기회가 있습니다. 중학교에 입학하기 직전 겨울부터 집중해서 국어를 공부하면 상당히 많은 것을 얻을 수 있습니다. 이렇게 말씀드리는 이유는 두 가지입니다.

첫째, 초등학교 6학년부터 중학교 1학년까지는 형식적 조작기여서 추상적·구체적 사고력이 집중적으로 발달합니다. 그래서 학습할 수 있는 양이 이전보다 훨씬 늘어나고 깊이도 더 심화됩니다. 학습 지구력도 커져서 더 오랜 시간 책상 앞에 앉아 있어도 집중력이 덜 흐트러지지요. 어려운 글을 접했을 때 지레 포기하고 도망가기보다는 일단 한 문장이라도 읽을 수 있는 힘이 생깁니다. 따라서 이 시기를 잘 활용하면 또래보다 수업 내용을 더 잘 이해하고, 집중하는 학습 태도를 갖출 수 있습니다. 부족했던 독해력도 자연스럽게 보완할 수 있지요.

둘째, 우리나라의 교육제도에서는 초등학교 때까지 학습 태도를 포함한 전반적인 성취도를 평가하고, 중학교 1학년 1학기 혹은 1학년 2학기부터 그 성취도를 수치화하여 성적표로 알려줍니다. 1학년의 한 학기는 자유학기로 시험을 치르지 않으며, 학교들마다 재량으로 1학기를 선택하기도, 2학기를 선택하기도 합니다. 초등학생 때보다 학습량은 폭발적으로 늘어났고, 난도도 대폭 상승했는데 자유학기 시기에는 자녀가 이 시기를 잘 보내고 있는지를 판단할 객관적 지표가 없는 겁니다.

그래서 자녀만 믿거나 사교육만 믿고 시간을 흘려보냈다가 충격적인 성적표를 받게 되는 일이 종종 벌어집니다. 초등학교 때는 '아주 잘함'이 가득한 성적을 받아오던 우리 아이가 중학교부터는 성취도 A를 받지 못하는 겁니다. 아이도 부모님도 함께 당황하지만 해결책을 찾지 못하고 전전긍긍하게 되지요.

그런데 이것은 예정된 일이었습니다. 슬프게도 아이의 성적이 갑자기 곤두박질친 게 아니라는 겁니다. 학부모님의 실수로 자녀의 학습 계획이 망가진 것도 결코 아닙니다. 원래 초등학교에서는 그냥 잘해도 아주 잘한다고 해줬기에, 그것만 곧이곧대로만 믿고 얼마만큼 잘하는 아이인지 파악하지 못한 것이 잘못이라면 잘못입니다.

중학교 1학년 때부터라도 국어, 영어, 수학의 균형을 찾아주어야 합니다. 언제나 이 세 과목은 공부의 핵심입니다. 영수가 아니라 '국영수'입니다. 첫 시험, 첫 성적표를 보고 공부에 대한 자신감이 떨어지지 않으려면 결국 중학교 입학 후 주어지는 자유학기 시기에 국어 체력을 완벽히 다져두어야 합니다.

중1 국어 학습
- 문법과 시 암기로 기본을 다져라

중학교 1학년부터는 국어 교과서에 체계적인 문법이 실리기 시작합니다. 초등학교 때까지의 문법 수준보다 난도가 훌쩍 올라가지요. 문법은 아무래도 외워야 할 것이 많습니다. 일상언어를 쓸 때 자연

  초등 국어가 실력입니다

스럽게 문법에 따라 말하고 글을 쓰기도 하지만, 그것을 개념적으로 풀어 설명하고 원리를 이해하려면 어느 정도 규칙을 암기해두는 일도 필요합니다.

그러면 국어 문법 공부는 어떻게 시작하고 마무리 지어야 할까요? 이에 대한 해결책은 영어 문법을 어떻게 공부했는지를 떠올리면 찾을 수 있습니다. 영어 교과서에서 단원마다 영문법을 공부하긴 하지만, 대부분은 영문법 책을 따로 사서 여러 번 살펴보면서 공부합니다. 국어 문법 공부도 이와 마찬가지로, 중학교 1학년 수준에 맞는 국어 문법책을 활용하여 책에 담긴 내용이 익숙해질 때까지 반복하여 읽습니다.

결국 수능 국어 공부는 고3 마지막 시기에 비문학 독서 영역에 집중할 수 있도록 나머지 영역을 미리 끝내놓는 전략이 최선입니다. 이러한 시험 국어의 학습 계획은 중학교 1학년 때 국어 문법책을 활용한 학습부터 시작됩니다. 첫걸음부터 탄탄한 국어 뿌리를 내리도록 문법 공부를 소홀히 하지 말아야 합니다.

더불어 중1 시기에 해두어야 할 국어 학습에는 시 암기와 문학 개념어 학습이 있습니다. 저는 중학교 1학년 학생들에게 중학교 3년 동안의 국어 교과서에 나오는 시를 모두 찾아서 외우도록 권합니다. 본인이 다니는 학교에서 채택한 교과서뿐 아니라, 여러 출판사에서 출간되는 국어 교과서를 모두 살펴보면서 다양한 시를 읽고 외우는

민성원연구소 시 100선 목록

겁니다.

시 암기는 내신 국어 시험을 미리 대비하는 효과가 있습니다. 그뿐만 아니라 앞으로 치를 모의고사와 수능에 암기한 시가 출제될 수도 있지요. 그리고 교과서에 수록된 시들은 해당 작가의 대표적인 작품으로서 직유법, 은유법, 역설법, 반어법 등 다양한 표현법을 익히는 데도 유용합니다.

218쪽 자료는 저희 연구소에서 정리한 시 100선 목록이니, 어떤 작품을 암기해야 할지 고민된다면 참고하세요.

중2 국어 학습
- 내신과 수능 국어를 모두 잡아라

중학교 1학년까지의 평화로운 시절이 지나가면 이제부터는 그야말로 정글 같은 입시 세계가 펼쳐집니다. 모든 학기마다 중간고사와 기말고사를 치르며 자녀의 전 과목 실력이 성적으로 수치화돼 나타나기 때문입니다. 성적이 반드시 실력과 일치하지는 않더라도 성적을 잘 받으면 공부 자신감이 생기고 그렇지 않으면 많이 힘들어지기도 합니다.

지금까지 제가 말씀드린 대로 초등학생 때부터 단계를 밟으며 꾸

구분		필수 개념어 150선
문학 갈래		서정, 서사, 극, 교술, 희곡, 시나리오, 운문, 산문, 정형시, 자유시, 고대가요, 향가, 한시, 고려가요, 경기체가, 시조, 가사, 민요, 설화, 가전문학, 고전소설, 사회소설, 가정소설, 군담소설, 영웅소설, 판소리계소설, 몽유록계소설
운문	누가 말하는가	화자, 청자, 표면 화자, 이면 화자
	말하는 태도 (어조)	낙천, 희망, 낭만, 염세, 애상, 절망, 자조, 성찰, 고백, 단정, 관조, 담담, 권유, 명령, 기원, 냉소, 비판, 풍자, 친화, 예찬, 해학, 독백
	표현방식 (수사법)	강조, 반복, 영탄, 열거, 연쇄, 과장, 설의, 점층, 점강, 대조, 억양, 변화, 도치, 반어, 역설, 문답, 대구, 돈호, 생략, 해학, 풍자, 우아미, 숭고미, 비장미, 골계미
	비유와 상징	원관념, 보조관념, 직유, 은유, 활유, 대유, 중의, 풍유, 제유, 환유, 생성–소멸, 상승–하강, 정적–동적, 소통–단절, 원형 상징, 관습 상징, 개인 상징
	구성	유발, 확산, 집약, 전환, 기승전결, 기서결, 순행, 역순행, 추보식, 수미상관, 연역, 귀납
	심상	시각, 미각, 후각, 촉각, 청각, 공감각, 감각의 전이, 묘사
	운율	외형률, 내재율, 음위율, 음성율, 음수율, 음보율
산문	누가 말하는가	서술자, 시점, 1인칭 주인공, 1인칭 관찰자, 3인칭 관찰자, 전지적 작가
	인물	주동, 반동, 중심, 주변, 전형적, 개성적, 평면적, 입체적
	구성	발단, 전개, 위기, 절정, 결말, 하강, 대단원, 단일구성, 복합구성, 피카레스크식구성

초등 국어가 실력입니다

준히 국어를 공부해왔다면, 공부에 자신감을 얻고 매우 높은 수준의 국어 체력을 갖추었을 겁니다. 이렇게 튼튼해진 국어 실력이 전 과목에 자양분이 되고 이를 통해 기반을 다져둔 아이들은 중2가 되면 전 과목 고득점이라는 뜻깊은 결과를 얻게 됩니다. 공부도 쉽고 재미있게 느껴지고요.

다른 친구들이 내신 국어와 시험 국어를 접하면서 헛발질하는 동안 국어를 다져놓은 아이들은 여유롭게 내신 국어와 수능 국어를 동시에 대비할 수 있습니다. 기본적인 언어 사고력과 독해력도 확보해 미리 치러보는 수능 국어 문제도 완벽하진 않더라도 풀고 해답을 이해할 수 있습니다. 내신과 수능 모두에서 자신감이 쌓이고 불안감이 줄어드는 겁니다. 그래서 저는 중2 시기를 '1차 추수기'라고 생각합니다. 그동안 공부한 것을 처음 거두는 시기입니다.

이 시기에는 수능 국어 공부를 위해 일주일에 4시간 정도를 할애하는 게 좋습니다. 교재는 모든 국어 영역이 담긴 통합 교과서 형태의 자습서를 기본으로 문법 책, 비문학 독서용 책을 부교재로 함께 봅니다. 구체적으로 시간을 나누자면 통합 교과서 1시간, 문법 1시간, 비문학을 1시간으로 잡는 것이 기본입니다. 이렇게 공부하다가 약한 부분이 드러나면 그 부분을 보완하는 데 1시간을 더 할애하면 됩니다.

사실 중학교 내신 성적은 대학 입시에 반영되지 않지요. 그럼에도 중학교 내신 성적을 잘 받는다는 것은 상당히 의미 있는 일입니다. 중간고사나 기말고사를 잘 준비해서 좋은 결과를 만들어내는 경험은 하나의 프로젝트를 수행하는 것과 같습니다. 10대 아이가 프로젝트의 처음과 끝을 스스로 책임지고 마무리하는 경험을 하기는 쉽지 않습니다. 그렇다고 해서 구태여 학교에서 배우는 국어 시험을 위해 국어 내신 전문 학원까지 가는 것은 권하고 싶지 않습니다. 내신 국어는 수업 시간에 집중해서 듣고 잘 필기해서 시험을 치면 됩니다. 학원을 많이 다니면 스스로 공부할 시간이 부족해지기 마련입니다. 학원은 혼자서 하기 까다로운 공부가 있을 때 도움을 받는 것이 바람직합니다.

따라서 중학교 때부터 학교 국어 시험을 성실히 준비하는 것은 좋은 공부 습관을 들이는 데도 좋습니다. 내신 성적만큼은 스스로 학습 계획을 짜고 학교 수업을 잘 들으면서 시험이 다가오면 시험 계획을 수립하고 열심히 공부하여 좋은 결과를 맞이하는 것이 최선입니다. 교육열이 높은 지역에서는 중학교 때부터 국어를 포함한 모든 과목을 준비하려고 내신 대비 학원을 다니는 경우가 많은데요. 그 효용성에는 다소 의문이 듭니다.

내신 전문 학원을 다니며 만들어진 공부 습관으로는 고등학교 때 내신 성적과 수능 시험 모두를 준비하기 쉽지 않습니다. 고등학교 때는 그야말로 혼자 공부하는 시간이 많아야 하는데 내신마저 학원

초등 국어가 실력입니다

에 의지하다가는 수능형 공부는 고등학교 3학년이나 되어야 겨우 시작할 수 있습니다.

세계적으로 존경받은 리더십 권위자였던 스티븐 코비는 그의 저서 『성공하는 사람들의 7가지 습관』에서, 성공하는 사람은 우선 중요하고 급한 일을 하고 중요하지만 급하지 않은 일을 두 번째로 한다고 했습니다. 학생의 시점에서 생각할 때 학교에서 국어 수업을 열심히 듣고 학교 시험을 준비하는 것은 중요하고 급한 일이어서 공부를 열심히 하는 학생들은 누구나 하는 일입니다. 그런데 수능을 준비하는 일은 당장은 급하지 않지만 사실 10대의 공부에서 가장 중요한 부분입니다. 따라서 남들이 급하고 중요한 일만 할 때 급하지 않지만 중요한 일을 동시에 준비하는 아이가 성공한다는 건 자명한 일입니다.

중2 국어 학습
-고1 모의고사로 실력을 가시화하라

경기도의 한 공립 중학교에 재학 중이던 서우는 웩슬러 지능검사에서 언어이해 지표가 전국 상위 0.1% 수준으로 나타난 학생입니다. 매우 뛰어난 언어 능력을 가지고 있었지만, 이를 체계적으로 활용할 수 있는 국어 학습이 필요하다고 판단하여 중학교 2학년 때 연구소의 문을 두드렸습니다.

서우는 중학교 2학년이었지만 내신 공부 외에는 모의고사를 한 번도 경험해 보지 않은 상태였습니다. 연구소 국어 수업을 시작하면서 정기적으로 모의고사를 보기 시작했고, 처음에는 2~3등급 수준에서 출발했습니다. 그러나 훈련량이 누적되면서 점수는 점차 안정적으로 올라가기 시작했습니다.

서우에게는 중등 교재를 활용한 내신 대비 수업과 함께 수능 어휘 학습, 시 암기 활동, 비문학 지문 분석 훈련, 실전 모의고사 훈련을 병행하도록 지도했습니다. 또 하나 주목했던 부분은 인지 지표의 구조였습니다. 언어이해 능력은 상위 0.1%로 매우 높았지만, 작업기억과 처리 속도는 각각 상위 7%, 23% 수준이었습니다. 이 격차를 보완하기 위해 암기 훈련을 중심으로 한 별도의 훈련을 병행했고, 그 결과 작업기억과 처리 속도가 함께 상승하기 시작했습니다. 이후 서우는 긴 비문학 지문도 훨씬 빠르게 읽고 처리할 수 있는 안정적인 독해 속도를 확보하게 되었습니다. 여기에 인문사회 수업과 심화 비문학 수업을 통해 축적한 배경지식이 더해지면서 비문학 독해력이 크게 향상되었습니다. 모의고사 점수는 점차 만점에 가까운 수준으로 올라갔습니다. 이 같은 안정적인 국어 성적을 기반으로 서우는 다른 과목에서도 균형 잡힌 성적을 유지할 수 있었고, 결국 목표로 하던 의과대학에 합격하게 되었습니다.

학교 국어 성적이 90점 이상이 나오는 학생이고 체계적으로 국어 체력을 길러온 학생이라면 월 2회 정도 고등학교 1학년 3월 모의고사를 풀어보는 게 좋습니다.

고1 모의고사는 고등학교에 올라가자마자 보는 시험입니다. 중학교 3학년 전 과정을 잘 이수했는지를 평가하는 것으로, 난도가 아주 높지도 않지요. 다만 지금까지 봤던 시험과 형식적으로 판이하게 달라 그 부분에서 아이가 충격에 빠질 수도 있습니다. 그래서 **중2부터는 고1 모의고사를 정기적으로 풀어보면 모의고사 형식에 미리 적응할 수 있습니다.**

중학생 때부터 고1 국어 모의고사를 풀어보면 현재 고등학교 1학년 학생들의 국어 실력과 자신의 현재 국어 실력을 객관적으로 비교할 수 있어 좋습니다. 그리고 도출된 성적을 바탕으로 2년 뒤 자신이 받게 될 고1 국어 모의고사 성적을 가늠할 수 있지요. 어떤 영역이 유독 약한지, 잘한다고 생각했는데 자주 실수하는 건 어느 영역인지 자료가 남습니다. 이 데이터는 자녀의 향후 국어 학습 계획을 세울 때나 다른 과목을 공부할 때도 큰 도움이 됩니다.

중3 국어 학습
- 언어 영역의 내공을 완성하라

중학교 3학년 아이들을 만나면 많이 듣는 이야기가 있습니다.

"고등학교 올라가서 열심히 할 거예요, 선생님."

까놓은 달걀같이 귀여운 아이들의 얼굴을 보면서 차마 말하지 못했지만, 사실은 저는 이런 답을 주고 싶습니다.

"고등학교 가서가 아니라 지금이라도 공부를 시작해야 한단다."

왜일까요? 생각해보세요. 중3이 되어서 "고등학교 가면 팡팡 놀 거예요!"라고 말하는 아이는 없기 때문입니다. 당연히 고등학교에 가면 진짜 수험생이니까 그때부터 본격적으로 공부하겠다고 말할 겁니다. 이건 모든 중학생이 똑같이 하는 말입니다. 고등학교 때 꾸준히 1등급을 받는 학생들은 이미 실력이 궤도에 올라있고 공부 습관도 좋은 아이들입니다. 중학생 때까지 체계적으로 공부하지 않은 학생이 고등학교에 가서 뒤늦게 공부를 시작한다면 3등급까지는 올릴 수 있어도 꾸준히 1등급을 따내기는 쉽지 않습니다. 많은 육상 선수가 아무리 열심히 훈련해도 우사인 볼트를 쉽게 이길 수 없는 것처럼요.

그럼 그동안 열심히 공부하지 않았던 중학교 3학년은 희망이 없다는 걸까요? 어릴 때 책을 많이 안 읽고 어휘 공부도 안 하고, 독해

 초등 국어가 실력입니다

력도 없는 것 같은 자녀가 국어 체력을 뿌리내리는 일은 정말 불가능할까요? 그렇지 않습니다. 희망이 없다기보다 마지막 기회라고 말하고 싶습니다. 이와 관련하여 제가 만났던 한 학생의 사례를 소개해드리겠습니다.

서울의 어느 국제중학교에 다니고 있던 현주는 글쓰기를 즐기는 여학생이었습니다. 하지만 시험으로서의 국어 공부는 중3 때, 저희 연구소에서 진단검사를 받고부터 시작했지요. 그래서일까요? 시험 삼아 본 첫 고1 모의고사에서는 4등급을 받아 부모님은 물론 본인도 실망했습니다. 평소 책 읽기를 즐기며 글도 잘 써서 각종 대회에서 수상도 했던 터라 실망감은 더 컸지요.

지는 그런 현주에게 문학작품을 작품으로 즐기는 것과 시험에서 문제로 만나는 것은 별개라고 알려주었습니다. 그리고 현주가 그동안 가지고 있던 국어 실력에 대한 자신감을 잃지 않으면서 모의고사 실력이 향상되도록 학습 계획을 세워 지도했습니다.

매주 1회 4시간 동안 진행되는 수업에서 주기적으로 모의고사를 보며 문제 유형과 실전 감각을 숙지할 수 있도록 이끌었습니다. 그리고 모든 수업에서 배우는 내용을 확실히 암기하게 했습니다. 그 결과 현주의 국어 실력은 차근차근 올라갔고, 주요 개념어도 숙지해 갔으며, 성적도 향상되기 시작했습니다.

결국 현주는 진학을 희망했던 Y자사고에 우수한 성적으로 입학했고, 이후 고등학교에서 모의고사 국어 1등급이라는 만족스러운 성적을 받았습니다. 탄탄한 모의고사 등급, 그리고 좋은 내신 점수를 바탕으로 현재 미국 뉴욕 대학교에 입학하여 자신의 꿈을 위한 길을 걷고 있습니다. 만약 고등학생이 되어 문제를 깨닫고 공부를 시작했다면 맛볼 수 없을 결과지요.

중3 국어 학습
– 문법, 고전문학, 비문학을 정복하라

중학교 3학년이라면 1년 뒤에는 고등학생이 됩니다. 드디어 전국 단위에서 자신의 국어 실력이 어디쯤인지 알게 되지요. 그 충격에 놀라는 일이 없도록, 중2 때 정기 모의고사 풀기를 시작해 중3 때도 유지하는 것이 좋습니다.

특히 **비문학 독서에서 높은 점수를 받기 위한 준비를 시작해야 합니다.** 모의고사나 수능에서 상위권을 결정하는 핵심이 문법과 비문학 독서라는 사실은 앞에서 충분히 강조했습니다. 화법과 작문, 문학은 학교 공부와 중간고사와 기말고사를 꾸준히 준비하면서 대비할 수 있지만, 비문학 독서는 별도의 계획을 세우고 준비해야 하지요.

중학교 3학년 국어 공부의 목적지는 일단 고등학교 1학년 첫 중간고사와 모의고사 준비에 두면 좋습니다. 고1 모의고사에 출제되었던 비문학 독서 문제만 모아놓은 문제집을 풀고 해설을 읽으면서, 교과서에 실리지 않은 글을 읽는 연습을 합니다. 글의 난도가 급상승하여 처음에는 힘들어하더라도 곧 받아들이니 공부를 지속해주세요.

중3 때는 하루에 한 지문 정도를 풀어보고 해설을 읽는 것을 추천합니다. 처음에는 시간에 제한을 두지 않고 천천히 문제를 풀고, 정답을 맞힌 문제와 틀린 문제 모두 해설지를 꼼꼼히 살펴보는 습관이 중요합니다. 문제집 한 권을 다 풀고 나면 조금 더 난도가 높은 문제를 풉니다. 문제의 수준이 높아져도 이미 교과서 밖의 지문을 읽는 데 익숙해진 아이들은 거뜬히 풀 수 있습니다. 이 과정을 통해 어느새 국어 체력은 한 칸 한 칸 올라가게 됩니다.

승주는 중학교 2학년 때부터 연구소에서 학업 상담을 진행하고 수업을 듣기 시작했습니다. 사실은 승주 누나의 입시 전략을 제시하면서 거주지를 옮기는 바람에 덩달아 타 지역으로 이사를 간 경우인데요, 해당 지역에서 마땅한 학원을 찾는 것이 어려웠던 승주는 우리 연구소의 국어와 비문학 수업을 줌으로 들으며 학업을 이어 갔습니다. 특히 비문학 수업을 통해 『맨큐의 경제학』, 『철학 대 철학』 등의 수준 높은 교재를 읽어 나갔고, 앞서 소개한 방법대로 고등학교 모의고사를 지속해서 훈련하며 시험에 익숙해지도록 했습니다. 한

번 하방경직성이 생긴 국어는 현강을 듣지 않더라도 안정적인 점수를 계속 낼 수 있었습니다. 그 성적을 바탕으로 다른 과목과도 균형 있게 공부할 수 있었고, 그 결과 수능에서 만점에 가까운 성적을 거두어 목표했던 서울대학교 의대에 합격하였습니다.

비문학 독서에 집중하면서 짬짬이 문법과 고전문학도 접해야 합니다. 범위가 없는 국어 영역이지만 그중에서 문법과 고전문학 영역의 시험 범위는 정해져 있지요. 제가 제시한 국어 5단계 공부법대로 공부해왔다면, 문법은 중1이 되면서부터 좀 더 집중했을 것이고 문학은 초등학생 때부터 몸으로 익혀왔을 겁니다. 이처럼 국어 체력이 잘 뿌리내린 경우라면 이제 두 분야를 좀 더 심화하면 좋습니다.

중3 때는 국어 문법 전 범위를 익힌다는 생각으로 학습해야 합니다. 연구소의 국어 수업 시간에는 『자세한 국어 문법』*이라는 교재를 사용합니다. 문법 공부를 할 때에는 국립국어원의 어문 규정을 함께 살펴보는 것이 좋지만, 매번 비교해야 하는 불편함을 줄이기 위해 어문규정을 반영한 교재를 개발했고, 그 책이 바로 『자세한 국어 문법』*입니다. 본격적인 중학교 문법을 시작할 즈음부터 이 책으로 문법공부를 시작하여, 대입 과정의 마지막까지 이 한 권을 완벽하게 익히면 좋습니다. 이 책을 처음 접한다면 서너 번 반복해 읽고 문제를 풀면서 학교 시험과 수능을 동시에 대비할 수 있습니다.

다소 쉬운 책으로 시작한 아이도 중3 때부터는 문법 지식에 관한 설명이 충실하고 두꺼운 책을 읽기 시작해서, 이를 수능 전까지 쭉 반복해서 보는 것이 가장 효과적입니다. 이때 국어 문법 문제집을 함께 푼다면 문법에 더욱 자신감이 생깁니다. 문제집으로는 국어의 개념어를 비문학으로 풀어둔 『효자국어:비문학 독해 국어 1~3』 시리즈*, 『자이스토리 중학국어 문법 기본』, 『자이스토리 중학국어 문법 완성』 그리고 문법이 익숙해진 경우라면 다양한 문제를 담고 있는 『다담 언어와 매체 800제』, 『100발 100중 국어 문법 기출 1000제』를 추천합니다.

고전문학은 고전문법을 포함하여 작품 수가 많지 않아서 대표적인 작품들을 시대순으로 공부하면 대부분 응용할 수 있습니다. 중학교에 실린 작품부터 시작해서 작품 수를 늘려가면 됩니다. 그리고 고전문학을 공부할 때는 의미를 잘 알 수 없는 낯선 고전 어휘를 반드시 정리해야 합니다. 이 시기에 모르는 단어를 그냥 지나치면 지문을 빠르게 읽어 내야 하는 고등학교 시기에 단어를 몰라 작품을 이해하지 못하는 일이 빈번해집니다. 어휘는 자주 사용되는 관습어 위주로 공부하고 고전 소설의 경우는 호칭을 위주로 공부하는 것이 효과적입니다. 고전문학을 공부할 수 있는 책으로는 연구소 수업에서 활용하는 『해법문학 세트』와 『해법문학Q』 고전문학 문제편을 추천합니다.

고난도의 비문학 지문에 대비하라

마음이 급할수록
기본에 충실하라

    초등 저학년 때 올바른 읽기와 쓰기, 말하기 실력을 닦고, 초등 중학년 때 다양하게 읽으며 어휘를 늘렸으며, 초등 고학년 때 깊게 읽고 요약하기를 성실히 연마한 뒤 중학교 내내 문법 학습과 비문학 독해를 심화한 아이라면, 고등학생이 되어 국어 체력이 아주 튼튼해졌을 겁니다. 어떤 글을 만나든, 무슨 과목의 문제집을 풀든 국어 실력의 기본기가 지탱해주기 때문에 흔들리지 않고 공부를 잘할 테지요. 그리고 훌륭한 중학교 내신 성적을 바탕으로 하여, 고등학생이 되어 처음 본 모의고사에서도 높은 국어 성적을 받을 겁니다. 국어 체력을 통해 획득한 언어 사고력과 독해력, 이해력, 추론 능력이 바탕이 되어 새로운 지식을 무리 없이 받아들일 뿐만 아니라 배경지식을 넓히기 위해 읽었던 다양한 책과 읽을거리로 상식도 풍부해져서 지식 간의 통합적 사고도 잘 이루어질 겁니다.

중3까지 완성한 국어 체력이 엄청난 자신감을 가져다주었으니 이제 그 여정의 끝을 더욱 확실히 마무리해야겠지요. 고1이 되어서는 1등급 유지 또는 달성에 목표를 두고 조금 더 심화된 비문학 독서를 공부해야 합니다. 모의고사 국어에서 1등급을 받았다고 안심할 것이 아니라, 지금까지 해온 공부 방식을 유지하면서 비문학 독서 영역 공부를 더욱더 심화합니다. '이런 글까지 출제될까?', '이런 문제가 나올까?' 싶은 정도로 어려운 글도 읽고 문제를 풀어보며 실전에서 당황하지 않을 배포를 키웁니다.

이처럼 기본기를 탄탄히 쌓아왔다면 안정적으로 1등급이 나오는데, 그때부터는 만점 굳히기가 필요합니다.

수능에서 국어의 난도가 높았다는 말은 비문학 독서 영역이 어렵게 출제되었다는 뜻입니다. 비문학 독서 영역이 무서운 이유는 한두 번 틀리지 않았다고 해서 이후에도 계속 틀리지 않는다는 보장이 없기 때문입니다. 비문학 독서 영역은 언제든 틀릴 수 있다고 생각해야 하지요. 의대나 상위권 대학 진학을 준비하는 학생들이 고3 생활 내내 혹시 틀릴지 모르는 고난도 수학 문제를 푸는 데 오랜 시간을 들이는 것처럼, 국어에서도 고3 내내 혹시 틀릴지 모를 비문학 문제를 미리 풀면서 감을 익혀야 합니다.

다만 비문학 독서의 출제 영역은 모든 분야에 걸쳐 있어서 이걸 다 공부하고 준비할 수 없습니다. 그렇게 시도하는 것도 비효율적이고요.

고등학생 때 효율적으로 비문학 독서를 공부하는 방법은 국어 1등급을 받아본 학생과 그렇지 않은 학생의 경우로 나누어 생각해야 합니다. 우선 이미 국어 1등급을 받아봤고 웬만하면 1등급을 꾸준히 받는 학생이라면 비문학 독서 영역의 최종 심화 학습을 거쳐야 합니다. 앞서 이야기한 것처럼, '이렇게 어려운 내용이 출제가 될까?' 싶은 글도 읽으며 기반을 더 다지는 겁니다. 반면, 국어 1등급이 안정적으로 나오지 않는 학생이라면 다양한 글을 읽고 배경지식을 쌓아야 합니다.

비문학 독서 영역에서 과학 분야는 물리, 화학, 생명과학, 지구과학 등의 이론을 바탕으로 한글을 읽고 해석하는 문제가 주로 출제됩니다. 2028 대입 개편안부터는 통합과학을 문·이과 학생들이 모두 공통 과목으로 보기 때문에 문과 이과와 상관없이 과학적 지식을 쌓아야 합니다. 다만 2학년으로 올라가면 문과 학생은 내신 선택 과목으로 현대 사회와 윤리, 정치 등의 사회 과목을, 이과 학생은 물

 초등 국어가 실력입니다

리, 화학, 생명과학 등의 과학 과목을 선택하게 되면서 선택하지 않은 탐구 과목은 소홀히 하게 될 수 있는데, 수능을 위해서 그리고 국어 비문학을 위해서라도 통합과학을 놓치 말아야겠습니다.

그렇다면 이제 비문학 독서 영역의 배경지식을 위해 공부해야 할 범위는 어느 정도 정해집니다. **문장의 구조를 파악하고 주제를 찾아내는 실력이 있더라도 무슨 뜻인지를 파악하기 힘든 영역의 배경지식을 공부해야겠지요.**

수능 비문학 독서 지문으로 가장 많이 출제되는 영역은 철학, 경제, 법, 과학과 기술 영역입니다. 하단에 2010년부터 최근까지 수능에서의 비문학 출제 영역을 정리하여 첨부하였습니다.

철학은 한 해도 빠지지 않고 나오고 있고, 과학은 2021년부디 기술 시스템 중심으로 이동한 것을 볼 수 있습니다. 경제 제재가 출제된 연도의 만점 표점이 높은 경향성을 보이는 것을 보면 어떤 부분을 학생들이 어려워하는지를 알 수 있지요.

과학과 기술은 광범위하여 미리 모든 영역을 학습하는 것보다는 교과 수업을 열심히 들으면서 지식을 쌓고, 당해 『EBS 수능특강』에 나온 제재들을 깊고 넓게 확장하는 것이 과학 비문학 지문을 대비하는 효율적인 방법입니다.

이에 비해 철학, 경제, 법 지식은 과학보다는 범위가 한정적이고,

학년도	표점 만점	철학(서/동)	경제	법	과학/기술
2026	147	인격 동일성 (서)		담보 책임 /법 해석	금속의 열팽창 계수 (기)
2025	139	개화기 과학수용 (동)		인터넷 ID 명예훼손	확산 모델 (기)
2024	150	노자 해석 (동)			이상치와 결측치 (기)
2023	134	유서 편찬 (동)		불확정 개념	기초대사량 / 웹페이지
2022	149	헤겔 미학 (서)	브레턴 우즈		어라운드 뷰 (기)
2021	144	북학론 (동)		예약의 성질	3D 렌더링 (기)
2020	140	베이즈 주의 (서)	BIS 비율		레트로바이러스 (과)
2019	150	가능 세계의 개념 (서)		계약의 효과	만유인력 (과)
2018	134	아리스토텔레스 (서)	정부 환율 정책		디지털 부호화 (기)
2017	139	포퍼와 콰인 (서)	보험의 원리	고지 의무	반추 동물 미생물 (과)
2016	136	장자 호접몽 (동)		부관과 기판력	빗방울 종단속도 (과)
2015	139	신채호 '아' (동)			슈퍼문 / 단백질 (과)
2014	131	심신 이원론 (서)		저작권 공정이용	전향력 (과)
2013	127	포퍼 귀납 논증 (서)	연금 제도		반데르발스 (과)
2012	146	비트겐슈타인 (서)	외부성		이어폰 공간음향 (기)
2011	140	철학적 미학 (서)	채권		그레고리력 (과)
2010	134	지행론의 변화 (동)		기업 결합	미생물 종 구분 (과)

초등 국어가 실력입니다

각 과목 간의 연계성이 높아 미리 배경지식이 쌓여 있을 때 강력한 힘을 발휘하는 영역입니다. 그래서 저희 연구소에서는 오래전부터 인문사회 수업을 통해 초등학교 고학년 이상의 학생들이 배경지식을 차곡차곡 쌓을 수 있게 도왔던 것이기도 하지요.

과거와 달리, 최근 제가 비문학 공부법으로 권하는 방법이 하나 있습니다. 바로 챗지피티ChatGPT나 제미나이Gemini와 같은 AI를 활용해 그때그때 생기는 궁금증을 해결하는 방식입니다. 특히 비문학에서 요구되는 배경지식의 경우, AI는 방대한 정보를 짧게 요약해 일목요연하게 정리해주고, 필요에 따라 개념을 길게 풀어서 이해하기 쉽게 설명하는 데에도 강점이 있습니다. 이를 활용하면 마치 개인 선생님과 대화하듯 질문을 이어가며 이해를 확장할 수 있습니다.

다만 기술이 발진하고 있음에도 불구하고, AI에는 '할루시네이션'이라 불리는 오류가 존재합니다. 사실이 아닌 내용을 실제처럼 제시하는 경우가 있기 때문에, 사용 시 주의가 필요합니다. 가능하다면 사전에 정부 기관, 학술 데이터베이스, 공식 기관 사이트 등 신뢰 가능한 출처의 자료를 우선 검색하도록 설정하는 것이 바람직합니다. 또한 모든 정보를 AI에만 의존하기보다는, 도서나 기타 자료와의 교차 검증을 병행하는 습관이 필요합니다. 이는 정보의 정확도를 높이는 동시에, 비문학 학습의 본질인 '이해와 검증'의 과정을 함께 강화하는 방법입니다.

또한 비문학 독서 지문의 배경을 쌓기 위해서는 다음의 책을 추천합니다. 경제의 기본 개념들을 쉽게 풀어 설명한『이준구 교수의 열린 경제학』, 세계사 입문서로 활용하기에 좋은『세계사 최대한 쉽게 설명해 드립니다』, 인문학 필독서인『지적 대화를 위한 넓고 얕은 지식 1』, 세계사를 관통하는 3가지 관점(부, 화폐, 금융)을 위트 넘치게 설명한『역사는 돈이다』, 철학자 32명의 이론을 쉽게 설명한『세상에서 가장 쉬운 철학책』등이 있는데요. 초등 저학년부터 중3 시기까지 틈틈이 읽어 나간다면 비문학 지문을 빠르게 읽고 이해하는 습관을 기를 수 있습니다.

4부

학부모님과 학생들이 가장 궁금해하는 국어 공부법 20문 20답

"막연한 국어 공부, 무엇을 어떻게 시작해야 할까요?
실제 상담에서 나온 질문에, 검증된 방법으로 답했습니다."

의대 입시 준비,
수학과 과학을 먼저 해야 할까요?

시대가 변했다고 하지만 진로 진학 상담을 하다 보면 여전히 의대 선호 현상이 있음을 확인합니다. 특히 부모님이 의사인 경우, 자신의 직업을 자녀에게 물려주고자 하는 의지가 더 강해 보입니다. 부모님 세대가 의대에 입학할 당시에는 이렇게까지 경쟁이 치열하지 않았는데 지금은 너무 과열되었다고 하소연합니다. 요즘 같으면 본인들은 의대에 합격하지 못했을 거라고 말씀하시면서요.

이렇게 의대 진학 경쟁이 치열하다 보니 수학과 과학 심화학습을 중시하는 학원들이 많이 생겼습니다. 일부 학원에서는 초등학교 때부터 수학올림피아드를 권하기도 하고, 화학과 물리 관련 시험에 도전하라고 조언합니다. 이렇게 경쟁이 치열해진 요즘, 의대 진학을 위해서는 어떻게 학습 계획을 짜고 공부해야 할까요?

고교 선택과 관련하여 많은 정보가 공개되어 있는데, 의외로 아직도 의대 입시를 위해서 과학고나 영재고에 진학해야 한다고 믿는 학부모님이 있습니다. 그러나 과학고나 영재고의 교과과정은 오히려 의대 진학과 결이 맞지 않습니다. 또한 수학올림피아드나 과학 심화 과정을 초중등 시기에 집중적으로 공부하는 것도 마찬가지로 의대 진학에 도움이 되지 않습니다. 입시제도를 제대로 이해하고 과목별 특성을 안다면 의대를 위한 학습 계획은 다르게 세워야 합니다.

실제로 저는 의대 진학을 목표로 교육 상담을 요청하는 학부모님께 수학과 과학에만 집중하지 말고 국어, 영어, 수학의 균형을 갖춘 학습 계획을 권장합니다. 그리고 과학고나 영재고를 통해 의대에 가려는 경우에는 충분히 논의하여 일반고 진학을 추천합니다.

의대를 지망하는 아이가 국어 공부 시간을 늘리면 어떤 일이 생길까요? 일단 수능과 내신을 동시에 잡을 수 있습니다. 이 책에서 제안한 단계별 국어 공부처럼 체계적으로 국어 공부를 해왔다면 수업 내용을 제대로 이해하고 요약하며 문제도 잘 풀 줄 알 겁니다. 이렇게 튼튼한 국어의 힘으로 수시 지원에서 유리한 고지를 선점할 수 있지요. 그리고 수능에서도 수학과 과학만 집중 공략한 의대 지망생들이 국어 비문학 독서에서 오답을 내거나 독해가 느려 고전할 때, 국어 공부를 체계적으로 해온 아이는 수월하게 문제를 풀어냅니다. 이러한 전략으로 좀 더 안전하게 국어 1등급을 지킬 수 있지요.

"그러면 국어를 공부하는 동안 다른 아이들은 이미 수학, 과학을 선행으로 끝내잖아요. 우리 아이는 결국 수학, 과학을 따라잡지 못하고 수능을 보게 되는 거 아닌가요?"

제가 국어 공부를 학습 계획에 넣으면 많은 학부모님이 이렇게 되묻곤 합니다. 초조한 마음은 이해합니다. 하지만 1부에서 말씀드린 바와 같이, 국어 실력은 '하방경직성'이 있습니다. 초등학생 때부터 단계를 따라 난이도를 올리고 영역을 넓히며 국어를 공부하면 중학교 3학년 정도에는 수능 국어 지문을 풀 정도의 실력을 갖추게 됩니다. 그리고 이렇게 한번 갖춰진 국어 실력은 쉽게 떨어지지 않지요. 이러한 과목 특성상, 어릴 때 국어를 제대로 공부한 아이가 고등학교에 가서 수학, 과학에 시간을 투자해도 그동안 국어 실력은 어느 정도 유지됩니다. 반면 수학과 과학은 일정 수준에 오르기가 힘들지만, 최고의 수준에 올랐다고 하더라도 공부 시간이 적어지거나 꾸준히 하지 않으면 성적이 하락하는 과목입니다. 그래서 고등학교 때 뒤늦게 국어를 추가로 공부하는 동안 수학과 과학 공부 시간을 줄이면 국어 성적도 지지부진한데 열심히 공부해온 수학과 과학 성적마저 흔들리는 혼돈의 상황을 마주할 수 있습니다.

의대는 이과 분야이지만, 수학과 과학 공부만 해서 진학하기에는 장벽이 높은 학과입니다. 특히나 자녀가 초등학생, 중학생이라면 반드시 국어를 시작하세요. 국어의 하방경직성이 의대를 향한 길에서 가장 든든한 버팀목이 되어줄 겁니다.

아이가 글을 잘 못 읽어서 문해력이 걱정이에요

교과서 읽기가 공부의 첫 단계입니다. 공부를 못하는 아이들은 공부의 첫 단계인 독해에서부터 문제가 발생하는 경우가 많습니다. 애초에 주어진 글을 불완전하게 읽다 보니 글에 담긴 내용을 이해하지 못하고, 이해를 못하니 당연히 공부가 어려워질 수밖에 없습니다. 아이의 독해력을 위해 가장 신경써야 하는 부분은 바로 어휘입니다. 아이들은 대략적으로 문맥 파악이 되면 그 뜻을 정확하게 알지 못해도 그냥 넘어가는 경향이 있습니다. 특히 국어 어휘이기 때문에 더욱 안일하게 생각합니다. 그러나 어휘의 의미를 정확하게 파악하지 않으면 내용을 제대로 이해할 수 없을 뿐더러, 심한 경우 오독할 수 있습니다. 가령, '지양(더 높은 단계로 오르기 위해 어떠한 것을 하지 않음)'과 '지향(어떤 목표로 나아가는 의지)'의 뜻을 구별하지 못한다면, 혹은 '반증(어떤 주장에 반대되는 증거)'과 '방증(간접적으로 뒷받침하는 증거)'의 뜻을 구별하지 못한다면 엄청난 해석의 차이를 만들게 되는 겁니다.

그러므로 초등학교 때부터 독서를 하다가 헷갈리는 단어가 나오면 반드시 뜻을 찾아 정리해두는 습관을 길러야 합니다. 단어를 정리할 때는 반드시 예문을 함께 확인하여 해당 단어가 사용되는 문맥을 파악하는 것이 중요합니다. 국어 과목이 아니더라도 모든 과목이 줄글로 되어 있다는 사실을 고려한다면, 독해력은 공부의 기본 능력이라고 봐도 무방합니다. 중고등학생의 경우 독해 훈련이 처음인 아이들은 교과서를 공부하기 전에 국어의 비문학 지문으로 연습을 시작하는 것이 좋습니다. 비문학 지문은 애초에 아이들이 지문을 분석하고 문제를 풀 수 있도록 체계적으로 정리되어 나오기 때문에 지문 분석 훈련을 하기에 알맞습니다.

국어 수업을 처음 시작하는 아이들에게 지문을 읽고 문제를 풀어보라고 하면 나타나는 전형적인 모습이 있습니다. 일단 별다른 분석 없이 마치 소설책을 읽듯 지문을 읽어 내려갑니다. 그리고 문제를 풀 때 다시 지문을 읽습니다. 머릿속에 지문의 체계나 내용이 정리되지 않은 겁니다. 이처럼 글을 여러 번 다시 읽어야만 한다면 제대

초등 국어가 실력입니다

로 독해하지 못했다는 뜻입니다. 진정한 독해란 글을 읽어 내려가는 그 시점부터 글에 대한 분석이 함께 진행되어야 합니다. 눈으로 글을 읽는 것이 아니라 머리로 글을 읽어야 한다는 말이지요. 그렇다면 지문 분석 훈련은 구체적으로 어떻게 해야 할까요? 민성원연구소에서 제시하는 지문 분석 방법은 다음과 같습니다.

첫째, 제시된 지문을 문단별로 나눕니다. 글을 쓸 때 문단을 나누는 이유는 글쓴이의 생각을 효과적이고 명확하게 전달하기 위해서입니다. 예를 들어 지구 온난화에 관해 이야기하고자 할 때 지구 온난화가 발생한 원인, 결과, 해결 방안 등을 각각의 문단으로 묶어서 정리하면 읽는 사람에게 효과적으로 글의 내용을 전달할 수 있습니다. 이는 반대로 읽는 사람 역시 글을 읽을 때 문단을 나누어서 내용을 이해한다면 훨씬 더 효과적으로 주제를 파악할 수 있다는 말이 됩니다. 즉, 독해의 첫 단계는 문단을 나누고 전체 글이 몇 문단으로 구성되어 있는지를 먼저 파악하는 일입니다.

둘째, 문단별로 중심 문장을 찾습니다. 문단을 나눈 다음에는 본격적으로 글 읽기에 들어가는데, 각 문단의 핵심 내용을 생각하며 읽는 것이 좋습니다. 전체 글의 주제에서 문단별로 서로 다른 핵심 내용을 담고 있기 때문입니다.

문단은 여러 문장으로 구성되어 있지만 대개 하나의 문장에 중심 내용이 요약되어 담겨 있는데, 이를 '중심 문장'이라고 부릅니다. 중심 문장은 글의 전체 내용을 포괄하고, 나머지 문장들은 중심 문장의 내용을 뒷받침하거나 더욱 자세히 설명해줍니다.

셋째, 지그재그로 독해합니다. 문단에서 중심 내용을 찾을 수 있다면 이제 지문 전체를 독해하는 훈련이 필요합니다. 지그재그 독해법은 글을 읽으면서 동시에 그 내용을 정리하는 독해법입니다. 읽고 바로 정리하고, 다시 읽고 바로 정리하는 과정이기 때문에 '지그재그'라는 이름을 붙였습니다. 각 문단을 지그재그로 읽다 보면 결국 글 전체의 중심 내용을 파악할 수 있습니다.

초등 국어가 실력입니다

국어 공부를 위해서 초등학교 때부터 학원에 다녀야 하나요?

사교육은 뚜렷한 목표와 기준이 있어야 성공합니다. 반드시 학원에 다니지 않아도 됩니다. 학원에 다니지 않더라도 충분히 국어 공부를 할 수 있습니다. 국어는 우리말이기 때문입니다. 영어는 외국어라 힘들고 수학은 몰라서 힘들지만, 국어는 안 해서 힘든 겁니다. 국어는 누구나 공부하면 실력이 올라가는 안전한 과목입니다. 그래서 중학생 때까지는 학원에서 큰 도움을 주지 못합니다. 초등부는 논술학원이나 독서 관련 학원은 있어도 국어를 가르치는 학원은 거의 없고, 중등부 학원은 내신 위주로 돌아갑니다. 어떤 체계를 가지고 국어를 알려준다기보단 학교 시험에서 100점을 맞는 게 중점이 지요. 그러니 사교육에 의존하기보다 앞서 나온 국어 공부법으로 혼자 공부하는 습관을 기르도록 해주세요.

첫째, 현재 아이의 수준을 파악해야 합니다. 어떤 도전이든 일단 현재 본인의 상태를 정확히 파악해야 약점을 보완하고 장점을 개발할 수 있습니다. 중학생이라면 고1 모의고사 문제를 풀어보며 자신의 수준을 가늠해볼 수 있습니다. 초등학생이라면 부모님께서 함께 책을 읽고 요약해보거나 중등용 문제집을 풀어보며 아이의 국어 실력을 확인해주세요.

둘째, 학교 수업에 충실해야 합니다. 초등학생이라면 학교 국어 수업 시간에 배우는 내용으로도 충분히 화법, 작문, 문학 실력을 올릴 수 있습니다. 또 국어 교과서를 제대로 읽도록 정독하면 독해력도 잡을 수 있지요.

셋째, 다양한 매체를 활용해서 국어 실력을 길러주세요. 책이나 신문기사, 영상, 전시 등 다양한 매체가 국어 공부의 토대가 됩니다. 비교적 시간이 많은 초등학생 시기에는 다양한 체험으로 국어 체력을 만듭니다.

넷째, 이성적으로 계획을 세우고 실천하게 합니다. 공부 계획을 세울 때는 최대한 이성적으로 판단해야 합니다. '우리 아이가 이 정도는 해낼 거야.'라는 마음으로 계획하지 마세요. '이 계획을 아이가 잘 따라올 수 있을까?'를 염두에 두고 냉철하게 계획해야 합니다. 특히 아이의 현재 수준을 파악하고 이를 받아들이는 과정이 선행되어야 합니다. 그래야만 실천 가능한 계획을 세울 수 있음을 잊지 마세요.

국어 공부는 책만 잘 읽으면 된다고 하던데요?

"독서는 중요하지만 전부는 아닙니다."

현장에서 학부모 상담을 진행하다 보면 "책만 많이 읽으면 국어는 해결된다"라는 인식이 여전히 강합니다. 어느 방송 프로그램에 출연한 부모는 아이를 영재로 키운 비결로 독서를 꼽기도 하고, 사회에서 성공한 많은 사람의 인터뷰를 보면 생활습관으로 독서를 자주 언급하지요. 마치 사회에서 성공하려면 독서가 필수인 것처럼 들립니다. 그런데 단순히 책을 읽는다고 인생이 바뀌고 성공하게 되는 걸까요? 책은 어떻게 읽든 상관이 없을까요?

실제로 독서는 국어 교육에서 매우 중요한 축을 담당합니다. 다양한 글을 통해 어휘의 폭을 넓히고, 간접 경험을 통해 사고의 깊이를 키우며, 집중력과 감수성까지 함께 발달시키는 활동이기 때문입니다. 어릴 때부터 꾸준히 독서를 해온 학생이 전반적인 언어 능력에서 강점을 보입니다.

그러나 여기서 반드시 구분해야 할 지점이 있습니다. 독서가 주는 '교양적 효과'와 '시험 성적'은 동일한 영역이 아니라는 점입니다. 수능 국어는 지혜나 교양을 평가하는 시험이 아니라, 제한된 시간 안에 지문을 정확히 이해하고 문제를 해결하는 능력을 평가합니다. 따라서 책을 많이 읽는 것만으로 시험 성적이 자동으로 상승한다고 보기는 어렵습니다.

많은 경우, 독서와 성적을 인과관계로 오해합니다. 수능 국어 만점자 중 꽤 많은 이가 책을 많이 읽었다고 인터뷰하지만, 이들은 다른 영역도 공부하면서 책도 많이 읽은 것이지, 책만 읽은 것이 아닙니다. 아프다가 건강을 회복한 사람이 어떤 건강식품을 먹었다고 기사가 나면, 그 건강식품의 인기가 확 올라갑니다. 그런데 알고 보면 음식을 골고루 섭취하면서 건강식품도 먹은 것이지, 건강식품만 먹어서 건강을 회복한 것이 아니지요. 이런 곡해를 인과관계의 오류라고 합니다. 실제로는 지적 호기심이 높은 학생들이 독서도 많이 하고, 학습 성취도도 높은 경우가 많습니다. 즉, 독서와 성적은 상관관계는 있지만 직접적인 원인과 결과로 보기는 어렵습니다.

그렇다면 독서는 어떻게 활용해야 할까요? 핵심은 '양'이 아니라 '질'입니다. 수준보다 지나치게 쉬운 책만 반복해서 읽는 경우, 읽기 경험은 쌓일 수 있지만 언어 능력의 확장은 제한됩니다. 반대로 자신의 수준보다 다소 높은 다양한 분야의 텍스트를 지속해서 접할 때, 낯선 어휘와 복잡한 문장 구조를 해석하는 과정에서 사고력이 자극되고 독해력이 성장합니다.

정리하면, 독서는 국어 학습의 기반을 형성하는 중요한 요소이지만 그것만으로는 충분하지 않습니다. 독서를 통해 언어의 토대를 만들고, 별도의 훈련을 통해 시험에 필요한 독해력과 문제 해결 능력을 구조적으로 길러야 합니다. 이 두 영역을 명확히 구분하여 이해하고 이를 병행하는 것이, 실제 성적 향상으로 이어지는 국어 학습의 핵심입니다.

국어 공부를 재미있게
할 수 있는 방법이
있을까요?

한 번 들은 곡을 그 자리에서 똑같이 연주하는 아이, 자기 키보다 훨씬 높은 뜀틀을 단번에 뛰어넘는 아이, 세자릿수 암산을 척척 하는 아이. 모두 범상치 않습니다. 게다가 이 아이들은 초등학교도 들어가지 않은 8세 미만으로 한 지역에 살고 있습니다. 어느 한두 아이만 이런 뛰어난 능력을 보이는 것이 아니라 그 지역 아이들이 대부분 다 뛰어납니다. 바로 일본 규수 지방의 한 시골 마을에 있는 도리야마 어린이집 아이들 이야기입니다.

어떻게 아이들이 단체로 뛰어난 능력을 지니게 된 것일까요? 비밀은 '요코미네 교육법'에 있습니다. 이는 요코미네가 약 30년 동안 유치원과 초등학생들을 위한 학원을 운영하면서 개발한 교육법입니다. 어린 시절 교육과 훈련을 통해 아이들의 능력을 천재적인 수준까지 끌어올릴 수 있다는 것을 보여주면서 한국에서도 폭발적인 관심을 끌었습니다. 지금도 이 교육법에 관심을 갖는 부모가 많습니다.

저는 초등학생 아이들의 수업을 진행하면서 요코미네 교육법이 매우 효과적이라는 사실을 인정하게 되었습니다. 요코미네의 교육 방식은 아이들이 공부하고 싶어지도록 '의욕 스위치'를 켜주는 것이 핵심입니다. 아이의 의욕 스위치를 켜주면 다음과 같은 선순환이 생깁니다.

아이들은 흥미가 있으면 연습을 반복하게 되고, 반복을 하는 과정에서 재능이 점차 성장합니다. 요코미네는 이를 '재능 개화의 법칙'이라고 하고 저는 이를 '반복적 행위의 효율성'이라고 말합니다. 표현만 다를 뿐, 반복과 강화가 아이의 재능을 개발하는 기본 원칙이라는 점에서는 일맥상통합니다.

첫째, 경쟁하고 싶어 하는 마음이 노력을 부릅니다. 부모들의 생각과 달리 아이들은 경쟁하는 것을 좋아합니다. 아이들의 경쟁은 어른이 생각하는 경쟁과는 다릅니다. 아이들의 경쟁은 순수합니다. 아

   초등 국어가 실력입니다

이들은 잘하는 아이를 보며 '나도 저 아이처럼 되고 싶다!' 하고 생각합니다. 잘하는 아이를 미워하지 않고, 때로는 존경하기까지 합니다. 그러니 아이가 스트레스를 받지 않는다면 '더 나아지려는 마음'을 이끌어주시는 것도 좋습니다.

둘째, 아이는 흉내 내면서 성장합니다. 아이들은 원래 흉내 내기를 잘하고 좋아합니다. 흉내를 내고 싶어 하는 스위치를 잘 사용하면 아이들은 빠르게 배워서 따라 합니다. 어떤 일이든 잘 해내는 아이가 곁에 있으면 다른 아이들은 자연스럽게 그 아이의 행동을 흉내 냅니다. 예를 들어서 5살 아이들에게 물구나무서기를 하라고 하면 할 줄 아는 아이가 없기 때문에 아무도 못합니다. 이때 6살 아이가 먼저 시범을 보이고 나면 5살 아이들이 그것을 흉내 내어 물구나무서기를 성공적으로 해내기 시작하지요. 신생님의 수업 없이 흉내를 내는 것만으로도 알지 못했던 일을 할 수 있게 되는 겁니다.

셋째, 조금 어려울수록 더 하고 싶어 합니다. 아이에게 공부를 시키고 싶다는 욕심이 강해 처음부터 어려운 과제를 주고 해보라고 하는 경우가 있습니다. 물론 아이들은 딱 보아도 성공하기 어렵다 생각이 드는 일은 하기 싫어합니다. 그래서 너무 어려운 일이라고 판단되면 시도조차 하지 않습니다. 반대로 너무 쉬운 과제를 주어도 처음에만 끄적거리다가 시간이 지나면 건드리지 않습니다. 노력할 필요가 없으니 흥미를 느끼지 못하는 것이지요.

하지만 조금 어려운 일이라면 아이들은 흥미를 보이며 그것을 해내기 위해 스스로 연습합니다. 아이들의 눈앞에 '조금만 노력하면 할 수 있을 것 같은' 과제를 내주면 아이들은 의욕적으로 도전하기 시작하지요. 아이들의 이러한 심리를 알면 단계적으로 난이도를 높여 가며 반복하게 하는 것에 대한 부담감을 떨치기가 쉽습니다.

넷째, 아이는 인정받는 만큼 성장합니다. 인정한다는 것은 쉽게 말해 젖먹이 취급을 멈추고 어엿한 어린이로 대한다는 뜻입니다. 아이들은 부모에게 젖먹이 때처럼 대우받기보다는 성숙한 어린이로 대우받는 것을 좋아합니다. 다만 인정한다는 것과 칭찬한다는 것을 동일시해서는 안 됩니다. 칭찬은 경우에 따라 독이 되기도 합니다. 처음 칭찬을 받으면 기분이 좋지만, 늘 칭찬받는 아이는 별다른 자극을 받지 못하게 됩니다.

칭찬보다는 인정해주는 게 훨씬 중요한 일입니다. 때로는 부모가 아이를 인정한다는 의미로 보상을 주는 방법도 사용할 수 있습니다. 이와 같은 방법은 소심하고 기가 약한 아이에게 사용하면 좋습니다.

내신 국어 공부와
수능 국어 공부가
많이 다른가요?

내신 국어와 수능 국어의 차이는 한 문장으로 정리할 수 있습니다. 내신은 '범위가 있는 시험'이고, 수능은 '범위가 없는 시험'입니다.

대부분의 학교에서 내신은 각 학교에서 지정한 교과서와 부교재, 그리고 일부 모의고사 지문 등 정해진 범위 안에서 출제됩니다. 따라서 학생은 주어진 텍스트를 반복적으로 학습하고, 그 안에서 출제 가능한 요소를 정리하는 방식으로 대비할 수 있습니다. 학교 수업에서 다룬 작품이나 지문이 그대로 시험에 활용되기 때문에, 수업 집중도와 암기, 정리가 중요한 변수로 작용합니다.

반면 수능은 특정 교과서나 지문을 기반으로 출제되지 않습니다. 학교마다 사용하는 교과서가 다르기 때문에 특정 교재를 기반으로 문제를 출제할 경우 형평성 문제가 발생하기 때문입니다. 따라서 수능 국어는 사실상 범위가 없는 시험으로 보는 것이 타당합니다. 처음 보는 지문을 제한된 시간 안에 정확히 이해하고 문제를 해결하는 능력이 핵심 평가 요소입니다.

영역별로 보면 이 차이는 더욱 분명해집니다. 화법, 작문, 문학 영역은 내신과 수능의 괴리가 크지 않습니다. 특히 문학의 경우, 학교에서 배운 작품이 수능과 유사한 방식으로 출제될 가능성이 높습니다. 따라서 내신 대비 과정이 곧 수능 대비로 이어질 수 있습니다.

그러나 수능의 비문학 독서는 완전히 다른 영역입니다. 내신은 이미 학습한 지문을 바탕으로 출제되지만, 수능은 처음 접하는 복합 지문을 출제합니다. 다만 2024년도 수능 킬러문항 배제 지침으로 『EBS 수능특강』과 『EBS 수능완성』 연계율이 높아졌고, EBS 교재의 연계 제재를 충실하게 학습할 것을 추천합니다. 수능의 비문학은 지문에 대한 구조 파악 능력, 정보 처리 능력, 논리적 독해력, 그리고 제재에 대한 배경지식이 직접적으로 요구됩니다. 이 때문에 비문학은 단순 반복 학습보다는 장기적인 훈련이 필수입니다.

문법 역시 내신과 수능의 접근 방식이 다릅니다. 학교에서는 문법을 단원별로 나누어 '쪽문법' 형태로 학습합니다. 특정 개념을 분절적으로 이해하고 해당 범위 내에서 문제를 해결하는 방식입니다. 그러나 수능 문법은 개별 개념을 연결하여 적용하는 능력을 요구합니다. 264쪽에 나온 2026학년도 수능 국어 영역의 문법 문제를 보면, 우선 제시된 학습 활동에서 '접사, 조사, 어미'와 같은 의존 형태소의 개념을 정확히 이해하고 있어야 합니다. 이 개념을 모르면 이들 각각의 개념이 단어 형성에 관여하는지, 단순히 문법적 기능을 더하는지 구분할 수 없습니다.

또한 단순히 개념을 아는 것만으로는 문제를 해결하기 어렵습니다. 예를 들어 '시작되자'는 접사가 결합된 파생어인지, '잡혔다'에서는 사동과 피동의 의미가 어떻게 실현되는지, '엄마랑', '치킨이랑'에서는 조사가 어떻게 기능하는지를 함께 판단해야 합니다.

즉, 이 문항은 접사, 조사, 어미 각각의 정의를 묻는 것이 아니라, 형태소의 종류와 기능, 그리고 실제 문장 속에서의 쓰임을 연결하여 이해하고 적용할 수 있는지를 평가하는 문제입니다. 보기의 사례와 선택지를 분리해서 접근하는 것이 아니라, 각 개념을 유기적으로 통합하여 사고할 수 있어야 해결할 수 있습니다.

학교에서는 각 학기 중간고사와 기말고사마다 정해진 범위를 배우고 해당 부분만 시험을 봅니다. 교과서에도 문법이 진도별로 쪼개져 들어가 있지요. 이런 '쪽 문법'을 체계적으로 정리하면 수능에도 도움이 됩니다.

2026학년도 수학능력시험 언어와 매체 변형지문

Q. [보기]의 조건을 수행한 지문의 결과로 적절한 것은?

보기 --

접사, 조사, 어미와 같은 국어의 의존 형태소를 살펴보자. 신규 단어를 형성하거나, 문법 관계를 나타내거나, 서술어의 문법 기능을 완성하는 등의 역할을 한다. 아래의 ㉠~㉢을 살펴보자.

㉠ 콘서트가 시작되자 환호하는 관객들이 카메라에 잡혔다
㉡ 바람에 날린 지폐를 줍는 데 시간이 쓰였다
㉢ 우리는 이따가 엄마랑 만나 치킨이랑 피자를 먹어

선택지 --

① ㉠의 '잡혔다'와 ㉡의 '쓰였다'는 모두 사동의 의미를 더해주는 접미사가 결합하여 형성된 단어이다.
② ㉠의 '시작되자'와 ㉡의 '날린'은 모두 피동의 의미를 더해주는 접미사가 결합하여 형성된 단어이다.
③ ㉠의 '시작되자'와 '잡혔다'의 접미사는 모두 어근에 결합하여 어근의 품사와는 다른 품사의 단어를 파생하였다.
④ ㉢의 '만나'와 '먹어'의 어미는 문장을 종결하는 동일한 문법적 기능을 한다.
⑤ ㉢의 '엄마랑'과 '치킨이랑'의 조사는 이형태 관계에 있고, 모두 앞말을 부사어로 기능하게 한다.

정답 ②

국어 공부를
일주일에 얼마나 하면
좋을까요?

매일 조금이라도 꾸준히 질적으로 훌륭하게 이루어져야 합니다. 국어 공부 계획을 세우기 전에 우선은 지금 우리 아이가 국어를 어떻게 공부하고 있는지, 그리고 다른 과목은 어떻게 공부하고 있는지부터 검토하세요.

생각보다 많은 학부모님이 불안감에 무엇인가를 시키기는 하는데 정작 아이에게 필요한 교육인지, 실질적으로 아이에게 도움이 되고 있는지 등 '공부의 질'은 신경 쓰지 못하는 경우가 많지요. 그러니 일단은 지금 하고 있는 교육들을 모두 살펴보시고, 그게 아이에게 필요한지부터 점검해보세요.

과정도 즐겁고 결과도 좋은 행복한 공부를 위해서는 합리적이고 섬세한 설계가 필요합니다.

일단 시작 시점에서 아이의 능력을 고려해 수준에 맞게 학습 계획을 짜고 중간 중간 아이의 실력에 맞게 단계를 재설정해야 합니다. 나이나 학년에 구속되지 말고 공부지능에 맞게 단계를 적용하길 추천합니다. 아이의 국어 실력이 뛰어나 실제 학년의 교재나 공부법을 쉽게 느낀다면 한 단계 앞서 나가고, 어렵게 느낀다면 아래 단계부터 시작하면 됩니다.

공부 횟수 부분에서는 매주 한 번, 두 시간에서 네 시간 정도면 충분합니다. 다른 아이들은 이 정도도 안 하고 있기 때문에 상대적으로 좋은 결과를 기대할 수 있습니다. 수학과 영어는 이보다 훨씬 많이 해도 실력이 쑥쑥 오르지 않는 이유는 다른 아이가 더 많이 해서 그런 것입니다. 이 책의 독자가 아니라면 체계적인 국어 학습을 지도하는 경우가 적으므로 너무 많이 시키려고 하지 않아도 좋습니다.

중3 즈음 뒤늦게 국어의 중요성을 깨달은 학부모님이라면 일단 문법과 고전부터 잡고 어휘, 문장력, 배경지식 순으로 나아가세요.

국어 공부를 위한
참고서를 알려주세요

참고서를 선택할 때는 책 자체의 특성도 중요하지만, 아이에게 맞는 교재인지가 더욱 중요합니다. 초등 저학년이라면 정신 연령에 맞는 단계의 참고서를 봐야 하고, 초등 고학년 이상이라면 문법, 비문학 독서 영역의 참고서를 중점적으로 봐주면 좋습니다. 모든 참고서는 아이가 너무 쉽거나 어렵다고 느끼지 않고 아이의 실력보다 조금 높은 수준의 교재를 선택하는 게 좋습니다.

민성원연구소의 국어 수업에서 활용하는 교재 목록과 각 교재의 특성, 사용 방식을 정리하여 첨부합니다.

민성원연구소의 초등학교 과정 국어 수업에서 활용하는 교재 목록

비 문 학

『효자국어 : 핑크1~12』*

특성　각 학년별 교과과정의 국어·수학·사회·과학 내용을 비문학 독해 형태로 구성한 교재입니다. 비문학 독해력을 향상시키는 동시에 기초 교육과정을 함께 습득할 수 있도록 설계되어 있습니다. 학습은 본문 읽기, 다섯 줄 요약, 어휘 학습, 독해 문제 풀이, 기억력 훈련의 단계로 체계적으로 이루어지도록 구성되어 있습니다.

장점　한 권으로 교과과정 학습과 비문학 독해를 동시에 해결할 수 있는 교재입니다. 자신의 학년에 맞춰 학습해도 좋고, 상위 학년 과정을 선행해도 비문학 독해 형식으로 구성되어 있어 큰 부담 없이 접근할 수 있습니다. 또한 하루 한 과 학습이 가능하도록 설계되어 자율 학습에 적합하며, 학생들이 안정적인 국어 공부 습관을 형성하는 데 효과적인 교재입니다.

수업 방법　교재의 구성에 맞춰 그대로 수업을 진행합니다. 먼저 지문을 읽고, 학생들과 함께 문단별 중심 문장을 찾는 연습을 합니다. 이후 교재에 제시된 다섯 줄 요약과 자신이 찾은 문장을 비교한 뒤, 문장 부호와 띄어쓰기에 유의하며 요약문을 그대로 따라 쓰게 합니다.

이 과정은 앞서 읽은 내용을 머릿속에서 구조화하는 데 도움을 주며, 따라 쓰기를 통해 시지각 협응력도 함께 향상되는 효과가 있습니다. 쓰기 활동이 부족한 초등학생에게 특히 필요한 훈련입니다. 실제 수업에서도 처음에는 쓰기를 어려워하던 학생들이 점차 칸에 맞춰 또박또박 바르게 쓰는 모습으로 변화하는 경우가 많습니다.

이후 새롭게 제시된 어휘를 학습하고, 짧은 글쓰기 활동을 진행합니다.

쓰기에 부담을 느끼는 학생은 말로 표현하도록 유도하고, 글쓰기를 어려워하는 경우에는 본문에서 해당 어휘가 사용된 문장을 직접 찾아보게 하여 단어의 실제 사용 맥락을 익히도록 지도합니다.

마지막으로 문제 풀이를 통해 독해 내용의 이해 여부를 점검하고, 학습한 어휘를 다시 떠올려 출력하는 활동으로 마무리합니다. 직전에 학습한 내용을 즉시 회상하는 이 과정을 통해 어휘의 정착과 암기력이 효과적으로 강화됩니다.

『효자국어 : 옐로우1~6』*

특성 수능 국어의 비문학 영역은 크게 인문, 사회, 과학, 기술로 구분됩니다. 이 교재는 이러한 영역을 초등 단계에서부터 자연스럽게 익힐 수 있도록 설계되어 있습니다. 각 분야의 교육과정에 포함된 핵심 소재를 선별하여, 배경지식을 함께 확장할 수 있도록 구성한 초등 대상 수능 대비 비문학 교재입니다. 구성은 본문 읽기, 중심 내용 정리, 어휘 학습, 문제 풀이, 어휘 빈칸 채우기, 추가 배경지식 제시, 확인 문제 및 정답·해설의 단계로 이루어져 있습니다.

장점 수능 비문학에 필요한 배경지식을 균형 있게 제공하여 영역별로 고르게 발달할 수 있도록 설계된 교재입니다. 제재를 흥미롭게 구성하고, 초등학생 수준에 맞는 지문 길이를 적용해 부담 없이 학습할 수 있도록 했습니다.

수업 방법 인문·사회·과학·기술 네 개 영역별로 각 10개씩 지문이 구성되어 있어, 한 주에 1개 영역 또는 2개 영역을 선택해 학습할 수 있습니다. 먼저 본문을 읽고 내용을 충분히 이해한 뒤, 중심 내용을 정리합니다. 이후 해당 지문에서 제시된 어휘를 학습하고, 문제 풀이를 통해 이해도를 점검합니다. 어휘 빈칸 채우기 활동으로 학습한 어휘를 다시 확인하고, 이어지는 추가 배경지식 지문을 통해 관련 내용을 확장할 수 있도록 수업을 구성합니다.

교 과

『한끝 초등 국어』 3〜6학년 시리즈 (비상교육)

특성 교육과정에서 요구하는 핵심 개념을 중심으로 학습이 효율적으로 진행되도록 설계되어 있습니다. 실제 교과서에 수록된 지문을 바탕으로, 해당 교과 과정의 학습 목표에 맞춘 내용 요약을 함께 제시하고 있습니다. 또한 제시된 내용을 기반으로 문제를 구성하여 이해도를 점검할 수 있으며, 서술형 평가까지 대비할 수 있도록 체계적으로 구성된 교재입니다.

장점 핵심 개념을 한눈에 파악할 수 있도록 간결하게 구성되어 있어, 암기와 이해의 정도를 효과적으로 점검할 수 있습니다. 또한 초등 과정에서 반드시 익혀야 할 내용을 빠짐없이, 효율적으로 습득할 수 있도록 설계된 교재입니다.

수업 방법 학습 내용 요약 페이지에서 암기해야 할 핵심 요소를 선별해 체크하고, 개념을 체계적으로 암기하도록 지도합니다. 또한 국어 교과서 지문이 그대로 제시되어 있어, 교과 내용을 학습한 직후 문제 풀이를 통해 이해도를 즉시 점검할 수 있도록 합니다.

어 휘

『고품격 한국어 : 사자성어 · 한자속담』 (속뜻사전교육출판사)

특성 한국어문회가 8급에서 2급까지 선별해 정한 424개 사자성어에 대해 그 속뜻을 풀이했습니다. 사자성어 424개, 속담 204개, 만화로 된 고사성어까지 수록되어 있으며 한자, 한글 속뜻, 영어 병기까지 되어 있어 입체적으로 학습할 수 있습니다.

장점 중고등까지 학습할 사자성어와 관용 속담이 모두 수록되어 있습니다.

    초등 국어가 실력입니다

 암기반 또는 사자성어 학습이 필요한 국어 수업에서 주로 활용되는 교재입니다. 먼저 사자성어를 구성하는 각 한자의 뜻과 음을 확인하고, 해당 한자가 포함된 어휘를 5개 이상 함께 학습합니다. 한자 쓰기 자체를 암기하지 않더라도, 뜻과 음을 기반으로 어휘를 묶어 학습하면 어휘력 확장에 효과적입니다. 이후 사자성어의 의미를 익히고, 유의어와 반의어에 해당하는 사자성어로 확장하여 체계적으로 암기할 수 있도록 수업을 진행합니다.

『완자 공부력 초등 전과목 어휘』 1A~6B 시리즈 (비상교육)

특성　총 12개 단계로 학년별 교과과정 내 배워야 할 어휘가 제시되어 있습니다. 하루에 4개 단어로 쉽게 학습할 수 있도록 구성되어 있습니다.

장점　재미있는 그림과 예문을 수록해 쉽게 학습할 수 있도록 되어있고, 학습한 단어를 확인할 수 있는 문제가 다양하게 제시되어 있습니다.

수업 방법　민성원연구소 정규반에서는 『효자국어:핑크』*, 『효자국어:옐로우』* 등의 교재로 어휘 학습을 진행하지만, 추가로 어휘 보충 학습이 필요한 경우 과제로 진행하고 있습니다. 하루에 한 과씩, 매일 스스로 공부하며 어휘력을 쌓아가도록 지도합니다.

문 학

『빠작 초등 국어 문학 독해 5단계』 5~6단계 시리즈 (동아출판)

특성　초등 과정에서 학습해야 할 문학 작품을 선정하여 1~6단계로 구성한 교재입니다. 1~4단계에는 창작동화, 전래동화 등이 포함되어 있고, 본격적인 중학교 과정에서 다루는 문학 개념인 시, 소설, 수필, 극의 작품이 수록되어 있는 5단계와 6단계를 사용합니다.

장점   다양한 갈래의 작품이 한 권에 수록되어 있으며, 특히 중학교 과정에서 다루게 될 작품을 미리 접할 수 있다는 점이 장점입니다. 또한 문제 풀이가 함께 구성되어 있어, 작품에 대한 이해도를 체계적으로 점검할 수 있습니다.

수업 방법   정규반에서는 '한끝' 교재를 통해 교과서 수록 문학을 중심으로 학습하고 있으며, 추가적인 작품 이해가 필요한 경우에는 해당 교재를 병행하여 활용합니다. 시, 소설, 수필, 극 등 다양한 갈래의 작품을 선정해 본문을 분석하고, 이어서 어휘 학습과 문제 풀이를 통해 이해도를 점검합니다. 특히 시의 경우 암기가 필요한 작품은 반드시 암기까지 완료하도록 지도하고 있습니다.

민성원연구소의 중학교 과정 국어 수업에서 활용하는 교재 목록

비 문 학

『효자국어 : 블루1~24』*

특성   중학교 교과 과정을 기반으로 구성된 비문학 독해 교재입니다. 교과서 내용을 확장하여 보다 깊이 있게 서술함으로써, 초등 과정을 마무리한 학생들이 자연스럽게 중등 수준의 학습으로 이어갈 수 있도록 설계되어 있습니다.
『효자국어:블루1』* '지리'를 시작으로 사회·문화, 정치와 법, 과학, 세계사, 국사, 철학, 경제 등 다양한 교과 내용을 아우르는 체계적인 구성을 갖추고 있습니다.

장점   지문을 통해 개념을 이해할 수 있도록 상세하게 서술되어 있어, 독해 과정에서 비문학 독해력과 교과 지식을 함께 습득할 수 있도록 구성되어 있습니다. 구성은 지문-문제-어휘-해설의 흐름으로 이루어져 있으며, 한 권당 30개의 지문으로 적절한 학습량을 유지하도록 설계된 교재입니다.

 정규반 비문학 수업에서 사용하는 교재로, 학생들의 수준에 맞춰 교재를 선별하여 활용합니다. 먼저 본문을 스스로 읽고 풀어볼 수 있는 시간을 충분히 제공하여, 학생이 직접 독해하는 과정을 거치도록 합니다.

이후 본문 분석을 통해 독해를 심화하고, 해당 내용과 관련된 지식을 강의로 보완합니다. 강의 과정에서 암기가 필요한 내용은 즉시 정리하고 암기하도록 지도합니다.

마지막으로 문제 풀이를 통해 독해 내용을 점검하고, 새롭게 제시된 어휘를 확인하는 것으로 학습을 마무리합니다.

교 과

『효자국어 : 블루1~3』*

특성 『효자국어:블루』* 시리즈 중 14, 15, 19권은 각각 중학교 1, 2, 3학년 과정을 반영한 교재입니다. 각 학년에서 반드시 익혀야 할 문학, 문법, 화법·작문 등 주요 영역의 개념어를 비문학 형태로 체계적으로 서술한 교재입니다.

장점 중학교 과정에서 반드시 익혀야 할 핵심 개념어를 수록하고 있으며, 이를 비문학 지문으로 상세하게 서술하여 교과 과정 이해에 적합한 교재입니다. 또한 고등 과정과 연계되는 개념을 함께 제시해 자연스러운 심화 학습이 가능하도록 구성되어 있습니다.

문학, 문법, 화법·작문 각 영역별로 10개의 지문으로 구성되어 있어, 영역별 균형 있는 학습이 가능합니다.

수업 방법 먼저 본문을 읽고, 핵심 개념어를 학습합니다. 개념어의 정의는 모두 암기할 수 있도록 지도한 뒤, 문제풀이로 이어집니다.

문항에는 고등 과정으로 확장될 수 있는 연결 요소가 반영되어 있어, 자연스럽게 심화 학습이 이루어지도록 설계되어 있습니다. 이후 문제 풀이를 마친 뒤, 새롭게 제시된 어휘를 정리하며 학습을 마무리합니다.

『한끝 중학국어 통합편』 시리즈 (비상교육)

특성 다양한 교과서를 통합하여, 학습 목표 달성에 필요한 핵심 제재를 선별해 구성한 교재입니다. 학교 내신 대비용보다는 교과 과정을 미리 예습하고자 하는 학생들에게 적합한 교재입니다.

장점 각 학년별 교과서에서 주요 문학·비문학 제재를 선별하여 제시한 교재로, 다양한 학교의 학생들이 함께 학습하기에 적합합니다. 또한 교과서 기반으로 문학, 문법, 비문학, 화법과 작문 영역까지 균형 있게 구성되어 있습니다.

수업 방법 블루 교재를 통해 개념어를 먼저 학습한 뒤, '한끝' 교재로 학교 교과서에 제시된 사례를 교차 학습하면 학습 효과가 더욱 높아집니다. 요약된 핵심 내용은 반드시 암기하고 넘어가며, 본문 학습과 문제 풀이를 병행하여 문제 적응력을 함께 키울 수 있도록 지도합니다.

어 휘

『빠작 중학국어 어휘』 1~3시리즈 (동아출판)

특성 교과서에서 뽑은 필수 어휘, 필수 개념어 엄선 수록되어 있습니다. 중학교 수준에 맞는 한자성어, 관용구, 그리고 속담 수록되어 있고, 학습을 확인할 수 있는 문제도 단계별로 구성되어 있습니다.

장점 내신과 수능의 기초를 다지는 중학 기본서 개념의 어휘 교재로, 총 24회 구성으로 하루 한 회씩 학습하기에 적절한 분량으로 설계되어 있습니다. 또한 영역별 필수 개념어를 함께 제시하여 국어 교과 학습과 병행할 경우, 반복 학습을 통한 복습 효과를 높일 수 있도록 구성되어 있습니다.

수업 방법 정규반에서는 블루 교재를 중심으로 어휘 학습을 진행하고 있습니다. 다만 추가적인 어휘 학습이 필요한 경우에는 '빠작 중학국어 어휘' 교재를

초등 국어가 실력입니다

과제로 병행하여 활용합니다. 학생들은 해당 교재를 과제로 학습하고, 이후 어휘 테스트를 통해 학습 내용을 점검하는 방식으로 관리합니다.

『숨마 주니어 중학 국어 어휘력』 1~3 시리즈 (이룸이앤비)

특성   중학 국어 교과서에서 필요한 어휘를 문학, 비문학, 화법·작문 영역으로 나누어 학습할 수 있도록 구성된 교재입니다. 또한 매 회 개념어를 함께 수록하여, 일상어와 함께 자연스럽게 어휘와 개념을 익힐 수 있도록 설계되어 있습니다.

장점   총 25회로 구성되어 있어 하루 한 회씩 학습하기에 적절한 분량입니다. 또한 필수 어휘 확인 문제를 통해 반복 학습이 가능하도록 설계된 교재입니다.

수업 방법 정규반에서는 블루 교재를 중심으로 어휘 학습을 진행합니다. 추가적인 어휘 보강이 필요한 경우에는 '숨마 중학 국어 어휘력' 교재를 과제로 병행 활용합니다. 학생들은 해당 교재를 과제로 학습한 뒤, 어휘 테스트를 통해 학습 결과를 점검하는 방식으로 관리합니다.

민성원연구소의 고등학교 과정 국어 수업에서 활용하는 교재 목록

비 문 학

『효자국어:화이트1~8』*

특성   비문학 학습에서는 기출에서 다뤄진 제재를 폭넓게 접하는 것이 중요합니다. 『효자국어:화이트 1~8』 시리즈*는 2006년부터 2024년까지 총 19개년 모의고사에 수록된 비문학 지문을 체계적으로 정리한 교재입니다. 지문은 언어, 인문, 사회, 과학, 기술, 예술 영역으로 분류되어 있어, 학생이 보완이 필요한 분야를 집중적으로 학습하기에 용이합니다. 1권부터 7권까지는 학년과 연도별로 구분되어 있으며 구성은 다음과 같습니다.

1권: 고1 (2006~2013)
2권: 고1 (2014~2021)
3권: 고2 (2006~2013)
4권: 고2 (2014~2021)
5권: 고3 (2006~2010)
6권: 고3 (2011~2014)
7권: 고3 (2015~2022)

『효자국어:화이트8』*은 2022년부터 2024년까지 고등학교 1~3학년 기출을 통합하여 구성했습니다. 학습 순서는 난이도와 흐름을 고려하여 1 → 3 → 5 → 2 → 4 → 6 → 7 → 8의 순서로 진행하는 것을 권장합니다.

『EBS 수능특강 국어 영역 독서』, 『EBS 수능완성 국어 영역 독서』(EBS)

킬러문항 배제 기조에 따라, 수능특강 교재에서 비문학 연계율이 높은 패턴이 지속되고 있습니다. 우리 연구소의 파이널반 수업에서는 해당 연도의『EBS 수능특강 국어 영역 독서』와 『EBS 수능완성 국어 영역 독서』교재를 활용하여 수업을 진행하고 있습니다.

모 의 고 사

『효자국어:그린』*

모의고사는 정해진 시간 안에 풀어내는 훈련이 핵심입니다. 실전과 동일한 조건에서 문제를 풀고, 오답을 누적 관리하며 자신의 약점 영역을 정확히 파악하고 보완해 나가는 과정이 필요합니다. 『효자국어:그린』시리즈*

초등 국어가 실력입니다

는 2012년부터 2022년까지의 기출문제를 모아 구성한 교재로, 이러한 훈련에 적합합니다. 우리 연구소이 고등학교 과정 수업에서는 격주 1회 풀모의고사를 실시하여, 실전 감각과 시간 관리 능력을 체계적으로 기를 수 있도록 지도합니다.

문 법

『자세한 국어문법』*

국어 문법을 체계적이고 상세하게 정리한 교재입니다. 국립국어원의 어문 규정이 빠짐없이 수록되어 있으며, 중학교 단계에서 고등학교 과정까지 아우르는 문법 내용을 모두 담고 있습니다. 이론서를 중심으로 학습한 뒤, 별도의 문제 풀이 교재를 병행하면 문법 개념을 확실히 자기 것으로 만들 수 있습니다. 특히 이론서는 여러 차례 반복 학습을 통해 개념을 정착시키는 것을 권장합니다.

『100발 100중 고등 국어문법 기출 1000제』(에듀윈)

문법은 다양한 문제를 반복적으로 풀어보며 체화하는 과정이 중요합니다. 『자세한 국어문법』*으로 이론을 충분히 숙지한 뒤에는 1000제 교재를 활용한 문제 풀이를 권장합니다. 개념 확인 문제부터 실전 적용 문제까지 단계별로 구성되어 있어 체계적인 학습이 가능하며, 모의고사형 지문 문제도 함께 수록되어 있어 내신과 수능 유형을 모두 대비할 수 있습니다.

문 학

『EBS 수능특강 국어 영역 문학』(EBS)

킬러문항 배제 기조에 따라, 수능특강 교재에서 연계율이 높은 패턴이 지속되고 있습니다. 민성원연구소의 파이널반 수업에서는 해당 연도의 『EBS 수능특강 국어 영역 문학』 교재를 활용하여 수업을 진행하고 있습니다.

『해법 문학 세트』 (천재교육)

교과서 수록 작품은 물론, 교과서 외 주요 문학 작품까지 폭넓게 담은 문학 학습용 종합 교재입니다. 작품 이해에 필요한 핵심 개념어와 감상 방법을 함께 제시하고, 지문에 대한 분석과 해석을 체계적으로 정리해 두었습니다. 또한 내신형과 수능형 문제가 함께 구성되어 있어, 작품별 학습과 문제 적용까지 한 번에 진행할 수 있는 교재입니다.

『해법문학Q』 고전문학·현대문학』 시리즈 (천재교육)

해법문학 시리즈를 참고용 백과사전처럼 활용한다면, 본 교재는 옆에 두고 실제 문제를 함께 풀어보는 실전용 교재로 적합합니다. 특히 작품별 연계 기출문제가 수록되어 있어, 작품 이해를 바탕으로 문제 해결 능력을 체계적으로 키울 수 있도록 구성되어 있습니다

집을 팔아도
올릴 수 없다는 국어 성적,
국어는 재능이 필요한가요?

우스갯소리처럼 늘리지만, 실제 상담 현상에서 가상 높이 듣는 말 중 하나입니다. 특히 고등학생 자녀를 둔 학부모님들은 "국어는 집을 팔아도 안 된다."라고 말하곤 합니다.

대치동에서 시작되었다는 이 괴담은 언론과 인터넷을 통해 퍼지고, 학부모들의 경험이 덧대어져 '국어는 아무리 노력해도 오르지 않는다'는 오해로 굳어졌습니다.

그 원인으로 다양한 요인을 손꼽는데, 대표적인 것들을 나열하면 다음과 같습니다. 너무 어린 나이부터 영어를 노출해서 국어가 안 된다, 수학에만 너무 집중해서 국어 머리가 발달하지 못했다, 국어

머리는 타고나기 때문에 잘하는 아이는 뭘 안 해도 잘하고 안 되는 아이는 뭘 해도 안 된다는 등 이유도 가지각색입니다. 아이마다 다른 원인이 있겠지만, 결국 많은 부모님이 입을 모아 말씀하시는 결론은 "해도 안 오른다."입니다.

이쯤 되면 국어는 타고나는 능력이고, 노력 대비 성과가 적은 과목이라는 결론이 자연스럽게 따라옵니다. 그러나 저는 분명하게 말씀드릴 수 있습니다. 국어는 오르지 않는 과목이 아니라, '제대로 공부해본 적이 없는 과목'입니다.

왜 국어는 평소에는 문제가 없는데, 고등학교에 와서 무너질까요? 국어는 모국어이기 때문에 읽기·듣기·말하기 자체에는 문제가 드러나지 않습니다. 생활 대화나 교과학습도 별 어려움 없이 따라가니 국어 실력이 부족하다는 신호를 거의 받지 못합니다.

하지만 시험으로의 국어는 다릅니다. 문학, 비문학, 문법, 어휘, 화법·작문 이 다섯 가지 영역이 유기적으로 연결되어 있고, 이 구조를 이해하고 영역별로 훈련해야 성적이 오릅니다. 그러나 우리는 화법, 즉 말하기와 듣기만 강조하고 나머지를 간과합니다. 이러한 접근이 바로 괴담을 만드는 원인입니다.

국어는 단기간에 올리기는 어려운 학문입니다. 하지만 영역별로 올바른 방법으로 꾸준하게 훈련을 하면, 느리지만 확실하게 오르는 과목입니다. 제가 현장에서 초등학생 때부터 훈련을 시키는데, 가르친 아이들이 수능 국어에서 1등급으로 마무리한 것을 보면 그 훈련의 효과는 이미 검증된 셈입니다. 국어는 오르지 않는 과목이 아니라, 한 번 실력이 올라가면 잘 떨어지지 않는 하방경직성이 강한 과목입니다.

"국어 때문에 대학 가고, 국어 때문에 대학 못 간다."라는 말은 과장이 아닙니다. 2026 수능에서도 국어는 변별력을 좌우한 과목이었습니다. 실제로 상위권에서도 국어 성적 하나 때문에 등급이 크게 갈렸습니다. 그런데도 정작 국어를 체계적으로 공부하는 학생은 매우 적습니다. 오랜 시간 학생들을 직접 가르치고, 성장하는 모습을 지켜보았기에 확실히 말할 수 있습니다. 초등 시기부터 국어를 올바른 방법으로 공부해야 하면서 차근차근 쌓아가면 고등학교에서는 '입도적인 무기'가 됩니다.

국어가 안 되는 이유는 능력 문제가 아닙니다. 대부분은 학습 방법의 문제입니다. 그래서 저는 늘 이렇게 말씀드립니다. "국어는 집을 팔아서가 아니라, 방법을 바꿔야 오르는 과목입니다."라고요.

책 읽을 땐 집중력이 좋은데,
공부 집중력과는
왜 다를까요?

재미있는 책은 두 시간씩 읽으면서도, 정작 공부는 10분도 버티지 못하는 학생이 있습니다. 이는 의지의 문제가 아니라, 작동하는 인지 상태가 다르기 때문입니다.

문화체육관광부의 「2023년 국민독서실태조사」에 따르면, 학생의 하루 평균 독서 시간은 평일 82.6분, 휴일 89분으로 나타납니다. 평균적으로 한 시간이 훌쩍 넘는 시간 동안 책을 읽고 있다는 의미입니다.

초등 국어가 실력입니다

연령 및 학교급별 종합 독서율 추이

(Base 전체 응답자, 단위 %)

	성인					학생		
	20대	30대	40대	50대	60대 이상	초등학교	중학교	고등학교
2019년	77.8	75.3	60.9	44.9	32.4	96.1	92.2	88.5
2021년	78.1	68.8	49.9	35.7	23.8	95.9	91.9	86.6
2023년	74.5	68.0	47.9	36.9	15.7	99.8	94.7	92.8
Gap (23-21)	▼3.6	▼0.8	▼2.0	▲1.2	▼8.1	▲3.9	▲2.8	▲6.2

독서 시간

(Base 전체 응답자, 단위 분)

	성인		학생	
	평일	휴일	평일	휴일
종이책	10.4	15.6	46.3	46.9
전자책	6.8	7.8	31.0	37.0
오디오북	1.3	1.6	5.3	5.1
종합	18.5	25.0	82.6	89.0

※ 문화체육관광부 「2023년 국민독서실태조사」

이처럼 책을 오랜 시간 읽어내는 상태는 '집중력'이라기보다 '정서적 몰입'에 가깝습니다. 정서적 몰입은 활동 자체에 흥미, 의미, 감정이 결합되어 자연스럽게 빠져드는 상태를 말합니다. 시간 감각이 무뎌지고, 별도의 의지 없이도 지속이 가능하며, 감정·동기·인지가 동시에 작동합니다. 쉽게 말해, '하고 싶어서 계속하게 되는 상태'입니다. 게임이나 영상 시청에서 흔히 나타나는 양상과 동일합니다.

반면 학습에서 요구되는 것은 정서적 몰입이 아니라 능동적인 '집중력'입니다. 집중력은 특정 과제에 대해 의식적으로 주의를 유지하는 능동적 조절 기능과 연관된 부분입니다. 외부 자극을 차단하고, 과제 수행에 필요한 정보만 선택적으로 처리하는 인지적 능력으로, 전두엽 기반의 실행 기능에 해당합니다. 집중력이란 '해야 하기 때문에 붙잡고 있는 상태'이기에, 공부를 하기로 마음먹었다면 '지금 이걸 집중해서 해야 한다'고 판단한 뒤, 의도적으로 주의를 유지하는 노력이 필요합니다. 다시 말해, 하기 싫거나 난도가 높은 내용을 스스로 견디며 수행하는 능력이라는 뜻이지요.

결론적으로 독서에서 경험하는 몰입과 학습에서 요구되는 집중력은 동일한 능력이 아닙니다. 독서의 몰입이 곧바로 학습 집중력으로 이어진다고 보기는 어렵습니다. 그렇기에 독서와 국어 공부를 하나의 과정으로 볼 수 없으며, 독서와 공부를 분리해서 이해하고, 각각에 맞는 훈련이 필요합니다.

문학은 마음으로
느껴야 하는 것 아닌가요?

문학을 감성으로만 접근하는 학생들이 많습니다. "이 시는 슬퍼요.", "이 소설은 감동적이에요." 그러나 문제풀이로 넘어가면 답을 고르지 못하고 "문학은 느끼는 건데, 왜 정답이 하나예요?"라며 혼란을 겪습니다. 심지어 자신의 해석이 답이 될 수 있는 이유를 나름대로 조목조목 설명하기도 합니다.

문학 작품을 읽고 감정을 느끼는 것은 일상적인 독서의 영역입니다. 하지만 시험 과목으로서의 문학은 전혀 다른 원리입니다. 작품의 정서를 읽되, 그 정서를 어떤 언어로 조직하고 표현했는지를 규범과 구조 속에서 분석해야 합니다. 문학은 감정 그 자체보다, 감정을 드러내는 방식을 읽어내는 과목이기 때문입니다. 어떤 시어를 선택했는지, 어떤 표현법이 어떤 효과를 만들어냈는지, 인물과 사건이 어떻게 연결되는지 등을 기준으로 해석해내는 것이 문학 시험이 요구하는 사고의 핵심입니다.

문학을 감성으로만 접근하는 이유 중 하나는 '문학은 예술'이라는 인식 때문입니다. 그러나 예술이라고 해서 평가 기준이 없는 것은 아닙니다. 피겨스케이팅이나 기계체조를 떠올리면 이해가 쉽습니다. 관객은 김연아 선수의 연기를 보고 감동을 느끼지만, 심사위원은 정해진 기준에 따라 점수를 부여합니다. 점프의 난도, 착지, 회전, 연결 요소 등 분석 기준이 명확히 존재합니다. 문학도 이와 마찬가지입니다. 감상은 자유롭지만, 작품을 분석하는 과정에는 갈래별 규범과 언어적 장치가 분명히 존재합니다. 감상은 자유이지만, 시험에서는 규칙에 맞는 답을 도출해야 하지요.

이와 관련된 재미있는 에피소드가 있습니다. 몇 해 전 수능에서 「대설주의보」라는 시가 출제되었습니다. 세 개의 문제가 나왔는데, 시인 최승호 작가님께서 그 문제를 풀었을 때 세 문제 모두 틀렸다는 일화가 있습니다. 작품이 세상에 나오는 순간부터 그 의미는 작가 개인의 의도를 넘어 독자와 규칙 안에서 해석됩니다. 문학 시험에서 문학은 감정이 아니라, 작품을 구성하는 언어적 구조와 원리를 기준으로 읽어야 한다는 사실을 보여주는 상징적인 사례입니다.

학생들이 문학에서 길을 잃는 가장 큰 이유는 작품을 감정으로만 읽기 때문입니다. 감정으로 읽으면 정답은 끝없이 주관적이 됩니다. 이때 필요한 것이 바로 문학 개념어입니다. 문학 개념어는 작품을 분석할 때 사용하는 '문학 공통의 언어 체계'라고 할 수 있습니다. 역설, 영탄, 설의, 골계, 역순행적 구성 등 이런 개념들은 단순 시험을 위한 용어가 아니라, 작품을 해석하기 위한 사고의 틀입니다.

문학은 감성에서 출발합니다. 그러나 문학 학습의 완성은 그 감정을 언어로 설명하는 데 있습니다. 문학 개념어와 표현 기법은 이를 가능하게 하는 도구이며, 문학 작품은 결국 사상과 감정을 중심으로 이해되어야 합니다. 즉 문학은 느끼는 예술이지만, 국어 과목으로서의 문학은 개인의 느낌을 언어 구조 속에서 객관적으로 정리하는 능력을 요구하는 학문입니다.

독해력으로 비문학을
해결할 수 있는 것 아닌가요?

독해력은 국어 과목을 3등급까지 끌어주는 기본기입니다. 많은 학부모님이 아이가 문장을 잘못 읽어서 비문학을 틀린다고 생각합니다. 일부 선생님들 역시 "비문학은 문장 구조만 잘 파악하면 된다."라고 말씀하기도 하지요. 하지만 수능 비문학은 단순히 '독해력'만으로 해결되지 않습니다. 정확히 말하면 독해력과 배경지식이 유기적으로 결합되어야 비로소 이해할 수 있는 영역입니다.

비문학 지문을 읽을 때 가장 먼저 필요한 능력은 문장을 정확하게 풀어 읽는 독해력입니다. 지시어가 무엇을 가리키는지, 문단의 중심이 무엇인지, 글의 논리 전개 방식은 어떠한지를 파악하는 능력이지요. 이런 요소들은 비문학의 바닥을 다지는 기본 체력입니다. 이런 기본기를 잘 갖추면 3등급까지는 충분히 올릴 수 있습니다. 여기까지는 기술과 훈련으로도 성취감을 느낄 수 있는 구간입니다. 하지만 문제는 그다음 2등급과 1등급까지 올리는 구간입니다. 1등급을 목표로 한다면 이 시점에 필요한 것은 배경지식입니다.

수능 비문학은 철학·경제·법학·역사·과학·기술·예술 등 다양한 분야에서 출제됩니다. 중학교 참고서 수준이 아니라, 성인 교양 수준 이상의 글을 발췌해 문제를 만듭니다. 그래서 비문학 영역은 단순한 정보가 아니라 사고 체계를 요구합니다. 아이가 글을 읽기는 읽는데 의미가 잡히지 않는 이유는 독해력과 이해력이 부족해서가 아니라, 해당 분야를 이해할 수 있는 '사고의 틀'이 없기 때문입니다.

예를 들어볼까요? 철학 지문에서 '덕'과 '선'의 차이를 모른다면, 혹은 경제 지문에서 '수요와 공급의 균형' 개념이 없다면, 문장을 정확히 읽어도 글 전체의 맥락이 잡히지 않습니다. 즉 독해력이 '문장의 뜻을 읽는 힘'이라면, 배경지식은 '문장 밖의 세계를 연결하는 힘'입니다. 이 둘이 만나야 비문학이 온전히 읽힙니다.

그렇다고 초등학생에게 경제학 대학 교재를 읽히라는 뜻은 아닙니다. 아이 수준에서 다양한 배경지식을 폭넓게 쌓는 것이 중요하지요. 비문학에서 요구하는 배경지식이란 전문 지식을 말하는 것이 아니라 개념을 이해할 수 있는 최소한의 지적 경험을 의미합니다. 이러한 경험의 폭은 다음의 방법으로 넓힐 수 있습니다. 다양한 책, 만화, 다큐멘터리, 영상, 아이들이 좋아하는 분야에서 점점 확장해 나가거나, 학교에서 배우는 사회·과학 개념을 꾸준히 누적하는 것만으로도 충분합니다.

비문학은 지문을 마주하는 첫인상에서 승부가 갈립니다. 전혀 모르던 생소한 분야라면 독해력이 좋아도 글의 핵심을 짚어내기가 어렵지만, 어렴풋하게라도 '아 이런 세계구나'라는 구조가 머릿속에 있으면 지문이 훨씬 부드럽게 읽힙니다. 특히 비문학 지문에 등장하는 세계사, 경제, 철학 영역은 한 번이라도 접해본 경험이 있을 때 비교적 '이해 가능한 방식'으로 연결되기 때문에 초중등 시기부터 차근차근 쌓아두면 고등학교에서 압도적인 차이를 만들 수 있는 영역입니다.

문법 공부는 언제부터 시작하는 것이 좋을까요?

결론부터 말씀드리면, 초등 고학년에서 시작해 중학교 1학년에 본격화하고, 이후 고등학교 3학년까지 꾸준히 반복하는 로드맵이 가장 안정적인 성과를 만듭니다.

초등 저학년부터 중학 초반까지는 문법이 교과 과정 안에 끊임없이 등장합니다. 다만 이 시기의 문법은 단원 말미에 개념이 흩어진 형태로 제시되기 때문에, 학생 입장에서는 '배웠다'기보다 '스쳐 지나갔다'는 인상에 가깝습니다. 따라서 초등 고학년 시점부터는 교과서에서 접한 개념들을 의식적으로 연결하고, 문법이 하나의 독립된 학습 영역이라는 인식을 갖는 것이 중요합니다. 이 단계에서는 학습 부담을 주기보다는 개념을 정리하는 수준이면 충분합니다.

본격적인 전환 시점은 초등학교 6학년에서 중학교 1학년 사이입니다. 이 시기에는 문법을 단편적으로 접하는 수준을 넘어, 문법 교재 한 권을 중심으로 체계를 잡는 작업이 필요합니다. 영어 문법을 따로 공부하듯, 국어 문법도 별도의 체계로 정리해야 합니다. 그 이유는 고등학교 1학년 내신에서는 음운론, 맞춤법, 표준어 규정 등 핵심 문법이 한 번에 출제되며, 이 영역이 등급을 가르는 결정적인 변별 요소로 작용하기 때문입니다. 중학교 시기에 문법을 정리해두지 않으면 고등 내신에서 대응하기가 매우 어렵습니다.

이후 학습의 핵심은 '확장'이 아니라 '반복'입니다. 문학과 비문학은 범위가 없는 영역이기 때문에 독해력을 지속적으로 확장해야 하지만, 문법은 공부해야 할 범위가 존재하는 영역입니다. 따라서 새로운 교재를 계속 바꾸기보다는, 문법 교재 한 권을 정해 중학교 1학년부터 고등학교 3학년까지 반복 회독하는 방법이 가장 효율적입니다. 문법은 정확한 적용과 재현이 중요한 영역이기 때문에, 반복을 통해 자동화 수준까지 실력을 끌어올려야 합니다.

이 구조는 내신과 수능 모두에서 힘을 발휘합니다. 중학교와 고등학교 내신에서는 문법이 가장 까다롭게 출제되는 경우가 많기에, 선행 학습 여부에 따라 점수 차이가 크게 벌어집니다. 게다가 문법은 과거에는 선택 과목이라 자신이 없다면 피해 갈 수 있었지만, 2028

수능 개편안에서는 문법이 공통 영역에 포함되어 피할 수 없는 과목이 되었습니다. 문법은 약 5문항으로 비중은 적지만, 범위가 명확한 영역이기 때문에 가장 안정적으로 점수를 확보할 수 있는 전략 과목입니다. 동시에 문법에서 풀이 시간을 단축하면 전체 시험 운영에 여유가 생겨, 비문학과 문학의 정확도를 높이는 데도 기여합니다.

초등학교 때
어떤 시험이 도움이 될까요?

초등 시기에 도움이 되는 시험은 단순히 실력을 확인하는 도구가 아니라 '학습 이정표'가 되어야 합니다. 왜냐하면 초등학교에는 공식적인 '시험 제도'가 없기 때문입니다. 중학교부터는 중간·기말고사를 통해 학습 결과를 점수나 석차로 확인할 수 있지만, 초등학생은 자신의 공부 수준을 객관적으로 확인할 기회가 부족합니다. 이 때문에 열심히 공부하더라도 방향이 맞는지 점검하기가 어렵습니다.

바로 이런 때에 시험이라는 도구가 필요합니다. 공부는 내 상황을 진단하고 측정할 수 있을 때 효과가 배가됩니다. 실제로 학생들은 시험이라는 목표가 있을 때 집중도가 올라가고, 같은 시간 대비 학

초등 국어가 실력입니다

습 효율이 높아집니다. 그런 점에서 시험은 단순 평가가 아니라 학습 밀도를 끌어올리는 장치입니다.

그래서 초등 고학년 시기에는 다음과 같은 공신력 있는 시험을 활용해 주기적으로 실력을 점검하는 과정이 경험하면 아이 스스로 학습 동기를 인식하게 됩니다.

첫째, 문해력 진단 중심 시험입니다. EBS 문해력 테스트(ERI 지수)는 학생이 읽을 수 있는 글의 난이도를 객관적으로 수치화해 보여주기에, 현재 독해 수준을 파악하는 데 유용합니다. 한국교육과정평가원의 문해력 테스트 역시 기초학력 여부를 확인할 수 있는 공신력 있는 기준입니다. 여기에 메가스터디, 해법논술, 플라톤, 창비교육, 효자학원 등의 민간 기관 문해력 테스트를 병행하면 다양한 지문과 유형을 폭넓게 경험힐 수 있습니다.

둘째, 일정 수준 이상이라면 공인 시험으로 확장하는 것이 효과적입니다. 대표적인 국어 영역 시험으로는 독서 기반의 문법(어휘, 어법) 능력과 독해력을 평가할 수 있는 '책과 함께 KBS 한국어능력시험', 많은 학생들이 응시하여 객관적인 수준을 파악할 수 있는 'HME 해법국어 학력평가'를 권합니다. 이 시험들은 단순한 문제풀이 실력이 아니라 국어 전반의 기초 체력과 정확도를 확인하는 데 의미가 있습니다.

셋째, 국어 외 영역으로도 관심을 확장하는 것이 좋습니다. 비문학 독해력은 배경지식과 연결되기 때문입니다. 경제 과목의 주니어 테샛(TESAT), 한국사능력검정시험 그리고 전국한자능력검정시험을 추천합니다. 이러한 시험들은 단순 자격증 취득을 넘어, 어휘력과 배경지식을 동시에 확장하는 수단으로 작용합니다.

[문해력 시험]

EBS 문해력 시험 https://primary.ebs.co.kr/course/literacy

한국교육과정평가원의 문해력 테스트 https://www.ihangeul.kr

메가스터디 http://m.megastudyholdings.com/literacy/Intro1.asp

해법논술 https://www.baccal.co.kr:441/Event/LiteracyTestQuiz

플라톤 https://newenas.eduhansol.co.kr/literacy_main.do?type=1

창비교육 https://books.changbiedu.com/Home/LiteracyTest

[국어 능력 시험]

책과함께 KBS 한국어능력시험 https://www.kbskorean.org/teenager/main

HME 해법국어 학력평가 https://hme.chunjae.co.kr

[기타 과목]

주니어 테샛 https://www.tesat.or.kr

한국사능력검정시험 https://www.historyexam.go.kr

대한검정회 한자급수자격검정시험 https://www.hanja.ne.kr

한국어문회 한자능력검정시험 https://www.hanja.re.kr

초등 시기 문학 공부는
어떻게 해야 하나요?

초등학교 시절 문학 공부는 방향 설정이 중요합니다. 이 시기는 성적을 만드는 단계가 아니라, 중·고등 국어를 버틸 수 있는 기초 체력을 다지는 단계입니다. 초등 시기 문학 공부의 핵심은 '선행'이 아니라 노출과 구조 형성입니다.

첫 번째, 초등학교 시기의 문학은, 다양한 작품을 접하면서 이야기 구조, 인물 관계, 표현 방식을 자연스럽게 익히는 것이 중요합니다. 특히 초등 및 중학교 교과서에 수록된 시와 소설을 미리 읽어두는 것이 효과적입니다. 학교 수업에서 처음 접하는 것과, 이미 한 번 읽어본 상태에서 수업을 듣는 것은 이해도에서 큰 차이를 만듭니다.

이 정도의 선행은 부담이 아니라, 학습 효율을 높이는 준비에 가깝습니다.

두 번째, 접근 난이도는 낮추되 읽기의 범위는 넓혀야 합니다. 초등학생에게는 짧고 완결성 있는 단편소설 위주로 많이 읽히는 것이 적절합니다. 긴 작품을 억지로 읽기보다, 다양한 작품을 여러 편 접하는 것이 훨씬 효과적입니다. 이 과정에서 이야기의 전개 방식과 결말 구조를 반복적으로 경험하게 됩니다.

세 번째, 의도적으로 낯선 텍스트를 접하게 해야 합니다. 요즘 학생들은 현대적이고 쉬운 글에는 익숙하지만, 수능에서 출제되는 문학은 그렇지 않은 경우가 많습니다. 따라서 전래동화부터 시작해, 고전소설이나 근현대 초기 작품처럼 어휘와 표현이 낯선 작품을 미리 경험하는 것이 필요합니다. 처음에는 어렵게 느껴지더라도, 이런 경험이 누적되면 고등학교에서 만나는 문학 독해 난이도가 크게 낮아집니다.

네 번째, 수능에 자주 출제되는 작가와 작품을 미리 파악하는 것이 유리합니다. 초등 단계에서는 깊이 있는 분석까지 할 필요는 없지만, 수능에 자주 등장하는 작가들의 중학교 수준 작품을 미리 읽어보면 이후 중·고등 과정에서 해당 작가와 작품을 다시 만났을 때, 표현 방식이 낯설지 않다는 점이 큰 장점으로 작용합니다.

정리하면, 초등 문학 학습의 원칙은 다음과 같습니다. 교과서 작품을 미리 읽어 이해도를 높이고, 단편 중심으로 다양한 작품을 경험하며, 고전과 근현대 작품을 통해 낯선 텍스트에 대한 적응력을 키우고, 주요 작가와 작품을 미리 접함으로써 글밥이 늘어나는 고등 시기의 독해 기반을 마련하는 것입니다.

[초등 문학 학습의 원칙]

1. 교과서 수록 작품을 미리 읽어 수업 이해도를 높인다.

2. 단편 위주의 다독으로 문학 구조를 익힌다.

3. 고전과 근현대 작품을 통해 낯선 어휘에 대한 적응력을 키운다.

4. 주요 작가와 작품을 미리 접하여 독해 기반을 마련한다.

[추친 단편소설 리스트 20선]

황순원 『소나기』

김유정 『동백꽃』

김유정 『봄·봄』

현덕 『하늘은 맑건만』

주요섭 『사랑방 손님과 어머니』

이효석 『메밀꽃 필 무렵』

전영택 『화수분』

박완서 『자전거 도둑』

하근찬 『수난이대』

성석제 『내가 그린 히말라야시다 그림』

김애란 『도도한 생활』

윤흥길 『기억 속의 들꽃』

이송현 『오후 4시, 달고나』

조우리 『커튼콜』

박상기 『옥수수 뺑소니』

이유리 『브로콜리 펀치』

양귀자 『길모퉁이에서 만난 사람』

최일남 『노새 두 마리』

이태준 『패강랭』

전광용 『꺼삐딴 리』

패드를 활용한 공부가
도움이 될까요?

알파 세대(Generation Alpha, 2010~2025년 사이 태어난 세대)는 디지털 네이티브(Digital Native) 세대로, 태블릿PC와 같은 디지털 기기를 활용한 학습 환경에 익숙합니다. 학습에 대한 진입 장벽이 낮다는 점은 패드 학습의 분명한 장점이며, 정보의 양과 접근성, 실시간 업데이트, 영상·음성 기반의 시청각 자료를 고려하면 학습 효율 측면에서도 종이 교재보다 우위에 있는 것은 사실입니다. 특히 비문학 배경지식이나 생소한 개념을 이해할 때는 ChatGPT나 제미나이와 같은 인공지능 검색 플랫폼을 활용해 필요한 정보를 즉시 보완하면 학습 속도와 효율이 크게 높아집니다.

PDF 교재를 태블릿PC의 노트 앱으로 불러와 필기하고, 모르는 어휘는 그때그때 검색해 정확한 의미와 용례를 확인하며, 이해가 부족한 개념은 AI 검색 플랫폼으로 보충하는 방식은 과거 필자가 주장했던 '네이버 검색을 병행한 학습'의 진화된 형태입니다. 도구는 훨씬 정교해졌고, 접근 방식은 더 효율적으로 발전했습니다.

패드의 또 다른 강점은 동영상 컨텐츠 활용입니다. 인터넷 강의를 속도 조절, 구간 반복 기능을 통해 사고 과정을 체계적으로 따라갈 수 있고, 교재 필기와 연관 동영상, 더불어 강의까지 동시에 연결할 수 있습니다. 이는 특히 국어에서 해설의 사고 흐름을 체화하는 데 매우 효과적입니다.

그러나 한편으로는 패드가 가장 강력한 방해 요소가 되기도 합니다. 유튜브, 틱톡, SNS 등으로 쉽게 이탈할 수 있으며, 이는 학생 개인의 의지로 통제하기 어렵습니다. 따라서 패드 학습은 자율의 문제가 아니라 환경 설계의 문제로 접근해야 합니다. 초등학생이라면 학습용 기기의 설정에서 필요한 기능만 남기고, 사용 시간과 학습 기록에 대한 최소한의 모니터링을 반드시 병행해야 합니다.

문제를 많이 풀어야 할까요?
지문 분석이 더 중요할까요?

이 질문은 선택의 문제가 아니라 학습의 순서와 비중의 문제입니다. 학습 초반에는 지문 분석에 집중하고, 이후에는 문제 풀이 비중을 점진적으로 늘려야 합니다. 학습은 세 단계가 하나의 세트로 작동해야 합니다. 지문 분석은 구조, 개념, 흐름을 정리하는 과정이고, 문제 풀이는 그 기준을 선지 판단에 적용하는 과정이며, 오답 분석은 틀린 이유를 명확한 언어로 정리하는 단계입니다. 이러한 '지문 분석 – 문제풀이 – 오답'의 세 단계를 반복하지 않으면 학습은 누적되지 않습니다.

학생들이 가장 많이 하는 실수는 분석 없이 문제만 계속 풀거나,

스스로 고민하지 않고 해설만 읽는 경우, 그리고 '이해했다'는 감각에서 멈추는 경우입니다. 이러한 공부 방식을 지속하다 보면 같은 유형을 반복해서 틀리게 됩니다. 그래서 저는 중학생이 고등 모의고사를 처음 접할 때는 시험 시간에 맞춰 풀지 말고 충분한 시간을 들여 문제를 읽고 고민하라고 지도합니다. 지문을 끝까지 이해하고, 구조를 파악하며, 근거를 바탕으로 문제를 해결하는 경험을 쌓는 경험이 선행되어야 하기 때문입니다. 이 단계에서 속도를 요구하면 대충 읽는 습관과 근거 없이 판단하는 습관에 익숙해질 수 있기 때문입니다.

국어에서 속도는 따로 훈련하는 요소가 아니라 이해의 결과로 자연스럽게 이어집니다. 구조가 보이면 지문을 다시 읽지 않게 되고, 핵심이 잡히면 불필요한 정보를 걸러내며, 선지 판단 기준이 생기면 고민하는 시간이 줄어듭니다. 즉 느리더라도 정확하게 독해하는 경험이 누적될수록 속도는 자연스럽게 개선됩니다.

속도 조절은 일정 기준이 충족된 이후에 시작해야 합니다. 지문 요지를 스스로 설명할 수 있는지, 문제를 근거 기반으로 해결하고 있는지, 오답의 이유를 논리적으로 말할 수 있는지가 기준입니다. 이 세 가지가 안정되면 점진적으로 시간제한을 적용해 속도를 높이고 문제풀이의 양을 늘려야 합니다.

문해력과 독해력은
무엇이 다를까요?

요즘 문해력이 중요해지면서, 독서를 통해 문해력을 키워야 한다는 이야기를 많이 합니다. 사실 문해력은 새롭게 등장한 개념이라기보다, 디지털 환경 속에서 읽기 역량이 재조명된 것으로 보는 것이 적절합니다. 독해력Reading comprehension은 텍스트를 정확하게 읽고 의미를 파악하는 능력입니다. 어휘의 뜻을 알고, 문장의 구조를 따라가며, 문단과 글의 흐름을 이해하는 과정이 여기에 포함됩니다. 즉독해력의 핵심은 '글 안에 있는 정보'를 빠짐없이 읽어내는 것입니다. 반면 문해력Literacy은 독해력을 포함하는 상위 개념입니다. 읽은 내용을 해석하고 맥락 속에서 이해하며, 이를 다른 상황에 적용하는 능력까지 포함합니다. 글의 의도, 전제, 배경지식과의 연결, 비판적 판단 등이 모두 문해력의 범주에 들어가지요.

정리하면 독해력은 '읽는 정확도', 문해력은 '읽은 뒤 사고의 확장'입니다. 따라서 두 능력은 양자 선택의 영역이 될 수 없습니다. 독해력이 확보되지 않은 상태에서 문해력을 요구하면, 학생은 근거 없는 추측이나 감상에 의존하게 됩니다. 현장에서 흔히 보이는 "느낌으로 맞혔다"는 답변이 반복되는 이유가 대부분 이 구조에서 발생합니다. 그래서 초등 과정에서는 학습 비중을 명확하게 설정할 것을 추천합니다. 저는 독해력 70~80%, 기초 문해력은 20~30% 정도가 적당하다고 생각합니다.

실제 현장에서 초등학생을 지도해 보면, 문제의 본질은 문해력이 아니라 독해력에 있습니다. 예를 들어 한 학생이 비문학 지문에서 반복적으로 오답을 내는 경우, 처음에는 "이해력이 부족하다"고 판단하기 쉽습니다. 그러나 실제로 지문을 다시 읽게 해보면, 문장 중간에서 의미를 놓치거나, 접속어를 기준으로 흐름을 정리하지 못하는 경우가 대부분입니다. 이 상태에서 "글의 의도를 생각해보라."고 지도하는 것만으로는 해결되지 않습니다. 이때 먼저 해야 할 것은 문장을 끝까지 정확히 읽고, 핵심 정보를 표시하는 훈련입니다.

또 다른 사례로, 문학 작품에서 인물의 심리를 묻는 문제를 틀리는 경우가 종종 있습니다. 오답을 선택한 이유를 물으면 "그냥 슬픈 것 같아서 골랐어요.”라고 답하는 경우가 많습니다. 이는 문해력 부족처럼 보이지만, 실제로는 근거를 찾는 독해 습관이 형성되지 않은 상태입니다. 이런 경우 지도 방식은 간단합니다. ‘이 판단을 뒷받침하는 문장’이 어디에 있는지를 직접 찾게 하는 것입니다. 이 과정을 반복하면, 자연스럽게 문해력이 확장됩니다. 따라서 초등 단계의 학습 방향은 다음과 같이 세 단계로 설계할 것을 권합니다.

첫째, 독해력 중심 훈련입니다. 어휘를 정확히 이해하고, 문장의 구조를 파악하면서 읽으며, 문단별 핵심을 요약하는 훈련을 반복해야 합니다. 특히 ‘한 문단 한 문장 요약’은 글 전체 구조를 잡는 데 효과적입니다. 저희 연구소의 초등 교재 『효자국어:핑크』*나 『효자국어:옐로우』*에서 핵심적으로 훈련하는 부분이기도 합니다.

둘째, 기초 문해력의 제한적 도입입니다. 인물의 행동 이유를 설명하게 하거나, 글의 상황을 정리하게 하는 정도의 추론은 필요합니다. 다만 반드시 텍스트의 근거를 기반으로 말하게 해야 합니다. 단순 감상에 근거한 말하기가 아니라 근거 중심의 해석 습관을 형성하는 것이 초등 과정의 핵심입니다.

셋째, 독해와 문해를 분리하지 않고 유기적으로 연결해 학습합니다. 예를 들어 “이 문단의 핵심은 무엇인가?”라는 질문 다음에 “왜 그렇게 볼 수 있는가?”를 함께 묻는 방식입니다. 전자는 독해, 후자는 문해입니다. 이 두 단계가 한 세트로 반복되어야 누적 학습이 이루어집니다. 독해력과 문해력은 분리할 수 없는 관계이며, 모두 중요합니다. 다만 초등 단계에서는 독해력을 중심에 두고 접근해야 합니다. 이 구조로 훈련한 학생은 이후 중·고등 과정에서 요구하는 고난도 독해와 문해력까지 안정적으로 확장할 수 있습니다.

리터니의 국어 공부는
어떻게 해야 할까요?

저희 연구소에는 다양한 케이스의 학생들이 상담을 하러 오는데, 해외 생활을 마치고 한국으로 귀국한 리터니Returnee 학생들도 다수 찾아옵니다. 지능이 높고 해외에서도 학업 성취도가 높은 경우가 많지만, 한국 교육 환경에 놓였을 때 적응에 어려움을 겪고 방향을 잃어서 답답한 마음으로 문의를 하는 경우도 적지 않습니다.

이 문제는 단순히 한국의 교육 과정이 더 어렵기 때문이 아닙니다. 문제의 핵심은 '국어'에 있고, 보다 정확히 말하면 '언어'에 있습니다. 학교에서 접하는 모든 학습은 한국어로 이루어지기 때문에, 언어 체계가 잡혀 있지 않으면 국어뿐만 아니라 수학, 사회, 과학 심지어 영어 과목에서도 어려움을 겪게 됩니다. 실제로 국어에서 실마리를 찾아 해결하면 다른 과목까지 함께 풀리는 사례를 수없이 경험했습니다.

리터니 학생들의 지능검사 결과를 보면 공통점이 있습니다. 다른 영역에 비해 '어휘' 영역이 상대적으로 낮게 나타난다는 점입니다. 일상에서 한국어를 유창하게 구사하기 때문에 이를 문제로 인식하지 못하는 경우가 많습니다. 그래서 저는 리터니 학생들에게 다음과 같은 방향으로 학습 로드맵을 설계합니다.

리터니 학생의 국어 학습은 일반적인 문제풀이 방식으로는 효과를 보기 어렵습니다. 핵심은 교과 학습이 아니라 한국어 학습 언어 체계를 처음부터 다시 구축하는 것입니다. 일상 회화는 가능하지만, 개념어와 추상어 중심의 학습 언어가 약하고, 문장을 구조적으로 해석하는 힘이 부족한 경우가 많습니다. 또한 내용을 이해하고도 이를 정확한 한국어로 설명하지 못하는 특징이 있습니다. 이는 단순한 독해력 부족이 아니라, 학습 언어의 기반이 정교하게 형성되지 않은 상태로 보는 것이 타당합니다.

따라서 국어를 문제풀이 과목으로 접근하기보다, 언어를 다시 배우는 과정으로 설계해야 합니다. 그러기 위한 첫 번째 단계는 어휘입니다. 가장 많은 시간을 투자해야 하는 부분이기도 하지요. 한자어 중심의 개념어를 정확한 정의와 함께 학습하고, 유의어와 반의어를 묶어 정리해야 합니다. '대충 아는 상태'를 제거하는 것이 출발점입니다. 학생 수준에 따라서는 학생에게 초등 저학년 어휘부터 다시 훈련시키기도 합니다.

두 번째는 문장 해석 훈련입니다. 문장을 끊어 읽고, 주어와 서술어를 중심으로 구조를 재구성하는 연습이 필요합니다. 자신의 학년보다 낮은 수준의 글부터 중심 내용을 파악하고 해석하는 훈련을 진행합니다. 예보크 사이트에서 판매하는 『효자국어:핑크』*와 『효자국어:옐로우』*로 독해 연습을 시작해 『효자국어:블루』*까지 단계적으로 연결하면 독해력을 키울 수 있습니다.

마지막으로 해외로 가는 학생들에게는 반드시 나이에 맞는 국어교재를 함께 가져갈 것을 권합니다. 해외에서도 한국 교과과정에 맞는 어휘와 독해 학습을 병행한다면, 귀국 후 적응이 훨씬 수월해집니다.

문제집을 여러 권 풀까요,
한 권을 반복해야 할까요?

문제집 학습 방식은 과목 영역에 따라 달라집니다. 정리하면, 문법은 한 권을 반복해야 하고, 비문학은 여러 권을 통해 확장하는 과정이 필요합니다. 다만 이 역시 단순한 선택의 문제가 아니라 학생의 이해도와 학습 단계를 함께 고려해야 합니다.

먼저 문법은 지문이 아니라 개념 체계입니다. 따라서 여러 권을 넓게 푸는 것보다, 한 권을 완전히 이해할 때까지 반복하는 것이 훨씬 효율적입니다. 여기서 말하는 반복은 단순히 회독 수를 늘리는 것이 아니라, 개념을 정확히 이해하고 실전에 적용할 수 있는 상태에 도달하는 것을 의미합니다. 예를 들어 '음운', '품사', '문장 성분'

초등 국어가 실력입니다

과 같은 개념을 스스로 설명할 수 있어야 하고, 문제를 풀 때 해당 개념을 근거로 정답을 유추할 수 있어야 합니다. 또한 틀린 문제를 다시 봤을 때 바로 해결할 수 있는 수준까지 도달해야 비로소 한 권을 끝냈다고 볼 수 있습니다.

이러한 공부 방법을 습관화하지 않은 채 문제집만 여러 권 반복해서 풀다 보면, 결국 비슷한 실수를 반복하는 악순환 구조에 갇히게 됩니다. 문제집을 선택할 때는 설명이 자세하고, 한국어 어문 규정 사항을 모두 담고 있는 것으로 골라야합니다.

반면 비문학은 개념 암기가 아니라 지문을 읽고 판단하는 사고 훈련입니다. 따라서 다양한 지문을 접해야 합니다. 그러나 여기서도 중요한 것은 '여러 권을 푸는 것'이 아니라, '확장 가능한 독해 기준이 형성되있는가'입니다. 지문을 읽고 구조를 징리힐 수 있는지, 신 지를 판단하는 기준이 있는지, 오답의 이유를 명확하게 설명할 수 있는지가 선행되어야 합니다. 이 기준이 없는 상태에서 문제집만 바꾸면, 지문은 많이 보지만 실력은 쌓이지 않는 결과로 이어집니다.

비문학을 안정적으로 독해할 수 있는 기준이 형성된 이후에는 여러 분야의 지문으로 확장하는 과정이 필요합니다. 과학, 기술, 예술, 경제, 법, 철학 등 수능에서 다루는 비문학의 범위는 매우 넓기 때문에, 특정 분야에 치우치지 않고 골고루 접하는 것이 중요합니다. 이렇게 해야 낯선 지문을 만나도 흔들리지 않는 독해력이 완성됩니다.

초등학생이 꼭 알아야 할 필수 국어 개념

학교에서는 학년별, 진도별로 문법 지식을 쪼개 배우기 때문에 각 문법 내용을 배울 때마다 나중에 배울 관련 개념까지 함께 모아 정리하며 쌓아나가는 학습이 중요합니다. 여기서는 초등학교 때 배우는 문법이나 국어 개념 중에서, 다음 학년에도 배우기에 꼭 미리 한꺼번에 정리해서 체계화해야 하는 내용을 중심으로 정리했습니다.

초등학교 1학년 국어는 한글을 배우는 과정이므로 여기서는 세부 학습 방법을 다루지는 않겠습니다. 이 시기까지는 앞서 3부에서 살펴본 국어 공부법 1단계 내용을 토대로, 함께 대화하고 책을 읽으며 정확한 한글맞춤법과 표준발음법을 익히는 데 중점을 두고 지도해주세요.

따라서 여기서는 초등학교 2학년부터 6학년까지의 학습 내용을 중심으로 초등학교 졸업 전에 꼭 익히고 알아야 할 국어 개념을 살펴보겠습니다.

2학년

2학년 때부터는 본격적으로 국어 과목을 배우게 됩니다. 2학년 때는 한 가지 문법 개념을 정확히 알고 지나가야 합니다. 이 시기에는 ㅚ 발음을 배우게 되는데 ㅐ, ㅔ, ㅚ, ㅟ 발음을 함께 익혀두면 좋습니다. 이는 고등문법까지 연결되는 부분이므로 시간을 내서 정확한 발음을 하는 방법을 배우고, 책을 읽을 때나 일상생활에서 정확하게 발음하는 연습을 해야 합니다.

〈초등학교 졸업 전 꼭 익혀야 할 ㅐ, ㅔ, ㅚ, ㅟ 발음〉

예 여름에 **외가**에 가면 원두막에서 맛있는 **참외**를 실컷 먹을 수 있다.

예 그는 동굴에서 **금괴**를 발견했다.

ㅚ와 ㅟ는 모음의 분류 체계상 단모음으로 규정되어 있습니다. 단모음이란 발음할 때 처음 입술 모양과 혀의 위치에 변화가 없는 것을 말하는데, 위의 예문 속 외가[**외가**], 참외[**차뫼**], 금괴[**금괴**]가 표준발음입니다. 하지만 단모음 대신 이중모음으로 발음하는 경우도 적지

않기에 표준발음법에서는 이러한 발음 현실을 반영하여 외가[**웨가**], 참외[**차붸**], 금괴[**금궤**]로 발음하는 것도 허용하고 있습니다. 이 두 발음이 모두 가능하다는 점을 인지하고 어떻게 하면 단모음으로 발음하게 되고, 어떻게 하면 이중모음으로 발음하게 되는 것인지 생각해 보면서 올바르게 발음하도록 지도해야 합니다.

3학년

3학년 때 꼭 익혀야 할 문법 지식은 높임 표현과 ㄹㅐ 발음입니다. 먼저 높임 표현은 3학년 전체의 교육과정에서 가장 중요한 영역입니다. 우리말에는 다양한 높임 표현이 있습니다. 그리고 늘 높은 난도로 시험에 출제되지요. 주체존대, 객체존대 등 문법적인 표현을 공부하는 것은 중학교의 문법 학습에서 배우고, 여기서는 대표적인 표현을 영어 구문 익히듯이 반복해서 익힌 뒤 생활에서 정확하게 사용하도록 지도해주세요.

높임 표현은 다음 세 가지 경우에 사용합니다. 첫째, 듣는 사람이 말하는 사람보다 웃어른일 때, 둘째, 행동하는 사람이 말하는 사람보다 웃어른일 때, 마지막으로 '누구에게', '누구를'에 해당하는 사람이 말하는 사람보다 웃어른일 때입니다. 그리고 높임 표현을 사용하는 대표적인 방법은 다음과 같이 정리할 수 있습니다.

<초등학교 졸업 전 꼭 익혀야 할 높임 표현>

1. 높임을 표현하는 방법

1) '습니다'를 써서 문장을 끝맺는다.

2) 높임을 나타내는 –시–를 넣는다.

3) 높임의 대상에 '께서'나 '께'를 사용한다.

4) 높임의 뜻이 있는 특별한 낱말을 사용한다.

  예 밥–진지, 말–말씀, 물어보다–여쭈다

5) 높이지 않아도 되는 물건에는 높임 표현을 사용하지 않는다.

위의 원칙으로 높임 표현을 사용하면 되는데 막상 표현을 하려다 보면 생각보다 어렵습니다. 다음에 제시한 대표적인 높임 표현과 틀리기 쉬운 높임 표현을 반드시 숙지하고 일상생활에서 사용하면서 국문법의 높임 표현에 익숙해지게 지도해주세요.

2. 높임 표현의 예시

◆ 수현아, 선생님이 교무실로 오래. ➡ 수현아, 선생님**께서** 교무실로 **오라셔.**

◆ 아버지가 안방에서 잔다. ➡ 아버지**께서** 안방**에서 주무신다.**

◆ 엄마, 학교 갔다 올게. ➡ 엄마, 학교 갔다 **오겠습니다/올게요.**

◆ 선생님께서 우리 할아버지의 나이를 물어보셨다. ➡ 선생님께서 우리 할아버지의 **연세를** 물어보셨다.

◆ 민아는 어려운 수학 문제를 선생님에게 물어봤다. ➡ 민아는 어려운 수학 문제

를 **선생님께 여쭤봤다.**

◆ 지난 일요일에는 할머니 집에 가서 생일 선물을 주었다. ➡ 지난 일요일에는 **할머니 댁에** 가서 **생신** 선물을 **드렸다.**

◆ 나는 할머니를 데리고 집으로 갔다. ➡ 나는 할머니를 **모시고** 집으로 갔다.

◆ 할머니, 저녁식사 먹으세요. ➡ 할머니, **저녁 진지 잡수세요**(드세요).

◆ 할아버지, 아버지께서 방금 퇴근하셨습니다. ➡ 할아버지, **아버지가** 방금 **퇴근했습니다.**

다음으로 겹받침 ㄼ 발음도 국어 문법 시험에 자주 출제되므로, 아이가 정확한 발음 원리를 이해하고, 실생활에서도 이를 자연스럽게 구사할 수 있도록 지도해주세요.

〈초등학교 졸업 전 꼭 익혀야 할 ㄼ 발음〉

1. 짧다, 얇다, 떫다, 넓다, 여덟 등은 'ㄹ'로 발음하고 '밟다'는 ㅂ으로 발음한다.

예 여덟[**여덜**], 얇고[**얄꼬**], 짧고[**짤꼬**], 넓고[**널꼬**], 떫은[**떨븐**], 밟고[**밥꼬**]

2. '넓–'이 포함된 복합어 중 '넓죽하다', '넓둥글다', '넓적하다'에서는 [**넙쭈카다**], [**넙뚱글다**], [**넙쩌카다**]와 같이 발음하도록 규정한다.

예 그 사람의 얼굴은 넓죽[**넙쭉**], 넓적[**넙쩍**], 넓둥글다[**넙뚱글다**]

4학년

4학년 때 배우는 학습 내용 중 꼭 알아야 하는 문법 개념은 여섯 가지로 정리할 수 있습니다. 첫 번째는 띄어쓰기입니다. 띄어쓰기는 많은 아이가 헷갈려 하는 영역이니 정확한 규칙을 익히게 해주세요. 특히 의존명사의 띄어쓰기는 성인들도 어려워하는 부분입니다. 다음에 제시된 예시를 중심으로 이론을 먼저 익힌 뒤, 문장 속에서 여러 번 반복하며 익숙해지도록 지도해주세요.

〈초등학교 졸업 전 꼭 익혀야 할 띄어쓰기(의존명사)〉

◆ 대표적인 의존명사

1. 뿐

예 그 많은 사람 중에서 다친 사람이 두 사람뿐이어서 그저 고마울 뿐이다.

'두 사람뿐'처럼 조사로 쓰이는 경우는 붙여 쓰고, 고마울 뿐처럼 의존명사일 때는 띄어 쓴다.

2. 대로

예 약속대로 하세요.

약속한 대로 다 말하세요.

'약속대로'의 대로는 '그와 같이'라는 뜻의 조사이므로 붙여 쓰고, '약속한 대로'는 '마찬가지로'라는 뜻의 의존명사이므로 띄어 쓴다.

3. 만큼

예 나도 너만큼 노력했어. 나도 할 만큼 했다고.

'나도 너만큼'의 경우는 '비슷한 정도로'라는 뜻의 조사이므로 붙여 쓰지만, '할 만큼'의 경우는 '앞 상태의 분량 정도'라는 뜻의 의존명사이므로 띄어 쓴다.

4.만

예 너만 두 번 만에 대학에 합격했어.

'너만'처럼 한정 또는 비교의 뜻의 조사의 경우는 붙여 쓰고, '두 번 만'처럼 시간의 경과나 횟수를 나타내는 경우는 의존명사이므로 띄어 쓴다.

5. 지

예 사과가 큰지 작은지 몰라서 어떻게 먹어야 할지 모르겠다.
　　사과를 먹은 지 오래다.

'사과가 큰지 작은지', '어떻게 먹어야 할지'의 'ㄴ지, ㄹ지'는 어미이므로 붙여 쓰고, '사과를 먹은 지' 의 경우는 시간의 경과를 나타내는 의존 명사이므로 띄어 쓴다.

다음으로 4학년 때 꼭 알아야 할 문법 개념 두 번째는 유음화입니다. 유음화는 앞으로 학년이 올라가면서 계속 배우게 되는 개념이니 꼭 익히고 넘어가도록 합니다.

◆ ㄴ은 ㄹ 앞이나 뒤에서 ㄹ로 발음한다. ㄴ이 ㄼ ㄾ 뒤에 연결되는 경우도 마찬가지다. ㄹ+ㄴ은 ㄹ+ㄹ로, ㄴ+ㄹ은 ㄹ+ㄹ로 발음한다.

예 한라산**[할라산]**, 칼날**[칼랄]**, 신라**[실라]**, 연료**[열료]**, 천리**[철리]**, 광한루**[광할루]**, 대관령**[대괄령]**, 물난리**[물랄리]**, 줄넘기**[줄럼끼]**, 할는지**[할론지]**, 닳는**[달른]**, 핥네**[할레]**

◆ 예외적인 한자어는 ㄹ을 ㄴ으로 발음한다. ㄴ+ㄹ은 ㄴ+ㄴ으로 발음한다.

예 의견란**[의견난]**, 임진란**[임진난]**, 판단력**[판단녁]**, 공권력**[공꿘녁]**, 동원령**[동원녕]**, 상견례**[상견네]**, 등산로**[등산노]**, 생산량**[생산냥]**, 입원료**[이붠뇨]**

4학년 때 꼭 알아야 할 문법 개념 세 번째는 연음법칙과 ㅎ 탈락입니다. 특히 연음법칙은 앞서 2, 3학년 때 배우지만 ㅎ 탈락은 처음 배우게 됩니다. 정확한 문법 용어를 외우기 위해 애쓰기보다는 다른 받침은 연음이 되는데 ㅎ은 연음이 되지 않고 탈락한다는 개념을 익히도록 지도해주세요.

〈초등학교 졸업 전 꼭 익혀야 할 연음법칙과 ㅎ 탈락〉

◆ 국어에서는 어떤 단어가 단독으로 쓰이거나 자음 앞에 놓일 때는 음절의 끝소리 규칙을 적용한다. 하지만 모음으로 시작하는 조사나 어미, 접사 등의 형식 형태소가 올 때는 그대로 연음(연이어 발음)한다.

예 내 눈에 흙이**[흘기]** 들어가도 너희 둘을 허락할 수 없다

예 닭장**[닥짱]** 속에는 닭이**[달기]** 닭알을**[다가를]** 매일 낳는다.

예 꽃밭에는**[꼳바테는]** 늘 꽃이**[꼬치]** 예쁘게 피어있다.

◆ ㅎ으로 끝나는 용언 어간 뒤에 모음으로 시작되는 어미나 접미사와 결합할 때 ㅎ이 탈락하여 발음하지 않는다. ㄶ이나 ㅀ도 마찬가지다.

예 낳은**[나은]**, 놓아**[노아]**, 쌓이다**[싸이다]**, 많아**[마나]**, 않은**[아는]**, 닳아**[다라]**, 싫어도**[시러도]**

4학년 때 꼭 알아야 할 문법 개념 네 번째는 최근 새로 추가된 표준어입니다. 하나의 표준어만 있다가 두 개 이상의 표준어로 새로 추가된 단어들을 배우는데, 새롭게 추가된 표준어를 낯설어하지 않고 익히도록 지도해주세요.

〈초등학교 졸업 전 꼭 익혀야 할 새로 추가된 표준어〉

간질이다(간지럽히다), 괴발개발(개발새발), 거치적거리다(걸리적거리다), 끼적거리다(끄적거리다), 날개(나래), 남우세스럽다(남사스럽다), 냄새(내음), 두루뭉술하다(두리뭉실하다), 떨어뜨리다(떨구다), 만날(맨날), 먹을거리(먹거리), 메우다(메꾸다), 새치름하다(새초롬하다), 아옹다옹(아웅다웅), 어수룩하다(어리숙하다), 오순도순(오손도손), 자장면(짜장면), 찌뿌듯하다(찌뿌둥하다), 치근거리다(추근거리다), 태껸(택견), 굽실(굽신), 꾀다(꼬시다), 눈두덩(눈두덩이), 딴죽(딴지), 삐치다(삐지다), 사그라지다(사그라들다), ~고 싶다(~고프다), 노라네(노랗네), 동그라네(동그랗네), 조그마네(조그맣네), 예쁘다(이쁘다), 잎사귀(잎새), 차지다(찰지다), 푸르다(푸르르다), 까다롭다(까탈스럽다), 꺼림칙하다(꺼림직하다), 께름칙하다(께름직하다), 치켜세우다(추켜세우다), 추어올리다/추켜올리다(치켜올리다)

4학년 때 꼭 알아야 할 문법 개념 다섯 번째는 발음은 비슷하지만 뜻은 다른 단어들입니다. 우리말에는 발음이 비슷하거나 같은데 뜻이 전혀 다른 단어들이 있습니다. 이러한 것들은 초등학교 때부터 고등학교 졸업할 때까지 항상 시험 문제로 나올 뿐 아니라 일상에서도 잘못 적는 경우가 많지요. 다음의 예시는 많은 아이가 중고등학생이 되어도 자주 헷갈리는 대표적인 단어들입니다. 직접 국어사전에서 단어를 찾아 뜻과 용례를 살펴보면서, 발음이 같지만 뜻은 다른 단어들을 익히도록 지도해주세요.

〈초등학교 졸업 전 꼭 익혀야 할 혼동되는 말〉

1. 가름 vs 갈음

가름 쪼개거나 나누어 따로따로 되게 하는 일, 승부나 등수 따위를 정하는 일
예 둘로 가름. 이기고 지는 것은 그것으로 가름이 났다.

갈음 다른 것으로 바꾸어 대신함.
예 제 소개는 이 영상으로 갈음하겠습니다.

2. 거름 vs 걸음

거름 식물이 잘 자라도록 땅을 기름지게 하기 위해 주는 물질
예 주말에 텃밭에 거름을 주었다.

걸음 두 발을 번갈아 옮겨 놓는 동작
예 수업 시간에 늦어 빠른 걸음으로 걸었다.

3. 거치다 vs 걷히다

거치다 무엇에 걸리거나 막히다
예 산길을 거쳐 왔다.

걷히다 구름이나 안개 따위가 흩어져 없어지다
예 안개가 걷히고 햇빛이 들어왔다.

4. 그러므로(그러니까) vs 그럼으로(써)

그러므로 앞의 내용이 뒤 내용의 이유나 원인, 근거가 될 때 쓰는 접속 부사
예 그 학생은 착하다. 그러므로 언젠가 상을 받을 것이다.

그럼으로(써) '그러다'의 명사형 '그럼'에 '으로(써)'가 결합한 것으로, '그렇게 하는 것으로(써)'라는 뜻을 나타낸다.
예 그녀는 자주 봉사활동을 다닌다. 그럼으로써 즐거움을 느낀다.

5. 느리다 vs 늘이다 vs 늘리다

느리다 어떤 동작을 하는 데 걸리는 시간이 길다
예 속도가 너무 느리다.

늘이다 본디보다 더 길어지게 하다.
예 고무줄을 힘껏 늘인다.

늘리다 물체의 넓이, 부피 따위를 본디보다 커지게 하다.
예 공부 시간을 더 늘린다.

6. 다리다 vs 달이다

다리다 옷이나 천 따위의 주름이나 구김을 펴고 줄을 세우기 위해 다리미나 인두로 문지르다.
예 바지를 다리다.

달이다 액체 따위를 끓여서 진하게 만들다.

예 한약을 달여 먹었다.

7. 마치다 vs 맞히다 vs 맞추다

마치다 어떤 일이나 과정, 절차 따위가 끝나다.

예 숙제를 마치다.

맞히다 문제의 답을 틀리지 않게 하다.

예 퀴즈의 마지막 문제를 맞히다.

침, 주사 따위로 치료를 받게 하다.

예 강아지에게 주사를 맞히다.

물체를 쏘거나 던져서 어떤 물체에 닿게 하다.

예 돌을 던져서 나뭇가지를 맞히다.

맞추다 서로 떨어져 있는 부분을 제자리에 맞게 대어 붙이다.

예 문짝을 문틀에 맞추다.

둘 이상의 일정한 대상을 나란히 놓고 비교하여 살피다.

예 친구와 서로 답을 맞춰보다.

8. 바치다 vs 받치다 vs 받히다 vs 밭치다

위의 네 단어는 사전적 의미가 다양하여 대표적인 예시만 정리했습니다. 아이가 직접 사전에서 단어를 찾아 다양한 뜻을 살펴보고 정확한 쓰임을 익히도록 지도 해주세요.

바치다 예 신에게 제물을 바치다. 관청에 세금을 바치다.

받치다 예 쟁반이 없어서 책으로 냄비를 받쳤다.

받히다 예 차에 받히는 사고가 났다.

밭치다 예 국수를 채에 밭치다.

초등 국어가 실력입니다

9. 반드시 vs 반듯이

반드시 틀림없이 꼭

예 반드시 이 일을 해내야 한다.

반듯이 작은 물체, 또는 생각이나 행동 따위가 비뚤어지거나 기울거나 굽지 않고 바르게

예 책을 반듯이 정리하다.

10. 부치다 vs 붙이다

위의 두 단어는 사전적 의미가 다양하여 대표적인 예시만 정리했습니다. 아이가 직접 사전에서 단어를 찾아 다양한 뜻을 살펴보고 정확한 쓰임을 익히도록 지도 해주세요.

부치다 예 이 일은 내 힘에 부친다. / 편지를 부치다. / 밭을 부치다. / 부침개를 부 치다. / 회의에 부치는 안건

붙이다 예 풀을 붙이다. / 의자를 책상에 붙이고 앉다. / 경쟁을 붙이다. / 불을 붙 이다. / 미행하는 사람을 붙이다. / 흥미를 붙이다. / 이름을 붙이다.

11. 안치다 vs 앉히다

안치다 밥, 떡 찌개 따위를 만들기 위해 그 재료를 솥이나 냄비 따위에 넣고 불 위 에 올리다.

예 밥을 안치다.

앉히다 '앉다'의 사동사로 쓰이거나, 문서에 줄거리를 따로 적어 놓다, 버릇을 가 르친다는 뜻을 나타내기도 한다.

예 유모차에 앉혔다.

12. 이따가 vs 있다가

이따가 조금 지난 뒤에

예 이따가 다시 와라.

있다가 '있다'의 '있–' 에 어떤 동작이나 상태가 끝나고 다른 동작이나 상태로 옮
　　　겨지는 뜻을 나타내는 어미 '–다가' 가 붙은 형태
예 여기에 더 있다가 가겠다.

13. 저리다 vs 절이다

저리다 뼈마디나 몸의 일부가 오래 눌려서 피가 잘 통하지 못하여 감각이 둔하고
　　　아리다.
예 다리가 저리다

절이다 푸성귀나 생선 따위를 소금기나 식초, 설탕 따위에 담가 간이 배어들게
　　　하다.
예 생선을 소금에 절이다.

14. 조리다 vs 졸이다

조리다 양념을 한 고기나 생선, 채소 따위를 국물에 넣고 바짝 끓여서 양념이 배어
　　　들게 하다.
예 멸치를 간장에 조렸다.

졸이다 찌개, 국, 한약 따위의 물을 증발시켜 분량을 적어지게 하다.
예 마음을 졸이며 기다렸다.

15. (으)로서(자격) vs (으)로써(수단)

(으)로서 지위나 신분 또는 자격을 나타내는 격 조사
예 선생으로서 학생을 잘 가르쳐야 한다.

(으)로써 어떤 물건의 재료나 원료를 나타내는 격 조사
예 쌀로써 떡을 만든다.

어떤 일의 수단이나 도구를 나타내는 격 조사

예 말로써 천 냥 빚을 갚는다.

시간을 셈할 때 셈에 넣는 한계를 나타내거나 어떤 일의 기준이 되는 시간임을 나타내는 격 조사

예 드디어 오늘로써 그 일을 끝냈다.

4학년 때 꼭 알아야 할 문법 개념 여섯 번째는 자음군단순화 규칙입니다. 4학년 2학기 때 학교에서 ㄺ의 발음에 대해서 공부합니다. 다음은 이 시기에 미리 정리해두면 좋은 자음군단순화 규칙입니다.

〈초등학교 졸업 전 꼭 익혀야 할 자음군단순화 규칙〉

자음군단순화는 음절의 종성에 두 개의 자음(겹받침)이 놓일 때 이 중에 하나를 탈락시키는 현상이다. 국어의 음절 끝소리에서는 하나의 자음만 발음될 수 있기 때문에 겹받침을 가진 단어의 경우 반드시 하나가 탈락한다. 하지만 모음으로 시작하는 조사(이/을), 어미(았/었), 접사(이/음) 등의 문법적인 의미를 지닌 형식형태소가 올 때 이 현상은 일어나지 않는다. 앞서 3학년 1학기 때 겹받침을 익힐 때 공부했던 연음현상이 일어나기 때문이다. 예를 들어서 '닭이 아주 크다' 와 '닭을 잡았다'에서 '이' 와 '을'은 조사이다. '흙을 밟았다'에서 '-았-' 또한 어미로 혼자 쓰일 수 없고, '과거'라는 문법적인 관계만 나타내는 말이다.

모음으로 시작하는 형식 형태소가 겹받침 뒤에 오는 경우를 제외하면 자음군단순화가 일어난다고 생각하면 된다. ㄼ과 ㄺ을 제외하고는 어떤 자음이 탈락하는지는 정해져 있다. 겹받침 ㄳ, ㄵ, ㄼ, ㄽ, ㄾ, ㅄ은 어말 또는 자음 앞에서 각각 ㄱ, ㄴ, ㄹ, ㅂ으로 발음한다. 즉, 겹받침 중에서 앞 자음으로 발음한다고 보면 된다.

1. ㄳ

⑩ 내 몫과[**목꽈**] 네 몫을[**목쓸**] 잘 구분해라.

2. ㄵ

⑩ 그가 의자에 앉자[**안짜**] 나도 의자에 앉았다[**안잗따**]

3. ㄼ

⑩ 그는 여덟[**여덜**] 살 때부터 아주 총명했다.

다만, '밟–'은 자음 앞에서 [**밥**]으로 발음한다.
⑩ 사뿐히 즈려밟고[**밥꼬**] 가시옵소서.

'넓–'은 넓–죽하다, 넓–둥글다에서 각각 [**넙**]으로 발음한다.
⑩ 오빠의 얼굴은 넓죽하다[**넙쭈카다**]. 동생의 얼굴은 넓둥글다[**넙뚱글다**].

4. ㄽ

⑩ 낚시에 외곬[**외골**] 하는 인생

5. ㄾ

⑩ 고양이가 생선을 핥다[**할따**]가 도망쳤다.

6. ㅄ

⑩ 값어치[**가버치**]가 없는[**업는 ➔ 엄는**] 물건은 없다[**업따**].

7. 겹받침 중 뒤의 자음으로 발음하는 것도 있다. 겹받침 ㄺ, ㄻ, ㄿ은 어말 또는 자음 앞에서 각각 [ㄱ, ㅁ, ㅂ]으로 발음한다.
⑩ ㄺ 닭[**닥**], 맑다[**막따**], 늙지[**늑찌**]

다만, ㄺ이 동사나 형용사에서 형태가 변하지 않는 부분의 마지막 음일 경우에는 ㄱ 앞에서 [ㄹ]로 발음한다.
⑩ 맑게[**말께**], 맑고[**말꼬**], 읽고[**일꼬**], 읽거나[**일꺼나**], 얽고[**얼꼬**]

4학년 때 꼭 알아야 할 문법 개념 마지막은 표준어와 방언의 구분입니다. 어휘는 쓰이는 범위에 따라 표준어와 방언으로 분류할 수 있습니다. 방언은 국어의 여러 특성을 보여주고 국어 역사 연구에 도움이 되는 등 그 자체로 가치가 있습니다. 교과서에 자주 등장하는 방언 표현을 익히도록 해주세요.

〈초등학교 졸업 전 꼭 익혀야 할 표준어와 방언〉

예 시골 읍내 구경을 가서 보말 칼국수에 녹두 부치기를 먹었다. 할머니 댁으로 돌아오는 길에 아바이 떡집에서 인절미와 오모가리 해장국을 사왔다. 할매 김치와 먹으면 맛있다는 올갱이 된장국은 다음에 먹기로 했다.

⇨ 보말(제주도) ➜ 고둥 / 부치기(충청도, 황해도) ➜ 부침개 / 아바이(평안도) ➜ 아버지 / 오모가리(전라도) ➜ 뚝배기 / 할매(경상도) ➜ 할머니 / 올갱이(강원도, 충청도) ➜ 디슬기

5학년

5학년 때는 문법 개념뿐 아니라 앞으로 중고등학생 때까지 계속 접하게 되는 국어 개념을 배웁니다. 첫 번째는 설명하는 방법입니다. 설명하는 방식은 중고등학교와 수능 때 단골 시험 문제입니다. 다음에 제시한 내용을 살펴보며 다양한 설명 방식을 익히도록 지도해주세요. 설명하는 방법의 개념을 익히고 그림이나 예문을 이용해서 완전히 체화하는 것이 효과적입니다.

〈초등학교 졸업 전 꼭 익혀야 할 설명하는 방법〉

1. **비교** 둘 이상의 대상을 견주어 유사점을 중심으로 진술하는 방식
   예 개와 고양이는 사람들과 친하며 애완동물이라는 점에서 비슷하다.

2. **대조** 둘 이상의 대상을 견주어 차이점을 중심으로 진술하는 방식
   예 개는 주로 낮 시간대에 활동하는 데 반해, 고양이는 주로 밤 시간대에 활동한다.

3. **분석** 복잡한 현상이나 대상 등을 단순한 요소나 부분으로 나누어 설명하는 방식
   예 시계는 시침, 분침, 초침과 숫자판으로 이루어져 있다.

4. **구분** 종류에 따라 공통점을 기준으로 묶어서 설명하는 방식
   예 희곡은 해설, 대사, 지시문으로 구성된다.

5. **분류** 유개념에 포함되는 종개념들을 명확히 구분하여 체계적으로 정리하는 방식

(예) 동사와 형용사를 용언이라 한다.

6. **유추** 두 개의 사물이 여러 면에서 비슷하다는 것을 근거로 다른 속성도 유사할 것이라고 미루어 짐작하는 방식

(예) 마라톤은 목적을 갖고 뛰어야 완주가 가능한 것처럼 우리 인생도 목표를 갖고 노력하는 사람이 성공한다.

7. **열거** 유사한 기능을 하거나 의미의 유사성을 가진 대상들을 나열하는 방식

(예) 내가 좋아하는 음식은 피자, 샌드위치, 햄버거 등이다.

5학년 때 꼭 알아야 할 개념 두 번째는 글쓴이의 주장을 파악하는 방법입니다. 비문학 독서의 기초가 되는 내용이므로 꼼꼼하게 공부할 필요가 있습니다. 글을 읽고 글쓴이의 주장을 파악하는 기초적인 방법과 근거의 적절성을 따지며 읽는 방법은 다음과 같습니다.

〈초등학교 졸업 전 꼭 익혀야 할 글쓴이의 주장을 파악하는 방법〉

1. 글쓴이가 여러 번 강조해 사용한 낱말이 무엇인지 확인한다.

2. 각 단락의 중심 문장을 확인한다.

3. 글쓴이의 의견이 무엇인지 알아보고, 그에 대한 근거를 살펴본다.

4. 글의 제목을 살펴보고 주장을 추측한다.

1. 글을 읽고 글쓴이의 주장을 파악한다.

2. 각 단락의 중심 내용을 살펴보며 글쓴이의 주장을 뒷받침하는 근거를 찾아본다.

3. 찾은 근거가 주장과 관련이 있는지 알아본다.

4. 제시한 근거가 주장의 설득력을 높이는지 알아본다.

5. 제시한 근거에 알맞은 낱말을 썼는지 살펴본다.

5학년 때 꼭 알아야 할 개념 세 번째는 단일어와 복합어입니다. 단어의 짜임을 확실히 이해하도록 지도해주세요.

◆ **단일어** 하나의 실질 형태소로 된 말로, 더 이상 쪼갤 수 없다.
예 하늘, 복숭아, 수박, 감자, 자두, 오이, 수건, 물, 비, 밥, 길

◆ **복합어** 하나의 실질 형태소에 접사가 붙거나 두 개 이상의 실질 형태소가 결합된 말

◆ **합성어** 둘 이상의 실질 형태소가 결합하여 하나의 단어가 된 말
예 바늘방석, 사과나무, 산딸기, 방울토마토, 손수레, 눈사람, 구름다리, 비구름, 김밥, 새우잠, 책가방, 돌다리, 뛰놀다, 골목길, 꽃길, 눈길, 길동무, 강물, 밥그릇, 검붉다

◆ **파생어** 실질 형태소에 접사가 결합하여 하나의 단어가 된 말
예 맨주먹, 맨발, 햇밤, 햇곡식, 애벌레, 애호박, 풋사과, 풋고추, 덧신, 나무꾼, 낚시꾼, 장난꾸러기, 말썽꾸러기, 바느질

5학년 때 꼭 알아야 할 마지막 개념은 문장 성분의 호응 관계입니다. 아이가 이를 확실히 정리하고 다음으로 넘어가도록 지도해주세요. 문장의 호응 관계란 시제에 따라서 과거, 현재, 미래를 나타내는 말이 오면 이에 맞는 시제를 호응해서 써주고, '까닭은'이라는 말이 나오면 '-때문이다'가 호응 관계로 따라와야 한다는 개념입니다. 또한 웃어른께는 높임 표현이 적절한 호응이고 '결코', '전혀', '별로' 같은 표현은 부정어로 끝나는 문장에서 쓰여야 합니다. 호응 관계와 관련된 시험 문제는 '다음 중 어색한 문장을 고르시오'와 같은 형태로 자주 출제되니 대표적인 호응 관계를 정리하여 익혀두어야 합니다.

〈초등학교 졸업 전 꼭 익혀야 할 문장 호응 관계〉

예 나는 친구가 거짓말을 한 것이 결코 바른 행동이라고 생각하다.
선생님 말씀은 전혀 들어본 내용이었다.
나는 책 읽기를 별로 좋아하는 편이다.

→ 결코, 전혀, 별로는 부정어와 호응한다. 따라서 서술어를 각각 '생각하지 않는다, 들어보지 못한, 편이 아니다'로 바꿔야 옳다.

예 키와 몸무게가 늘었다.

→ '늘었다'라는 서술어는 몸무게와 잘 호응되지만, 키는 어울리지 않는다. 따라서 '키가 자라고 몸무게도 늘었다'처럼 수정해야 한다.

예 민아는 어제 책을 세 시간 동안 읽는다.

현민이는 내일 야구장에 갔다.

➜ 과거, 현재, 미래를 표시하는 시간 부사어와 시제를 표시하는 선어말어미를 잘 맞춰 사용해야 한다. '어제'는 과거이므로 '읽는다'에서처럼 현재시제를 나타내는 선어말어미 '-는-'을 사용해서는 안 된다. '읽었다'와 같이 과거시제 선어말어미 '-았/었-'과 써야 한다. 이와 같은 맥락에서, '내일'은 미래이므로 '갈 것이다'와 같이 바꿔야 한다.

예 할머니가 잠을 잔다.
아버지가 온다.

➜ 할머니나 아버지는 높임의 대상이다. 따라서 그에 맞게 '할머니는 잠을 주무신다', '아버지께서 오신다'처럼 적절한 조사나 서술어를 사용해야 한다.

초등 국어가 실력입니다

6학년

많은 학생들이 중학교에서 국어 문법을 본격적으로 시작하는 반면, 영어 문법은 6학년 전후에 먼저 배우는 경우가 많습니다. 이 과정에서 영어의 품사 개념을 기준으로 국어를 이해하려다 혼란을 겪기도 하는데요. 처음부터 두 언어의 문장 성분과 품사를 함께 비교하며 체계화하면 이후 국어 문법 학습이 훨씬 수월해집니다. 영어에서 문장 성분과 형식, 품사를 배울 때 국어의 품사와 문장 성분 구조도 동시에 연결해 지도하는 것이 효과적입니다.

〈초등학교 졸업 전 꼭 익혀야 할 품사〉

공통된 성질을 가진 단어끼리 모아놓은 단어의 갈래로, 형태, 기능, 의미에 따라 나눕니다.

◆ **형태에 따라 분류: 모양이 변하는지에 따라 두 가지로 분류**

1. **가변어** 동사, 형용사, 서술격 조사 ∼이다

예 먹다, 먹고, 먹어서, 먹으니, 먹자(형태가 변하는 동사 '먹다')

예 예쁘다, 예쁘니, 예쁘니까, 예뻐서(형태가 변하는 형용사 '예쁘다')

예 ~이다, ~이고, ~이니, ~이니까, ~이어서(형태가 변하는 조사 '~이다')

2. **불변어** 가변어를 제외하고 모두 불변어

◆ **기능에 따라 분류: 문장에서 단어가 어떤 기능을 하는지에 따라 다섯 가지로 분류**

1. **체언** 문장에서 '무엇'에 해당하는 주체 역할. 주어와 목적어의 기능을 한다.
   명사, 대명사, 수사가 이에 해당한다.

2. **용언** 문장에서 형태를 활용해(모양을 바꿔) 문장을 움직이는 요소. 서술어 기능을 한다.
   동사, 형용사가 이에 해당한다.

3. **수식언** 문장에서 뒤에 오는 체언이나 용언, 또는 문장 전체를 꾸며주는 말.
   관형사, 부사가 이에 해당한다.

4. **관계언** 문장에 쓰인 단어들의 관계를 나타내는 기능을 함.
   조사가 이에 해당한다.

5. **독립언** 문장에서 다른 말과 직접적인 문법 관계를 맺지 않고 독립적으로 쓰이는 말.
   감탄사가 이에 해당한다.

◆ **의미에 따라 분류 : 문장에서 단어가 가진 의미에 따라 아홉 가지로 분류**

1. **명사** 사물, 사람, 장소 등 구체적 대상이나, 사랑, 평화, 우정 등 추상적 개념의 이름을 나타내는 품사.
   보통명사 **예** 사람, 가위, 학교, 손, 마음, 사랑, 꿈
   고유명사 **예** 홍길동, 서울, 부산, 삼성, 현대
   구체명사 **예** 얼굴, 다리, 과자, 인형
   추상명사 **예** 자유, 평화, 우정, 관계, 용기, 행복

2. **대명사** 사람이나 사물의 이름을 대신 나타내는 말

   인칭대명사 예 나, 너, 우리, 누구, 너희, 그들, 저

   지시대명사 예 이것, 저것, 무엇, 어디

3. **수사** 사물의 수량이나 순서를 나타내는 말

   양수사 예 하나, 둘, 셋, 넷

   서수사 예 첫째, 둘째, 셋째, 넷째

4. **동사** 사물이나 사람의 움직임, 동작, 변화를 나타내는 말

   날다, 먹다, 공부하다, 자다, 놀다, 달리다

   자동사 예 웃다, 울다, 가다

   타동사 예 먹다, 보다, 만들다

5. **형용사** 사람이나 사물의 성질이나 상태를 나타내는 품사

   성상형용사 예 크다, 작다, 예쁘다, 빠르다

   상태형용사 예 아프다, 춥다, 따뜻하다, 배고프다

6. **관형사** 체언 앞에서 그 의미를 꾸며 주는 품사

   성상관형사 예 새, 헌, 좋은, 온갖

   지시관형사 예 이, 그, 저

   수관형사 예 한, 두, 세, 몇

7. **부사** 용언이나 다른 부사, 혹은 문장 전체를 꾸며 주어 정도, 방식, 시간 등을

   나타내는 품사

   성분부사 예 매우, 빨리, 잘, 많이, 곧

문장부사 예 과연, 설마, 아마, 정말, 결코

8. **조사** 체언 뒤에 붙어 문장 속에서 문법적 관계를 나타내거나 특별한 뜻을 더해 주는 품사
격조사 예 이/가, 을/를, 은/는, 에, 에서
보조사 예 만, 도, 까지, 부터, 조차
접속조사 예 와/과, 하고, (이)랑

9. **감탄사** 말하는 사람의 감정이나 부름, 응답 등을 나타내는 품사.
감정감탄사 예 아, 어머, 와, 아이고
응답감탄사 예 네, 아니요, 응, 그래
호칭감탄사 예 여보, 이봐

이와 같이 9개의 분류로, 단어의 변하지 않는 이름표를 붙여준다고 생각하면 좋습니다. 기능에 따라 용언으로 분류해서 줄을 세웠는데, 이름표를 보니 동사가 달려있는 모습을 상상해보세요. 품사가 '단어의 이름표'라면, 문장 성분은 그 단어가 문장에서 맡는 '역할'이라고 볼 수 있습니다. 같은 단어도 위치에 따라 기능이 달라지므로 두 개념을 함께 이해해야 합니다.

〈초등학교 졸업 전 꼭 익혀야 할 문장 성분〉

문장의 기본 성분은 주어, 서술어, 목적어, 보어, 관형어, 부사어, 독립어로 나뉩니다. 이제 각 성분의 역할과 품사와의 연결을 정리해 보겠습니다.

초등 국어가 실력입니다

1. **주어** 문장에서 '누가, 무엇이'에 해당하는 중심 대상. 필수성분

㉠ 철수가 밥을 먹는다.

2. **서술어** 주어의 동작이나 상태를 설명하는 말로 '무엇이다, 어떠하다'에 해당하는 말

㉠ 철수가 밥을 먹는다.

3. **목적어** 문장에서 '무엇을, 누구를'로 서술어의 동작 대상이 되는 말

㉠ 철수가 밥을 먹는다.

4. **보어** 주어나 목적어의 상태를 보충 설명하는 말. 되다, 아니다 앞에 오는 말로 '누가, 무엇이'에 해당하는 말

㉠ 철수는 학생이 되었다.

5. **관형어** 체언(명사 등)을 꾸며 주는 말

㉠ 예쁜 꽃이 피었다.

6. **부사어** 용언(동사 · 형용사)이나 문장 전체를 꾸며 주는 말

㉠ 철수가 빨리 달린다.

7. **독립어** 분상에서 다른 성문과 관계없이 녹립석으로 쓰이는 날.

㉠ 아, 오늘은 날씨가 좋다.

　　사랑, 아름답고 아름답구니.

최신 수능
10년 빅데이터
완벽 분석

인문

연도	시험 종류	학년	소분류	제재	출처
2016	3월	고2	철학	도덕경에서 나타나는 노자의 철학	신정근 외 『21세기의 동양철학』
2016	6월	고1	철학	도덕적 딜레마 상황에서의 행위 판단 기준	
2016	6월	고2	철학	인간의 욕망에 대한 맹자, 순자, 한비자의 입장	고전연구회 『2천 년을 이어져온 논쟁』(재구성)
2016	9월	고1	철학	기술에 대한 철학자들의 관점과 하이데거의 견해	이중원 「인간과 기술의 관계, 변하고 있다」
2016	9월	고2	철학	셸러의 새로운 인격 개념	이인제 「셸러의 감정 윤리학」
2016	11월	고1	철학	에우다이모니아에 대한 뮐러의 견해	박찬국 「목적론적 입장에서 본 행복: 아리스토텔레스와 프롬을 중심으로」
2016	11월	고2	철학	후설의 현재화와 현전화 작용	에드문트 후설 『내적 시간의식의 현상학』
2016	수능 (2016 11월 시행)	고3	철학	지식의 구분에 대한 논리실증주의자와 포퍼, 콰인의 주장	
2017	3월	고2	철학	아리스토텔레스 논리학의 계승과 발전	박병철 『쉽게 읽는 언어철학』
2017	3월	고3	철학	삼단 논증의 추론 과정에서 일어나는 오류 현상의 원인	석봉래 『논리와 심리』
2017	4월	고3	철학	엔투시아스모스와 테크네	오병남 『미술론 강의』

연도	시험 종류	학년	소분류	제재	출처
2017	6월	고1	역사	조선 전기 사회의 신분_노비를 줄이고 양인을 늘리다(반상과 양천)	
2017	6월	고2	철학	여러 철학자들의 다양한 이기론	홍승기『한국철학 콘서트』(재구성)
2017	6월	고3	역사	율곡의 법제 개혁론의 사상적 배경과 의의	
2017	7월	고3	철학	사회 정의를 말한 대표적인 철학자들	한국철학사상연구회『현실을 지배하는 아홉 가지 단어』
2017	9월	고2	철학	피론주의의 개념과 관점	진태원 공편『서양근대철학의 열 가지 쟁점』
2017	10월	고3	철학	로댕의 예술에서 찾을 수 있는 메를로퐁티의 철학	박영욱『보고 듣고 만지는 현대사상』
2017	11월	고2	철학	변화에 대한 아리스토텔레스의 철학	유원기 외『인생교과서 아리스토텔레스』
2017	수능 (2017 11월 시행)	고3	철학	아리스토텔레스의 목적론에 담긴 사고와 의의	
2018	3월	고1	철학	흄의 경험론	최희봉『흄 David Hume』
2018	3월	고3	철학	비트겐슈타인의 후기 철학의 주요 입장과 개념	조광제『현대 철학의 광장』
2018	4월	고3	철학	홉스, 루소, 니체의 '자연'	정동호『니체 해설서』
2018	6월	고1	철학	우주의 본질에 대한 순자의 이해	장현근『순자』
2018	6월	고3	철학	서양 의학의 영향을 받은 이익과 최한기의 인체관	

연도	시험 종류	학년	소분류	제재	출처
2018	7월	고3	철학	예술 작품에 대한 철학자들의 관점 차이	박정자 『빈센트의 구두』
2018	9월	고1	철학	스피노자의 코나투스 개념	이수영 『에티카, 자유와 긍정의 철학』
2018	9월	고2	철학	베르그송의 철학과 인상주의의 발전	조중걸 『근대예술: 형이상학적 해명 2』
2018	9월	고3	철학	근대 도시의 삶의 양식과 영화에 대한 벤야민의 견해	
2018	11월	고1	철학	정서에 관한 두 이론	임일환 외 『감성의 철학』
2018	11월	고2	철학	아도르노의 비동일성 철학	이종하 『아도르노: 고통의 해석학』
2018	수능 (2018 11월 시행)	고3	철학	가능세계의 개념과 성질	
2019	3월	고3	역사	조선의 역법 확립 과정	한영호 「세종의 역법 제정과 '칠정산'」
2019	6월	고1	철학	인성론의 세 가지 학설	강신주 『철학 VS 철학』
2019	6월	고3	철학	에피쿠로스의 자연학과 그의 쾌락주의적 윤리학	
2019	7월	고3	철학	들뢰즈의 생성의 원리와 랜드스케이프 건축	정인하 「질 들뢰즈의 '주름 Pli' 개념과 랜드스케이프 건축」
2019	9월	고1	철학	니체의 철학적 견해 및 예술에 미친 영향	연혜경 「니체의 예술 철학과 표현주의」
2019	9월	고2	철학	플로지스톤 패러다임을 예고한 쿤의 과학적 진보	토마스 쿤 『과학혁명의 구조』
2019	9월	고3	역사	역사와 영화의 관계	
2019	10월	고3	철학	알랭 바디우의 사회 구조의 변화	알랭바디우, 장태순 역 『비미학』

초등 국어가 실력입니다

연도	시험 종류	학년	소분류	제재	출처
2019	11월	고1	철학	비트겐슈타인의 명제 고찰	박병철『비트겐슈타인 철학으로의 초대』
2019	11월	고2	철학	공리주의의 종류	카타르지나 드 라자리-라덱 외 『공리주의 입문』
2019	수능 (2019 11월 시행)	고3	철학	베이즈주의의 조건화 원리에 따른 믿음의 정도 변화 양상	
2020	3월	고2	철학	도덕적 갈등을 바라보는 여러 관점	
2020	6월	고1	철학	명제의 표준 형식	소홍렬『논리와 사고』
2020	6월	고2	철학	사르트르 실존주의자의 특성과 의의	장 폴 사르트르『존재와 무』(재구성)
2020	6월	고3	역사	과거제의 사회적 기능과 의의, 과거제의 부작용과 개혁방안	
2020	7월	고3	철학	카르납과 로티의 언어관 차이	이유선『듀이&로티: 미국의 철학적 유산, 프래그머티즘』
2020	9월	고2	철학	노동에 대한 다양한 철학자의 견해	손철성『헤겔&마르크스: 역사를 움직이는 힘』
2020	10월	고3	철학	호펠드가 주장한 권리의 범주와 근대 이후 권리의 근본적 성격에 대한 견해들	김도균「호펠드의 권리 범주」, 김정오 외「의사설 · 이익설」
2020	11월	고1	철학	들뢰즈의 차이의 철학	박영욱『보고 듣고 만지는 현대사상』
2020	11월	고2	철학	고유 이름에 대한 프레게의 철학	이병덕『표상의 언어에서 추론의 언어로』
2020	수능 (2020 11월 시행)	고3	역사	박제가와 이덕무의 북학론 형성 배경과 견해 차이	
2021	3월	고1	철학	조선 학자들의 백성에 대한 관점	김태희「한국 주자학과 실학에서의 민(民) 개념」

연도	시험 종류	학년	소분류	제재	출처
2021	3월	고3	철학	동양과 서양 철학의 인식론	
2021	6월	고1	철학	인간의 본성에 대한 주희와 정약용의 관점	
2021	6월	고2	철학	레비나스의 타자 중심의 철학_타인의 얼굴	에마뉘엘 레비나스 『전체성과 무한』 (재구성)
2021	6월	고3	철학	새먼의 과정 이론의 개념과 한계	
2021	7월	고3	철학	서양철학과 동양철학의 실존적 불안에 대한 대처 방식	박동환 『안티호모에렉투스』
2021	9월	고1	철학	레비스트로스의 구조주의 해석	안상헌 『미치게 친절한 철학』
2021	9월	고2	철학	기억과 망각에 대한 철학적 논의	강신주 『철학 VS 철학』
2021	9월	고3	철학	반자유의지 논증의 내용과 이에 대한 비판	
2021	11월	고1	철학	토마스 아퀴나스와 칸트의 사랑에 대한 분석	
2021	11월	고2	철학	언어에 대한 소쉬르와 비트겐슈타인의 이론	박영욱 『보고 듣고 만지는 현대사상』 이병덕 『표상의 언어에서 추론의 언어로』
2021	수능 (2021 11월 시행)	고3	철학	변증법을 바탕으로 한 헤겔의 미학에서의 절대정신과 예술	
2022	3월	고1	철학	플라톤과 아리스토텔레스의 예술관	W. 타타르키비츠 『미학사』
2022	3월	고2	철학	아도르노의 계몽주의와 유럽의 표현주의가 비판하는 근대 사회	W. 아도르느, 막스 호르크하이머 공저 『계몽의 변증법』
2022	3월	고2	철학	아도르노의 계몽주의와 유럽의 표현주의가 비판하는 근대 사회	하요 뒤히팅 『어떻게 이해할까? 표현주의』

초등 국어가 실력입니다

연도	시험 종류	학년	소분류	제재	출처
2022	3월	고3	철학	리드의 행위자 인과 이론	김종원 「토마스 리드의 행위자 인과 이론」
2022	4월	고3	철학	'권도'에 대한 맹자의 견해 '주화론'에 대한 최명길의 견해	오석원 「유가의 상도와 권도에 관한 연구」 허태구 「병자호란과 예, 그리고 중화」
2022	6월	고1	철학	홍대용의 지구설과 무한 우주설	
2022	6월	고3	철학	'신어'에 담긴 육가의 사상 '치평요람'에 담긴 세종과 편찬자들의 사상	
2022	7월	고3	철학	상상력에 대한 흄과 칸트의 견해	김상환 「왜 칸트인가」 홍병선 「상상력의 철학적 근거 – 흄의 상상력 이론을 중심으로」
2022	9월	고1	철학	에리히 프롬의 행복론	에리히 프롬 「소유냐 존재냐」 박찬국 「에리히 프롬의 소유냐 존재냐 읽기」
2022	9월	고2	철학	후설의 의식과 메를로퐁티의 몸 이론	강신주 「철학 vs 철학」
2022	9월	고2	철학	오류가 발생한 데이터를 처리하는 방법	김은환 외 「정보 통신과 컴퓨터 네트워크」
2022	10월	고3	철학	과학 이론에 대한 논리 실증주의와 비판적 합리주의의 견해	앨런 차머스 「과학이란 무엇인가」
2022	11월	고1	철학	두 철학자의 군주의 통치술	김필수 외 공역 「관자」 전세영 「울곡의 군주론」
2022	11월	고2	철학	여러 학자들의 시뮬라크르에 대한 관점	박정자 「시뮬라크르의 시대」 임영매 「보드리야르: 현대예술과 초미학」
2022	수능 (2022 11월 시행)	고3	역사	유서의 특성과 의의 조선 후기 유서 편찬에서 서학의 수용 양상	

연도	시험 종류	학년	소분류	제재	출처
2023	3월	고1	철학	프로이트 무의식 성격이론	권석만 『인간 이해를 위한 성격 심리학』
2023	3월	고1	철학	융 분석심리학 개별화	이부영 등저 『분석심리학 이야기』
2023	3월	고2	철학	실내에 관한 짐멜과 베냐민의 공간관	윤미애 『발터 벤야민과 도시산책자의 사유』
2023	3월	고3	철학	인간의 모방 메커니즘과 '밈' 이론	장대익 『다윈의 식탁』
2023	3월	고3	철학	인간의 모방 메커니즘과 '밈' 이론	김동규 외 『미생물이 플라톤을 만났을 때』
2023	4월	고3	철학	'명실'에 대한 공손룡과 후기 묵가의 논쟁	김철신 「공손룡과 후기 묵가의 정명론 비교 연구」
2023	6월	고1	철학	다섯 가지 기본 욕구와 문제를 해결하는 현실 요법	윌리엄 글래서 『Reality Therapy』 (재구성)
2023	6월	고2	철학	전통 형이상학에 반대하며 현실적 삶을 긍정하는 니체의 철학	
2023	6월	고3	철학	확장 인지 이론과 '얽힘' 철학	
2023	7월	고3	철학	'우연'으로 엮인 여러 철학자들의 사상	강신주 『철학 VS 철학』
2023	7월	고3	철학	'우연'으로 엮인 여러 철학자들의 사상	루이 알튀세르 『철학과 맑스주의: 우발성의 유물론을 위하여』
2023	9월	고1	철학	현대회화의 추상성, 예술과 현실의 관계	이정우 『세계의 모든 얼굴』
2023	9월	고1	철학	현대회화의 추상성, 예술과 현실의 관계	박영욱 「대중문화, 예술과 일상의 구분 지우기」
2023	9월	고2	철학	다산 윤리학의 특징	백민정 외 『정약용의 철학』

연도	시험 종류	학년	소분류	제재	출처
2023	9월	고3	철학	조선 후기 신분제와 도덕적 이상 사회를 추구했던 유형원과 정약용의 개혁론	
2023	10월	고3	철학	미적 실재론과 반실재론의 관점에서 보는 미적 수반론	이가림 「미적 판단의 규범성에 관한 연구」
2023	10월	고3	철학	미적 실재론과 반실재론의 관점에서 보는 미적 수반론	신현주 「미적 속성 실재론 혹은 반실재론 : 미적 수반과의 양립가능성」
2023	수능(2023 11월 시행)	고3	철학	『노자』의 도에 대한 여러 학자들의 견해	
2024	3월	고1	철학	순자 성악설과 예치	채인후 『순자의 철학』
2024	3월	고1	철학	홉스 자연상태 사회계약	김용환 『리바이어던—국가라는 이름의 괴물』
2024	3월	고3	철학	인간 구성 세계의 관계 탐구	황유경 「굿맨의 세계 제작과 진리 이론 소고」
2024	5월	고3	철학	객체의 동등성과 불완전 인식	그레이엄 하먼 『쿼드러플 오브젝트』
2024	6월	고3	철학	도덕 문장의 진리성 부정과 감정 표현성 강조	
2024	7월	고3	미학	음악 감정 표현 방식에 대한 이론 대립과 통합	오희숙 『음악 속의 철학』
2024	9월	고2	철학	내재주의 외재주의 의미논쟁	콜린 맥긴 『언어 철학』
2024	9월	고3	철학	볼테르와 헤르더의 역사철학	
2024	10월	고1	철학	도덕자아 행동연결 모델	이정렬 「도덕적 인격 형성을 위 한 도덕적 정체성의 역할과 도덕교육적 함의」

연도	시험 종류	학년	소분류	제재	출처
2024	수능(2024 11월 시행)	고3	역사	개항 이후 개화 개념의 변화	
2025	3월	고1	철학	밀의 질적 공리주의와 행복의 개념	헨리 R. 웨스트 『밀의 공리주의 입문』
2025	3월	고2	철학	본유 관념에 대한 로크의 비판과 라이프니츠의 옹호	
2025	5월	고3	철학	의지와 표상 및 세계의 존재에 대한 철학적 관점 비교	박은미 『쇼펜하우어의 의지와 표상으로서의 세계』
2025	5월	고3	철학	의지와 표상 및 세계의 존재에 대한 철학적 관점 비교	마르쿠스 가브리엘 『왜 세계는 존재하지 않는가』
2025	6월	고1	철학	칸트의 인식론과 판단 형식	강영안 『철학은 어디에 있는가』
2025	6월	고1	철학	자유주의와 공화주의의 자유에 대한 관점 차이	
2025	6월	고2	역사	에드워드 카의 역사적 객관성과 주관성의 조화	E. H. 카 『역사란 무엇인가』 (재구성
2025	6월	고2	철학	포스트모더니즘과 언어로의 전환이 가져온 역사학의 변화	
2025	6월	고3	철학	정보의 본질과 윤리에 대한 루치아노 플로리디의 철학적 관점	루치아노 플로리디 『정보철학 입문』
2025	9월	고1	미학	근대 경험론의 미학적 전개와 특징	김종원 「근대 경험론 전통에서의 미학의 전개」
2025	9월	고1	철학	존 듀이의 경험으로서의 예술 개념	존 듀이 『경험으로서 예술』
2025	9월	고2	철학	푸코의 통치성과 신유물론적 관점에서의 사물의 통치	미셸 푸코 『안전, 영토, 인구』

초등 국어가 실력입니다

연도	시험 종류	학년	소분류	제재	출처
2025	9월	고2	철학	푸코의 통치성과 신유물론적 관점에서의 사물의 통치	토마스 렘케 『사물의 통치』
2025	10월	고1	철학	사르트르의 실존주의적 미학과 예술관	강충권 외 『사르트르의 미학』
2025	10월	고2	철학	편견의 본질과 인식론적 의미에 대한 탐구	애덤 샌델 「편견이란 무엇인가」
2025	수능(2025 11월 시행)	고3	철학	시간의 흐름에 따른 인격 동일성 유무에 대한 철학적 논쟁	

사회

연도	시험 종류	학년	소분류	제재	출처
2016	10월	고3	법	상표 등록을 위한 요건과 식별력	특허청「상표심사기준」
2016	11월	고1	경제	데이비드 스미스의 준최적입지론	이희연『경제지리학』
2016	11월	고2	일반	도시 내부구조의 분석 모델	김대영『도시 계획의 이해』
2016	3월	고1	경제	구매 후 광고 탐색을 통한 인지부조화 해소	김재휘 외「구매 결정후의 인지부조화가 구매후 정보탐색 행동에 미치는 영향」
2016	3월	고1	심리학	망각의 단계	이정모 외『인지심리학』
2016	3월	고2	경제	가격 차별의 개념과 분류	김봉호『미시경제학』
2016	3월	고3	경제	경기 변동 이론의 주원인에 대한 여러 견해	이종화 외『거시 경제학』 정운찬 외『거시 경제론』
2016	4월	고3	법	계약이 성립하는 세 가지 모습	명순구『민법학원론』
2016	6월	고1	경제	기존의 경제이론에 반하는 소비현상에 대한 베블런과 라이벤스타인의 이론	
2016	6월	고2	법	상속세와 증여세가 부과되는 방식	
2016	7월	고3	경제	기업인수합병의 개념과 종류	김화진 외『기업인수합병』
2016	9월	고1	경제	전략적 공약을 위한 이윤추구 행위	

연도	시험 종류	학년	소분류	제재	출처
2016	9월	고3	법	사단 법인의 법인격과 법인격 부인론	
2016	수능 (2016 11월 시행)	고3	경제	공정한 보험의 경제학적 원리와 법적 의무	
2016	9월	고2	경제	창업시 이윤을 파악하는 방법	텐묘 시게루『손익분기점을 배우자』 최정표『생활 경제학』
2017	10월	고3	법	의무 충돌의 개념과 형식	김준혁「정당화적 의무 충돌과 면책적 의무 충돌」
2017	11월	고1	경제	정보재의 특성과 판매	이상호『네트워크 시장과 정보재』
2017	11월	고1	심리학	공감의 작동방식에 대한 두 이론	매튜 D. 리버먼『사회적 뇌 인류 성공의 비밀』
2017	3월	고1	경제	국제무역의 발생 원인과 무역으로 인한 이익	도미니크 살바토레『살바토레의 국제무역론』
2017	3월	고1	심리학	다양한 휴리스틱에 의한 인간의 판단과 추론	한덕웅 외『사회심리학』
2017	3월	고2	경제	고객의 투자 성향을 판단하는 방법	서승환『미시경제학』
2017	3월	고3	경제	이부가격설정의 개념	김봉호『미시경제학』
2017	4월	고3	경제	통화량의 파악 방법	정운찬 외『화폐와 금융시장』
2017	6월	고1	경제	가격 결정 방식으로서의 경매	박정호『10분 경제』
2017	6월	고2	경제	한 나라의 생산량을 보여주는 지표들	
2017	6월	고3	경제	중앙은행이 실시하는 통화 정책이 효과를 거두기 위한 요건	
2017	7월	고3	경제	금리와 금전 소비대차	그래고리 맨큐『맨큐의 경제학』 김현철 외『한국인의 법과 생활』

연도	시험 종류	학년	소분류	제재	출처
2017	9월	고1	경제	금리의 개념과 종류	금융감독원 「고등학교 생활금융」
2017	9월	고2	경제	저소득층 보호 제도의 종류와 미래	브루스 액커만 외 『분배의 재구성』
2017	9월	고3	일반	'집합 의례'에 대한 학자들의 다양한 견해	
2017	수능 (2017 11월 시행)	고3	경제	환율의 오버슈팅을 사례로 본 정부의 정책 수단	
2017	11월	고2	경제	경제적 유인을 통해 환경오염을 줄이는 제도	권오상 『환경경제학』
2018	수능 (2018 11월 시행)	고3	법	매매 계약 시 발생하는 당사자의 채권, 채무 관계	
2018	10월	고3	경제	범죄 억제 비용의 최적화를 이루는 방법	김일중 외 『법경제학: 이론과 응용』
2018	11월	고1	경제	소비자 관여도와 FCB Grid 모델	이학식 외 『소비자행동』
2018	11월	고2	경제	무역이 발생하는 이유에 대한 신무역 이론의 대답	남종현 외 『국제무역론』
2018	3월	고1	경제	조세의 효율성과 공평성	이준구 외 『경제학원론』
2018	3월	고2	경제	지대에 대한 여러 경제학파의 이론들	이정전 『토지경제학』
2018	4월	고3	경제	공공재의 적정량을 정하는 방법	박환재 『정석 재정학』
2018	6월	고1	법	법의 정의와 종류	법무부 『청소년의 법과 생활』
2018	6월	고2	법	근로자의 법적 권리	김동원 외 『고용 관계론』 (재구성)
2018	6월	고2	심리학	감정노동 종사자들의 감정에 영향을 미치는 요인과 감정노동의 양상	
2018	6월	고3	법	사법에서 계약의 자유를 제한하는 경우	

초등 국어가 실력입니다

연도	시험 종류	학년	소분류	제재	출처
2018	7월	고3	경제	실업의 형태와 베버리지 곡선	배무기 『노동경제학』
2018	9월	고1	일반	범죄학의 종류와 특징	박승일 「신자유주의 통치성과 '환경설계를 통한 범죄 예방(CPTED)'」
2018	9월	고2	정치	국가 간 동맹의 종류와 그에 대한 견해	박재영 『국제정치 패러다임』
2018	9월	고3	경제	CDS 거래와 CDS 프리미엄에 영향을 주는 요인	
2019	6월	고1	법	제조물 책임법의 주요 내용	
2019	수능 (2019 11월 시행)	고3	경제	BIS 비율 규제로 살펴보는 국제적 기준의 규범성	
2019	10월	고3	경제	연관성 분석의 개념	
2019	11월	고1	경제	거래비용이론의 사례 및 요인	키쿠자와 켄슈 『조직경제학 입문』
2019	11월	고2	경제	파생상품의 기능과 종류	박진우 『파생상품론』
2019	3월	고1	심리학	카너먼의 전망이론	안서원 『사이먼&카너먼: 심리학, 경제를 말하다』
2019	3월	고2	경제	이자율이 소비에 미치는 영향 분석 모델	서승환 『미시경제학』
2019	3월	고2	심리학	공포 영화를 보고 공포를 느끼는 이유	안의진 「관객은 허구에 불과한 공포영화의 괴물을 왜 무서워하는가」
2019	3월	고3	경제	주식회사의 본질적 요소	박승룡 『주식회사법』
2019	4월	고3	법	효율적으로 불법행위를 억제할 수 있는 책임원칙	오정일 외 『법경제학입문』

연도	시험 종류	학년	소분류	제재	출처
2019	4월	고3	심리학	자기 조절에 관한 현대 심리학 이론들	추병완 외「윤리교육연구」
2019	6월	고2	경제	물가지수의 개념과 종류	
2019	6월	고2	심리학	자아상태와 스트로크의 개념	
2019	6월	고3	경제	글로벌 금융 위기 이후 경제 정책의 변화	
2019	7월	고3	경영	재무제표 분석과 가치평가	김권중『재무제표분석과 가치평가』
2019	9월	고1	경제	구독경제 확산과 장단점	앤 잰저『플랫폼의 미래 서브스크립션』
2019	9월	고2	경제	경기 안정 정책의 종류와 특징	김현남「월간회계」
2019	9월	고3	법	물건의 소유권 양도와 소유권 취득이 필요한 조건	
2020	수능 (2020 11월 시행)	고3	법	예약의 법적 성질과 급부의 미이행에 대한 배상 책임	
2020	11월	고1	경제	추격 사이클 이론	이근『경제추격론의 재창조』
2020	11월	고2	법	범죄인인도제도와 인도거절의 개념과 내용	정인섭『신국제법 강의』
2020	3월	고1	경제	관세정책이 미치는 영향	남종현 외『국제무역론』
2020	3월	고2	경제	거시경제학의 발전 역사	정운찬 외『거시경제론』
2020	3월	고3	경제	조세 부담에서의 공평한 희생	이준구 외『재정학』
2020	4월	고3	경제	실업의 종류와 정부의 역할	조우현『일의 세계 경제학』

초등 국어가 실력입니다

연도	시험 종류	학년	소분류	제재	출처
2020	4월	고3	심리학	호네트의 관점에서 본 자아 형성 과정과 자기의식	철학아카데미『처음 읽는 독일 현대철학』
2020	6월	고1	경제	공급 사슬망의 채찍 효과	장영재『경영학 콘서트』
2020	6월	고2	법	국민참여재판의 개념과 절차	김현철 외『한국인의 법과 생활』(재구성)
2020	6월	고3	경제	디지털세 도입의 배경과 지식 재산 보호	
2020	7월	고3	법	의사와 표시가 일치하지 않을 때 법률 행위의 해석	김상용 외『민법총칙』
2020	9월	고1	경제	은행의 기능	이준구 외『경제학원론』
2020	9월	고1	정치	한나 아렌트의 정치와 관련된 이론	이진우『한나 아렌트의 정치 강의』
2020	9월	고2	경제	경제 주체들의 합리적인 선택법	이준구 외『경제학 들어가기』
2020	9월	고3	법	행정입법의 유형과 그 특징	
2021	수능 (2021 11월 시행)	고3	경제	브레턴우즈 체제의 붕괴와 기축 통화로서 달러화의 역할	
2021	10월	고3	법	법 규칙과 법 원리 충돌의 해결 / 조선 시대 형법	안성훈 외『조선시대의 형사법제연구』
2021	10월	고3	심리학	고전 검사 이론의 특징과 한계	성태제『문항반응이론의 이해와 적용』
2021	11월	고1	일반	손해보험의 구성요소 및 원칙	박세민『보험법』

연도	시험 종류	학년	소분류	제재	출처
2021	11월	고2	법	해양의 이용에 대한 국가간의 분쟁 해결법	박찬호 외 『국제해양법』
2021	3월	고1	법	손실 보상 청구권	정하중 『행정법총론』
2021	3월	고2	일반	인간의 이타적 행동의 이유	장대익 『다윈&페일리: 진화론도 진화한다』 최정규 『이타적 인간의 출현』
2021	3월	고3	법	법률 행위의 해석 방법과 종류	송덕수 『신 민법사례연습』
2021	4월	고3	법	형사소송법에서의 증거능력과 증명력	배종대 외 『형사소송법』
2021	6월	고1	경제	수요의 가격탄력성	
2021	6월	고2	법	내용 증명의 특징과 기능	대한실무법률편찬연구회 『고발 · 고소장 · 내용증명 · 탄원서 · 진정서』 (재구성)
2021	6월	고3	법	베카리아의 형벌에 대한 주장과 근거	체사레 베카리아 『범죄와 형벌』
2021	7월	고3	경제	국제무역의 기본 모형인 리카르도 모형을 통한 무역 원리	폴 크루그먼 외 『국제경제학』
2021	9월	고1	법	민법에서의 제한능력자제도	박수곤 외 『민법정론』
2021	9월	고2	법	헌법의 특질과 해석관점	홍성방 『헌법학』 허영 『한국헌법론』
2021	9월	고3	경제	독점적 경쟁 시장에서 광고의 기능과 광고의 경쟁 제한 효과	
2022	수능 (2022 11월 시행)	고3	법	법조문에 사용된 불확정 개념과 이에 대한 재량 판단	
2022	10월	고3	법	법 제도의 바람직함 판단 기준 / 법경제학	오정일 외 『법경제학입문』
2022	11월	고2	경제	양면시장구조와 플랫폼 사업자의 전략	이준구 『미시경제학』

연도	시험 종류	학년	소분류	제재	출처
2022	11월	고2	경제	차선의 이론을 입증하는 사회무차별곡선	이준구『미시경제학』
2022	3월	고1	경제	소비의 사회에 대한 보드리야르의 이론	배영달『보드리야르의 소비의 사회 읽기』
2022	3월	고2	법	개인정보자기결정권을 보호하는 개인정보보호법	전상현「개인정보자기결정권의 헌법상 근거와 보호영역」
2022	3월	고3	경제	정책 딜레마의 해결 / 지방 정부에 대한 재정 지원 종류	소영진 외『딜레마와 제도의 설계』 이준구 외『재정학』
2022	4월	고3	경제	투자정책이 영업이익 등에 미치는 도구 영업레버리지도	송교직『재무관리의 이해』
2022	6월	고1	법	가설 검정과 1종, 2종 오류	
2022	6월	고2	법	식물 신품종 보호법	
2022	6월	고3	경제	평형추세 가정을 바탕으로 하는 이중차분법의 효과 평가	
2022	7월	고3	정치	공공선택론의 출발점과 모형	김성준『공공선택론』
2022	9월	고1	법	원저작물과 2차적저작물 보호법	김기태『소셜미디어 시대에 꼭! 알아야 할 저작권』
2022	9월	고1	법	원저작물과 2차적저작물 보호법	오승종『된다! 유튜브, SNS, 콘텐츠 저작권 문제 해결』
2022	9월	고2	일반	허버트 사이먼의 두 가지 합리성을 바탕으로 한 앨리슨의 정책 결정 모델의 의의	그레이엄 앨리슨 외『결정의 본질』
2022	9월	고3	법	유류분권의 개념과 유류분 부족액의 반환 방법	

연도	시험 종류	학년	소분류	제재	출처
2023	10월	고3	법	명백하지 않은 법 규칙 사례에 대한 하트와 풀러의 의견	최봉철『현대법철학』
2023	3월	고1	경제	경기 활성화를 위한 유동성 조절	한진수『청소년을 위한 경제학 에세이』
2023	3월	고2	법	임차인의 권리를 보호하는 주택임대차보호법	송덕수『신 민법강의』
2023	3월	고3	법	물권과 등기	박동진『물권법 강의』
2023	4월	고3	법	특허 제도와 특허권 심사 그리고 특허권 침해와 그 종류	임병웅『특허법』
2023	6월	고1	정치	공공 선택 이론과 의사 결정 방법의 종류	
2023	6월	고2	경제	독점 기업의 이윤추구과정과 공정거래법의 이해	
2023	7월	고3	법	법의 학리 해석과 흠결	김영규 외『법학개론』
2023	9월	고1	법	법률행위의 무효	송덕수『민법총칙』
2023	9월	고2	법	언론 매체 접근·이용권과 정정·반론 보도 청구권의 이해	김현귀「액세스권의 기본권적 의의」
2023	수능(2023 11월 시행)	고3	법	경마식 보도에 따른 선거 방송의 문제점	
2024	7월	고3	경제	조세 부담과 탄력성 관계	이준구『재정학』

초등 국어가 실력입니다

연도	시험 종류	학년	소분류	제재	출처
2024	9월	고3	경제	재판매 가격 유지 행위 및 부당한 광고의 규제	
2024	수능(2024 11월 시행)	고3	법	인터넷 ID와 관련된 명예훼손	
2025	10월	고1	경제	가격 결정의 원리와 시장 경제의 메커니즘	송재도『마케팅과 경제학의 통합적 접근: 가격이론』
2025	10월	고1	윤리	공학 기술의 사회적 역할과 공공성의 사상적 토대	홍성욱 외『공학기술과 사회』
2025	10월	고1	윤리	공학 기술의 사회적 역할과 공공성의 사상적 토대	임의영『공공성의 사상적 기초』
2025	10월	고2	법	형법의 기본 원리와 범죄 및 형벌에 관한 법적 이론	신동운『형법총론』
2025	10월	고3	법	민법상 법률 행위의 해석 원칙과 권리 의무의 발생	송덕수『신민법강의』
2025	3월	고1	경제	중앙은행의 통화 정책과 물가 안정	한국은행『한국은행의 알기 쉬운 경제 이야기』
2025	3월	고1	일반	사회적 상호 작용의 유형과 특징	
2025	3월	고2	법	민법상 권리 의무의 주체와 법률 관계의 기초	김형배 외『민법학강의』
2025	3월	고3	법	자율 규제 및 자본시장의 법적 규제와 운용 원리	임재연『자본시장법』
2025	6월	고1	경제	경상 수지의 의미와 결정 요인	한국은행『한국은행의 알기 쉬운 경제 이야기』

연도	시험 종류	학년	소분류	제재	출처
2025	6월	고1	법	미성년자의 계약 취소권과 상대방 보호 제도	김희균 『처음 법학』 (재구성)
2025	6월	고2	법	무권대리 행위에 대한 본인의 책임과 표현대리제도	
2025	6월	고3	법	세 가지 법 모델의 출현 과정	
2025	6월	고3	법	법 모델의 역사적 변천과 임대차 계약 갱신의 법적 규범	
2025	7월	고3	법	아렌트와 데리다의 관점에서 본 법의 정당성과 정치적 의미	김비환 『아렌트의 정치사상에서 정치와 법의 관계』
2025	7월	고3	법	아렌트와 데리다의 관점에서 본 법의 정당성과 정치적 의미	김성호 외 『법과 정의의 사이: 데리다에게 있어서 헌법의 정당성』
2025	7월	고3	법	행정법의 기본 원칙과 행정 작용의 법적 규율	정하중 외 『행정법개론』
2025	9월	고1	법	건축법상 대지와 도로의 관계 및 제한	이재인 『그림으로 이해하는 건축법』
2025	9월	고2	법	행정기본법의 주요 원칙과 행정 작용의 법적 근거	법제처 『행정기본법 해설서』
2025	9월	고3	일반	시민의 참여를 강조하는 공공 저널리즘의 배경과 실천적 가치	
2025	수능(2025 11월 시행)	고3	법	법조문의 해석 원칙과 보증 계약의 규범적 특성	

과학

연도	시험 종류	학년	소분류	제재	출처
2016	10월	고3	물리	아인슈타인의 공식을 통해 알아본 에너지와 질량의 관계	데이비드 보더니스 『E=mc2』
2016	11월	고1	생명	염증반응의 원리와 단계	디 언그로브 실버톤 『인체생리학』
2016	11월	고2	생명	호흡의 종류와 과정	캠벨 『생명과학』
2016	3월	고1	생명	세균에 기생하는 바이러스 박테리오파지	
2016	3월	고2	생명	식물 세포의 신장에 관여하는 옥신의 기능	최준호 외 역 『브루커의 생명 과학』
2016	3월	고3	물리	역학적 파동의 에너지 전달	권민정 외 『대학물리학』
2016	4월	고3	생명	인간의 기억이 형성되는 원리	에릭 캔델 외 『신경과학의 원리』
2016	6월	고2	생명	뇌가 길을 찾는 방법	
2016	6월	고3	생명	인공 신경망의 학습과 판정의 과학적 원리	
2016	7월	고3	지구	엘니뇨와 라니냐	모집 라티프 『기후의 역습』
2016	9월	고1	생명	면적-부피의 법칙	존 타일러 보너 『크기의 과학』
2016	9월	고2	물리	종이를 계속해서 접을 수 없는 이유	이광연 『이광연의 수학 블로그』
2016	9월	고3	물리	열역학에 대한 여러 과학자들의 탐구	

연도	시험 종류	학년	소분류	제재	출처
2016	수능 (2016 11월 시행)	고3	생명	반추 동물의 탄수화물 분해	
2017	11월	고1	생명	심장박동의 과정	강봉균 외 역 『동물생리학』
2017	3월	고1	화학	계와 주위, 경계의 개념	
2017	4월	고3	생명	안구의 운동 방법	윤동호 외 『안과학』
2017	6월	고1	생명	신장의 작용원리와 과정	유영제 외 『생명과학 교과서는 살아 있다』
2017	7월	고3	생명	공포 상황에서 일어나는 생리적 변화와 공포 학습	캐서린 러브데이 『나는 뇌입니다』
2017	9월	고1	물리	스윙바이의 원리와 이유	홍준의 외 『살아 있는 과학 교과서1』
2017	9월	고2	생명	동물들의 눈동자가 다른 이유	
2017	9월	고3	물리	상호 배타적인 상태가 공존하는 양자 역학과 비고전 논리	
2018	수능 (2018 11월 시행)	고3	지구	서양 우주론의 발전과 이에 영향을 받은 중국의 우주론	
2018	11월	고1	지구	천체의 겉보기 운동	최승언 『천문학의 이해』
2018	11월	고2	기술	관성항법 장치의 구성 요소와 원리	장조원 『비행의 시대』
2018	3월	고3	생명	신장에서 일어나는 혈액 여과 과정	Lauralee Aherwood, 강영숙 역 『인체생리학』
2018	4월	고3	생명	호흡의 원리와 과정	Eric Widnaier, 강신성 외 역 『인체생리학』
2018	6월	고1	지구	해빙이 녹지 않는 이유	유재준 『호기심의 과학』

연도	시험 종류	학년	소분류	제재	출처
2018	6월	고3	화학	LFIA 키트의 원리와 검사 결과의 이해	
2018	9월	고1	생명	간의 기능과 역할	
2018	9월	고2	생명	효소와 저해제의 기능	클로드 A. 빌리『최신 생물학』
2019	3월	고1	물리	GPS가 위치를 파악하는 원리	이남영 외『교양인을 위한 물리지식』
2019	수능 (2019 11월 시행)	고3	생명	장기 이식과 이상적인 이식편 개발을 위한 연구	
2019	10월	고3	생명	사람이 두 눈으로 물체를 주시하는 원리	두하영 외『양안시 – 이론과 실제』
2019	11월	고1	화학	지역난방 열 수송의 효율성 증가 방식 개발	
2019	3월	고2	물리	물질의 상과 상변화	
2019	6월	고1	생명	식물이 물을 끌어 올리는 원리	홍준이 외『살아 있는 과학 교과서』
2019	6월	고2	생명	해밀턴의 포괄 적합도 이론의 개념	
2019	6월	고3	생명	진핵생물의 발생 과정과 미토콘드리아의 개체성 판단	
2019	9월	고1	생명	인체의 자연치유력, 오토파지의 작동원리	이은희 외『미래를 읽다 과학이슈』
2020	10월	고3	생명	신체에서 산소와 이산화탄소의 기체 순환	
2020	11월	고1	물리	음식 조리 과정에서의 열전달 원리	세이젤『알기 쉬운 열전달』
2020	3월	고1	생명	인간의 뇌에서 이루어지는 언어 처리 과정	김진우『언어와 뇌』

연도	시험 종류	학년	소분류	제재	출처
2020	3월	고2	생명	생체 내에서 약이 기능하는 방식	
2020	3월	고3	생명	통각 수용기의 작동 원리	정창영 외 『마취 통증 의학』
2020	4월	고3	물리	유체역학의 개념	브루스 R. 먼슨 외 『유체역학』
2020	6월	고1	지구	방사성 동위원소 연대측정의 원리	Jhon P. Grotzinger 외 『지구의 이해 제5판』
2020	9월	고2	생명	바이러스가 숙주세포에 감염하는 방법	유진 W. 네스터 외 『미생물학』
2020	9월	고3	화학	항미생물 화학제의 종류와 작용기제	
2020	6월	고2	생명	인체의 면역계와 외부 물질의 공존	앨러나 콜렌 『10퍼센트 인간』 (재구성)
2021	3월	고1	물리	핵분열과 핵융합의 원리와 활용	레이놀드 A. 서웨이 외 『일반물리학』
2021	6월	고1	생명	식욕의 작용 원리	
2021	6월	고2	물리	차원해석의 개념과 의의	
2021	6월	고3	생명	전통적 PCR과 실시간 PCR의 원리와 특징	
2021	9월	고2	생명	생물이 사용하는 독의 종류와 특징	김인선 『생물과 독』
2022	수능 (2022 11월 시행)	고3	생명	생명체의 기초 대사량 측정 방법과 그 의미	
2022	11월	고1	기술	가상 장치, 튜링 기계	박정일 『튜링 괴델: 추상적 사유의 위대한 힘』
2022	11월	고2	화학	약품 침전 기술의 원리	Metcalf & Eddy 『폐수처리공학I』
2022	6월	고1	생명	공기 전도와 골전도	
2022	6월	고2	생명	안구의 중요한 기관, 방수의 역할	

초등 국어가 실력입니다

연도	시험 종류	학년	소분류	제재	출처
2022	6월	고3	생명	혈액의 응고와 혈관 석회화 방지에 관여하는 비타민 K	
2023	4월	고3	화학	전기화학식 가스 센서의 구조와 작동원리	가출현『센서공학』
2023	6월	고1	물리	소용돌이의 종류와 특성	
2023	6월	고2	생명	STR 분석법의 개념과 원리	
2023	9월	고2	생명	후각 자극의 신호 전달 과정 분석	
2024	5월	고3	생명	초음파 도플러 혈류계의 도플러 효과	대한외과초음파학회「외과초음파학」
2024	6월	고3	화학	플라스틱의 분자 구조와 형성 원리	
2024	7월	고3	생명	세포자멸사의 원리	벤자민 르윈 외「세포학」
2025	3월	고1	생명	수목의 양분 흡수와 이동 원리	이경준『수목 생리학』
2025	3월	고2	에너지	저탄소 에너지 시스템의 원리와 친환경 에너지 기술	신정수『친환경 저탄소 에너지 시스템』
2025	3월	고3	생명	인체의 생리적 기전과 의학적 원리에 대한 이해	John E. Hall『의학생리학』
2025	6월	고1	생명	근육 수축의 원리와 활주설	Heller Sadava 외『생명 생물의 과학』
2025	6월	고1	지구	지진파의 특성과 내진 설계의 원리	이기화『모든 사람을 위한 지진 이야기』(재구성)
2025	6월	고2	생명	약물의 흡수, 분포, 대사, 배설 과정과 원리	
2025	9월	고1	생명	자연선택설을 통한 생물의 진화와 적응	리처드 도킨스『진화론 강의』

기술

연도	시험 종류	학년	소분류	제재	출처
2016	3월	고2	컴퓨터	논리 게이트의 개념과 작동방식	변용규 『디지털 시스템 공학』
2016	6월	고1	컴퓨터	SSD의 특징과 장점	김연우 『하드디스크를 대체하는 고속의 보조기억장치 SSD』
2016	6월	고2	일반	가로 경관의 시각적 효과와 관련된 세 가지 척도	
2016	9월	고3	건축	콘크리트의 특성과 발전 과정	
2017	10월	고3	기계	PID 제어 기술의 개념과 특징	정용택 『PID 제어 기술』
2017	11월	고2	기계	현가장치의 스프링과 쇼크업소버의 원리	박영기 『과학으로 만드는 자동차』
2017	3월	고2	기계	스피커가 소리나는 원리	오세진 『스피커 총론』
2017	6월	고2	일반	체지방 측정법	
2017	6월	고3	컴퓨터	DNS 스푸핑이 이루어지는 과정	
2017	9월	고1	일반	책 제작 방식의 역사	김진섭 『북바인딩: 책 잘 만드는 제책』
2017	9월	고2	기타	미술품 복원 기술의 종류와 특징	하라오 요시미츠 『문화재를 연구하는 과학의 눈』
2017	수능 (2017 11월 시행)	고3	컴퓨터	디지털 통신 시스템의 전송 과정과 부호화 방식	
2018	10월	고3	기계	디젤 엔진의 배기가스 저감 장치의 종류	한정원 『디젤엔진의 운전조건 변화 및 Urea-SCR 시스템 제어에 따른 DeNOx 성능에 대한 실험적 연구』

초등 국어가 실력입니다

연도	시험 종류	학년	소분류	제재	출처
2018	3월	고1	건축	초고층 건물의 건축 기법	초고층빌딩설계, 시공기술연구단 외 『초고층빌딩 건축기술』
2018	3월	고2	컴퓨터	합성곱 신경망을 통한 이미지 인식	오카타니 타카유키 『딥러닝 제대로 시작하기』
2018	3월	고3	기계	사진기 주요 장치의 특성	김중복 외 『과학 교사를 위한 빛과 파동』
2018	6월	고2	기계	유형거의 구조적 특징	
2018	7월	고3	전기 전자	불꽃 감지기 센서의 원리	정용택 『사물인터넷, 스마트센서로 정복하다』
2018	9월	고1	기계	열차의 안전 장치 종류와 작동 원리	서사범 『철도공학의 이해』
2018	9월	고3	기계	주사 터널링 현미경의 원리와 진공 기술	
2019	11월	고2	일반	전자요금징수시스템의 원리와 작동방식	베루즈 A. 포루잔 『데이터 통신』
2019	3월	고3	컴퓨터	OTP 기술의 개념과 분류	정영고 「OTP 인증 기술 최신 동향 및 발전 방향」
2019	4월	고3	기계	전기 자동차의 회생제동의 원리	정용욱 외 『전기자동차』
2019	7월	고3	컴퓨터	양자암호통신의 개념	한상욱 『양자암호통신 개요 및 기술동향』
2019	9월	고1	기계	전기레인지의 가열방식에 따른 분류 및 원리	세드리크 레이 외 『일상 속의 물리학』
2019	9월	고3	컴퓨터	스마트폰에서 활용되는 다양한 위치 측정 기술	
2020	수능 (2020 11월 시행)	고3	컴퓨터	3D 합성 영상의 생성, 출력을 위한 모델링과 렌더링	
2020	10월	고3	컴퓨터	정렬 알고리즘의 개념과 분류	Horowitz 외 『C로 쓴 자료 구조론』

연도	시험 종류	학년	소분류	제재	출처
2020	11월	고2	전기 전자	방사광가속가의 구조와 원리	이동녕 외 『방사광 과학 입문』
2020	3월	고3	컴퓨터	컴퓨터의 데이터 표현 방식	박주미 『이산 수학』
2020	6월	고3	기계	광학 영상 안정화 기술과 디지털 영상 안정화 기술	
2020	7월	고3	전기 전자	OLED의 개념과 구조 및 발광원리	한국무역보험공사 『디스플레이산업 기술시장 동향』
2020	9월	고1	컴퓨터	CPU의 효율적인 캐싱 방법	임석구 외 『최신 컴퓨터 구조』
2021	수능 (2021 11월 시행)	고3	컴퓨터	차량의 서라운드 뷰 카메라의 원리	
2021	11월	고1	생명	양전자 단층 촬영의 원리	유광열 『핵의학기술』
2021	11월	고2	일반	터치 스크린 패널의 작동방식	이준신 외 『디스플레이 공학 개론』
2021	3월	고2	기계	타워 크레인의 구조와 원리	강신준 『핵심 타워 크레인』
2021	3월	고3	전기 전자	다중 접속 기술의 개념	
2021	4월	고3	컴퓨터	디지털 이미지 압축 기술	신종홍 외 『디지털 영상처리 입문』
2021	7월	고3	컴퓨터	데이크스트라의 '철학자의 만찬 문제'에 대한 해결법	김용석 『운영체제』
2021	9월	고1	기계	친환경차의 분류와 비교	이선명 『수소전기차』
2021	9월	고3	컴퓨터	'메타버스'에서 사용자의 몰입도를 높이는 여러 기술	

초등 국어가 실력입니다

연도	시험 종류	학년	소분류	제재	출처
2022	10월	고3	컴퓨터	해밍 거리를 통해 데이터 오류를 복구하는 방법	베루즈 A. 포루잔 『데이터 통신과 네트워킹』
2022	3월	고1	컴퓨터	데이터 오류 검출 방법	박기현 『데이터 통신과 네트워크』
2022	3월	고2	일반	철자, 띄어쓰기 오류 보정시스템	김학수 「인공지능 음성 언어 비서 시스템의 자연어 처리 기술」
2022	3월	고3	컴퓨터	자동 완성 기능의 원리	나라심하 카루만치 『데이터 구조와 알고리즘』
2022	4월	고3	기계	디지털 카메라의 자동 초점 방식의 분류와 특징	바바라 런던 외 『사진』
2022	6월	고3	산업	드라이 독 시설의 원리와 그를 통한 선박의 진수	
2022	7월	고3	컴퓨터	딥러닝 기반의 객체 탐지 모델 'YOLO'	벤자민 플렌치 외 『딥러닝 컴퓨터 비전』
2022	9월	고1	건축	석빙고 온도 유지 원리	이종호 『과학 삼국유사』
2022	9월	고3	컴퓨터	검색 엔진의 웹 페이지 순서 결정	
2023	10월	고3	생명	눈 굴절력과 모형안의 이해	김상엽 외 「안경학개론」
2023	3월	고1	기계	OLED 소자를 사용한 스마트폰 야외 시인성 개선 기술	이준엽 『OLED 소재 및 소자의 기초와 응용』
2023	3월	고2	생명	mRNA 백신의 핵심 기술, 지질 나노 입자	전방욱 『mRNA 혁명, 세계를 구한 백신』
2023	3월	고3	화학	결정화와 초임계 유체의 개념 및 결정화 공정	이윤우 「초임계 유체를 이용한 입자 제조」
2023	수능(2023 11월 시행)	고3	일반	데이터에서 결측치와 이상치를 처리하는 방법	

연도	시험 종류	학년	소분류	제재	출처
2024	3월	고3	일반	이미지 센서의 데이터 변환 원리	정용택 『센서 물리학개론』
2024	수능(2024 11월 시행)	고3	일반	기계 학습과 확산 모델	
2025	10월	고1	전기 전자	적외선 센서의 작동 원리와 실생활 응용 기술	정용택 『적외선 센서의 원리와 응용』
2025	10월	고3	일반	연소의 메커니즘과 화재의 확산 및 방재 공학적 원리	James G. Quintiere 『화재 공학 원론』
2025	5월	고3	건축	구조물의 내진 성능 향상을 위한 첨단 진동 제어 기술	한국과학기술원 「첨단 진동제어 기법을 이용한 구조물의 내진제어 통합시스템 개발」
2025	6월	고1	정보	가상 터치패드의 작동 원리와 구현 기술	한국정보통신기술협회 『정보 통신 용어 사전』
2025	6월	고3	전기 전자	수소 에너지 생태계의 기술적 원리와 단계별 활용 방안	
2025	7월	고3	건축	프리스트레스트 콘크리트(PSC)의 원리와 구조적 특징	이재훈 『프리스트레스트 콘크리트』
2025	9월	고2	에너지	최신 에너지 절감 기술의 원리와 효율적 운용 방안	서주원 『에너지 절감 기술 총람』
2025	9월	고3	정보	데이터 효율성을 위한 오디오 신호의 손실 및 무손실 압축 기술	
2025	수능(2025 11월 시행)	고3	기계	열팽창 원리를 이용한 액추에이터의 구동 방식	

초등 국어가 실력입니다

예술

연도	시험 종류	학년	소분류	제재	출처
2016	10월	고3	음악	피아노의 구조와 기능	이석원 『음악음향학』
2016	11월	고1	미술	M. C. 에셔의 예술과 의의	M. C. 에셔 외 『M. C. 에셔, 무한의 공간』
2016	11월	고2	미술	조선시대 초상화의 특징	조선미 『한국의 초상화』
2016	3월	고1	미술	키네틱 아트의 개념과 의의	
2016	3월	고3	미학	단토의 예술 종말론	장민한 「아서 탄토의 미술종말론과 그 근거로서 팝아트의 두 가지 함의」
2016	4월	고3	사진	개념미술의 오브제 활용	이경률 『현대 미술 사진과 기억』
2016	6월	고1	건축	가우디 건축물의 특징과 의의	김희곤 『스페인은 가우디다』
2016	6월	고3	음악	음악에서 사용되는 소리와 다양한 음악적 요소에 대한 이해	
2016	7월	고3	미술	조형의 원리 중 통일성의 개념	데이비드 A. 라우어 외 『조형의 원리』
2016	9월	고1	건축	원통의 의미를 중심으로 한 한옥 공간의 특징	임석재 『지혜롭고 행복한 집 한옥』
2016	9월	고2	미술	미술의 창조적 역행	진중권 『교수대 위의 까치』
2017	3월	고1	조형	범종의 조형 양식과 변화	곽동해 『범종: 생명의 소리를 담은 장엄』
2017	3월	고2	디자인	섬유 예술의 개념 및 활용기법	양진숙, 이성미 「부드러운 조각 예술의 혼합 매체에 관한 연구」

연도	시험 종류	학년	소분류	제재	출처
2017	3월	고3	미술	가법 색 혼합과 감법 색 혼합	Gilbert, Haeberli『예술 속의 과학』
2017	6월	고1	음악	지휘자의 음악 해석	
2017	9월	고1	미술	조선시대의 산수화	고연희『조선시대 산수화』
2017	9월	고3	미술	하이퍼리얼리즘의 특성과 기법	
2018	10월	고3	미술	투시 원근법의 개념과 한계	이한진『수학은 어떻게 예술이 되었는가: 기하학으로 본 미술과 건축』
2018	3월	고1	미술	모네와 세잔의 인상주의	박우찬『추상, 세상을 뒤집다』
2018	3월	고2	미술	조각과 장소의 관련성의 변천	윤난지『현대 미술의 풍경』
2019	3월	고1	사진	엑스레이 아트의 소개	
2019	9월	고2	사진	브레송의 결정적 순간의 미학	박순기『결정적 순간: 기호와 사진의 만남』
2020	3월	고1	미술	미래주의 회화의 특징	
2020	9월	고3	미학	모방론 이후 예술을 정의하고자 한 다양한 미학 이론들	
2021	3월	고2	철학	플로티노스의 미술론	노영덕『플로티노스의 미학과 예술의 존재론적 지위』
2021	4월	고3	미학	스톨니츠와 비어즐리의 미적 대상에 대한 정의	제롬 스톨니츠『미학과 비평철학』
2021	9월	고1	음악	국악의 장단	김영운『국악개론』
2022	9월	고3	미학	아도르노의 미학 이론과 그에 대한 비판	
2024	7월	고3	예술	음악 감정 표현 방식에 대한 이론 대립과 통합	홍정수 외『음악미학』

연도	시험 종류	학년	소분류	제재	출처
2024	9월	고3	영화	영화 현실 인식의 대비	
2025	3월	고3	음악	현대 음악에 내재된 철학적 의미와 주제 통합적 이해	박영욱 『철학으로 현대음악 읽기』
2025	9월	고3	영화	영화의 사회적 상호작용과 SF 장르의 철학적·장르적 특성	

흔들리지 않는 공부 습관을 지닌
아이들의 비밀

초등 국어가 실력입니다

초판 1쇄 인쇄 2026년 4월 21일
초판 1쇄 발행 2026년 4월 28일

지은이 민성원, 심보라
펴낸이 김선식

부사장 김은영
책임편집 김은영 **디자인** 마가림 **책임마케터** 단비
콘텐츠사업7팀장 김은영 **콘텐츠사업7팀** 남슬기, 마가림
마케팅사업2팀 오서영, 이현주, 단비 **홍보2팀** 정세림, 고나연, 이다은
브랜드사업본부 정명찬
브랜드홍보팀 오수미, 서가을, 박장미, 박주현 **영상홍보팀** 이수인, 염아라, 이지연, 노경은
저작권팀 성민경 **편집관리팀** 조세현, 김호주, 백설희
재무관리팀 하미선, 임혜정, 이슬기, 김주영, 오지수
인사관리팀 강미숙, 김재경, 김혜진, 김주림, 황종원
제작관리팀 이소현, 김소영, 유미애, 이지우, 이승협
물류관리팀 김형기, 김선진, 주정훈, 양문현, 채원석, 박재연, 이준희, 최대식

펴낸곳 다산북스 **출판등록** 2005년 12월 23일 제313-2005-00277호
주소 경기도 파주시 회동길 490 다산북스 파주사옥
전화 02-704-1724 **팩스** 02-703-2219 **이메일** dasanbooks@dasanbooks.com
홈페이지 www.dasan.group **블로그** blog.naver.com/dasan_books
용지 스마일몬스터 **인쇄 및 제본** 상지사피앤비 **코팅 및 후가공** 제이오엘앤피

ISBN 979-11-306-7637-1 (03370)

• 책값은 뒤표지에 있습니다.
• 파본은 구입하신 서점에서 교환해드립니다.
• 이 책은 저작권법에 의하여 보호를 받는 저작물이므로 무단 전재와 복제를 금합니다.

다산북스(DASANBOOKS)는 독자 여러분의 책에 관한 아이디어와 원고 투고를 기쁜 마음으로 기다리고 있습니다.
책 출간을 원하는 아이디어가 있으신 분은 다산북스 홈페이지 '투고원고'란으로 간단한 개요와 취지, 연락처 등을 보내주세요.
머뭇거리지 말고 문을 두드리세요.